Kohlhammer
Urban-
Taschenbücher

Band 336

Wilhelm Schneemelcher

Das Urchristentum

Verlag W. Kohlhammer
Stuttgart Berlin Köln Mainz

Meiner Frau

Umschlagbild: Fußboden-Mosaik aus Tabgha am See Genezareth (Kirche der Brot- und Fischvermehrung), 5./6. Jahrhundert

CIP-Kurztitelaufnahme der Deutschen Bibliothek

Schneemelcher, Wilhelm:
Das Urchristentum / Wilhelm Schneemelcher.
Stuttgart; Berlin; Köln; Mainz: Kohlhammer, 1981.
(Urban-Taschenbücher; Bd. 336)
ISBN 3-17-007242-0
NE: GT

Verlagsort: Stuttgart
Umschlag: hace
Gesamtherstellung:
W. Kohlhammer Druckerei GmbH + Co. Stuttgart
Printed in Germany

Inhalt

Einleitung: Die Aufgabe 7

1. Kapitel: Die Quellen 23

2. Kapitel: Die Chronologie 43

3. Kapitel: Jesus 54

4. Kapitel: Die Entstehung der ersten Gemeinde 74

5. Kapitel: Die Jerusalemer Gemeinde 86

6. Kapitel: Hebräer und Hellenisten 100

7. Kapitel: Das Christuszeugnis der palästinensischen Gemeinde 109

8. Kapitel: Die Entstehung christlicher Gemeinden außerhalb Jerusalems 123

9. Kapitel: Paulus 134

10. Kapitel: Judenchristentum und Heidenkirche 155

11. Kapitel: Glaube und Theologie 166

12. Kapitel: Die christlichen Gemeinden und ihr Leben . . 188

Schluß: Urchristentum und Kirche 204

Literatur 208

Anmerkungen 210

Register 217

Die Aufgabe

Die Geschichte des Urchristentums ist lange Zeit unter der Bezeichnung ›Geschichte des Apostolischen Zeitalters‹ behandelt worden und wird wohl auch heute noch hier und da so benannt. Damit ist nun keineswegs nur eine terminologische Frage, der man keine große Bedeutung zuzumessen braucht, aufgeworfen. Vielmehr will die traditionelle Bezeichnung ›Apostolisches Zeitalter‹ doch besagen, daß es sich um die Zeit handelt, in der die Apostel (und damit sind zumeist die zwölf Apostel gemeint) die maßgebende Größe in der Kirche waren und zunächst in Jerusalem, dann aber auch in der weiten Welt die Gemeinden gegründet und geleitet haben. Es ist heute weithin anerkannt, daß diese Vorstellung, die schon in der Apostelgeschichte des Lukas in Ansätzen erkennbar ist, dem tatsächlichen Verlauf der Kirchengeschichte in den ersten Jahrzehnten nicht gerecht wird. Der so angewandte Apostelbegriff ist eher eine dogmatische als eine historische Kategorie.

Aber noch ein anderer Gesichtspunkt muß beachtet werden. Die traditionelle Auffassung vom ›*Apostolischen Zeitalter*‹ ist zumeist mit einer bestimmten Vorstellung von der Einheit der Kirche im 1. Jahrhundert verbunden. Schon in der Abschiedsrede des Paulus in Milet (Apg 20,18 ff.) klingen die Gedanken an, die dann von Eusebius von Caesarea (in Nachfolge Hegesipps, 2. Jahrhundert) ab ein wesentlicher Bestandteil kirchengeschichtlicher Betrachtung geworden sind: Die Zeit der Apostel wird als die Zeit der *einen*, ungeteilten reinen Kirche angesehen. Erst nach dem Tode der Apostel ist das Unkraut der Ketzerei aufgekommen und die Einheit der Kirche zerstört worden.[1] Die kritische Erforschung der Geschichte des Urchristentums hat nun aber gezeigt, daß diese Vorstellung von den ersten Jahrzehnten der Kirche nicht den Tatsachen entspricht. Vielmehr liegt für den Historiker, der mit Hilfe eines recht fragmentarischen Quellenmaterials ein Bild von dieser Zeit entwerfen will, gerade darin eine beträchtliche Schwierigkeit, daß urchristliche Kirche und Theologie keine uniformen Größen sind, daß man vielmehr mit einer beachtlichen Vielfalt von Richtungen und Strömungen konfrontiert wird, die im einzelnen präzise zu rekonstruieren oft genug beinahe hoffnungslos erscheint. Natürlich wird man sich in dieser Hinsicht nicht in eine falsche Richtung treiben lassen dürfen. Die Geschichte des Urchristentums ist nicht ein permanenter Kirchenkampf und auch keine permanente theologische Diskussion gewesen. Es wäre eine völlig unhistorische Verzeichnung der Tatsachen, wenn man im Gegenschlag zu der kurz skizzierten Auffassung von der Einheit der Kirche im ›Apostolischen Zeitalter‹ die Gemeinden der Frühzeit als sich ständig streitende und befehdende charismatische und ekstatische Gruppen beschreiben wollte.

Die kritischen Einwände gegen den Begriff ›Apostolisches Zeitalter‹ können allerdings nicht ohne eine Ergänzung vorgebracht werden. Auch wenn das Bild des Urchristentums, das durch ernsthafte historische Arbeit erarbeitet werden kann, nicht der alten Schablone von der durch die Apostel in der reinen Lehre geleiteten und erhaltenen Urkirche oder dem modernen Zerrbild von dem durch permanente Krisen und Kämpfe bestimmten Gemeinden entsprechen wird, so bleibt doch die Tatsache bestehen, daß das Zeugnis der Kirche heute auf der Verkündigung der ersten Zeugen beruht. Gewiß, der Begriff ›Apostolische Tradition‹ beinhaltet eine dogmatische Aussage und braucht deshalb hier nicht näher behandelt zu werden.[2] Aber man kann andererseits nicht übersehen, daß dieser Begriff auch einen historischen Aspekt hat. Denn ›*Apostolische Tradition*‹ soll ja doch besagen, daß die Lehren und die Glaubensaussagen der Urkirche der späteren Christenheit als festes Gut überliefert sind und daß die Kirche der folgenden Zeit an dieses Zeugnis gebunden ist und an ihm gemessen wird. Damit aber kommt nun der Erforschung der Geschichte der Urkirche eine erhebliche Bedeutung zu. Denn sie konfrontiert die unaufgebbare Bindung des Zeugnisses vom Heil in Jesus Christus an die erste Generation der Zeugen mit den historischen Tatsachen und ist damit ein stets notwendiges Korrektiv der nur zu leicht sich nahelegenden theologischen Wunschbilder. Natürlich kann eine historische Arbeit nicht Glauben wecken – das ist Aufgabe der Predigt –, wohl aber kann sie die notwendige Besinnung auf die geschichtliche Basis auch für die heutige Verkündigung fördern und damit der Ideologisierung des Glaubens wehren.

Man wird also der Erforschung der Geschichte des Urchristentums eine gewisse theologische Relevanz zusprechen dürfen. Aber diese Relevanz ist nur dann gegeben, wenn auch dieser Teil der Kirchengeschichte mit den üblichen Methoden bearbeitet wird. D.h., die leider nicht sehr reichlich vorhandenen Quellen sind so zu untersuchen und auszuwerten, wie es auch bei den Zeugnissen anderer Epochen der Kirchengeschichte geschieht. Daß die Eigenart der für diese Periode uns zur Verfügung stehenden Quellen besondere

Schwierigkeiten mit sich bringt, wird noch dargelegt werden. Aber diese Schwierigkeiten sollten nicht an dem Versuch hindern, die Geschichte des Urchristentums, unter welchem Namen auch immer, zu erfassen und dabei auch – wie in anderen Epochen üblich – gegebenenfalls offen unser Nichtwissen einzugestehen.
Eine Geschichte des Urchristentums hat also die Aufgabe, mit Hilfe des verfügbaren Quellenmaterials die Ursprünge und Anfänge der Kirche zu untersuchen und darzustellen, ohne sich von dogmatischen oder ideologischen Wunschbildern in ihrer Arbeit beirren zu lassen. Damit soll nicht die Utopie einer voraussetzungslosen Wissenschaft vertreten werden. Aber es ist die große und verantwortungsvolle Aufgabe des Historikers, das Vorverständnis, das er seiner eigenen Geschichte und seiner Zeit verdankt, durch die Quellen immer wieder in Frage stellen zu lassen. Daß auf dem Gebiet, das hier darzustellen ist, dieses Problem des Vorverständnisses besonders schwierig ist, braucht nicht betont zu werden. Sind doch die Quellen, die heranzuziehen sind, vor allem die Schriften des Neuen Testaments, die bis heute als Kanon kirchlicher Verkündigung anerkannt sind.
Diese Erörterung der Aufgabe und ihrer Probleme wird nun auch die Frage nach Anfang und Ende der zu behandelnden Epoche aufnehmen müssen. Wann beginnt das Urchristentum, und wann endet es? Es gibt Darstellungen, die direkt mit den Osterereignissen anfangen und die Entstehung der ersten Gemeinde in Jerusalem zum Ansatzpunkt machen. »Die Geschichte der Kirche beginnt nach dem Tod Jesu. Sie ist durch die Erscheinungen des Auferstandenen gestiftet, wie immer sich der Historiker diese erkläre.«[3] Nun ist nicht zu leugnen, daß es eine Kirche als Gemeinschaft der an den auferstandenen Christus Glaubenden erst nach Ostern geben kann. Aber ungeachtet aller Schwierigkeiten, die sich dem Historiker im Zusammenhang mit den Osterereignissen stellen, muß man betonen, daß die Urchristenheit zwar die Auferstehung Jesu als den entscheidenden Einschnitt in der Geschichte der Welt ansah, daß aber an der Identität des auferstandenen Herrn mit dem irdischen Jesus von Nazareth nicht gezweifelt wurde. Das bedeutet aber nun, daß man zwar die Osterereignisse als Anfang der Kirche bezeichnen kann, daß aber dieser Anfang nicht vorstellbar ist ohne das Leben und Wirken des irdischen Jesus. So gehört Jesus von Nazareth unlösbar zur Geschichte des Urchristentums, und eine Darstellung, die historisch glaubwürdig sein will, muß mit Jesus und seinem Wirken einsetzen.
Andererseits ist der Schlußpunkt dieser Epoche zu bestimmen. Man könnte – unter Anlehnung an den Begriff ›Apostolisches

Zeitalter‹ – den Tod des letzten Apostels als Grenze des Urchristentums ansetzen. Aber um welche Apostel soll es sich dabei handeln? Um die Zwölf, denen allein man später diesen Titel zuerkannte, oder um die Missionare der Frühzeit, die diesen Titel trugen? Nun, in beiden Fällen wissen wir nicht, wann der letzte Vertreter der betreffenden Gruppe gestorben ist. Lediglich die Todesdaten von Petrus und Paulus lassen sich ungefähr bestimmen, für alle anderen Apostel aber ist nicht einmal eine annähernde Festlegung ihres Endes möglich. So kann eine Begrenzung des Urchristentums von dem Tode des letzten Apostels aus nicht angegeben werden.
Man hat in manchen Darstellungen der Geschichte des Urchristentums die Linien bis zur Entstehung des Kanons ausgezogen und damit dann – unter Einbeziehung der sogenannten Apostolischen Väter – die Problematik der Entstehung des ›Frühkatholizismus‹ (was auch immer man darunter verstehen mag) verbunden. Es entsteht so ein Bild eines ›neutestamentlichen Zeitalters‹, das weit in das 2. Jahrhundert hineinreicht und in das auch die wenigen außerneutestamentlichen Zeugnisse dieser Zeit gehören. Aber diese Ausweitung des Begriffs Urchristentum ist kaum hilfreich.
Gewiß ist die Entstehung des Kanons ein wichtiger Einschnitt in der Kirchengeschichte. Aber dieser Vorgang kann nicht isoliert betrachtet werden, er gehört vielmehr zusammen mit der Entstehung des Amtes des monarchischen Bischofs und der Ausbildung einer Glaubensregel in festere Formeln.[4] Dieser Prozeß, den man als Entstehung der ›frühkatholischen‹ Kirche bezeichnen mag, spielt sich in der zweiten Hälfte des 2. Jahrhunderts ab, reicht aber in vielen Punkten weit zurück. Nur muß man zwischen den frühen Ansätzen und Tendenzen und der deutlich zutage tretenden Entfaltung wohl unterscheiden, vor allem wenn das Quellenmaterial so fragmentarisch ist wie für die frühe Kirchengeschichte. Andererseits ist nicht zu leugnen, daß urchristliche Literaturformen bis weit in das 2. Jahrhundert hinein weiterleben und daß diese Literatur sich von der späteren unterscheidet. Die großartige ›Geschichte der urchristlichen Literatur‹ von Ph. Vielhauer[5] zeigt in Weiterführung der Thesen von Overbeck und der Arbeit der ›Formgeschichte‹ eindrucksvoll, wie diese ›Urliteratur‹ in ihrer Vielfalt doch zusammengehört und eine gewisse Einheit bildet. Aber eine urchristliche Literaturgeschichte ist keine Geschichte des Urchristentums und will es auch nicht sein. Daß bei Overbeck sich die beiden Gesichtspunkte verzahnen, ist kein Gegenbeweis und zeigt lediglich die schwache Stelle in der Konzeption des großen Baselers. Man wird jedenfalls aus der Tatsache, daß die urchristliche Litera-

tur als eigenständiges Phänomen bis in die Mitte des 2. Jahrhunderts existiert, nicht schließen dürfen, daß das Urchristentum als bestimmte historische Epoche ebenfalls bis in diese Zeit reicht. Diese Epoche läßt sich wohl besser durch ein anderes Ereignis begrenzen: das Ende eines eigenen jüdischen Gemeinwesens in Palästina und die Zerstörung Jerusalems im Jahre 70. Gewiß – das sei vorweg einschränkend bemerkt – haben wir keine direkten Berichte darüber, wie der jüdische Krieg und seine Folgen auf die christlichen Gemeinden der Zeit gewirkt haben und von ihnen aufgenommen und verarbeitet wurden. Nur einige Rückschlüsse geben, wie wir noch sehen werden, Hinweise darauf, wie die Christenheit auf diese Ereignisse reagiert hat. Die Bedeutung der Zerstörung Jerusalems wird von diesem Sachverhalt nicht berührt. Zunächst ist darauf zu verweisen, daß mit dem Ende des Tempels in Jerusalem das Zentrum des bisherigen jüdischen Kultus zerstört war. Mag auch das Gesetz schon vorher vielfach den Tempelkult im Bewußtsein der Juden verdrängt haben, vor allem in der Diaspora, so ist von nun ab der Weg in die rabbinische Gesetzesfrömmigkeit gewiesen. Das ist natürlich nicht mit einem Schlag so gewesen, hat vielmehr eine lange Vorgeschichte und ist, wie der jüdische Aufstand 132–135 zeigt, auch nicht gleich als endgültig angenommen worden. Aber das ändert nichts daran, daß die Zerstörung des Tempels ein ganz tiefer Einschnitt in der Geschichte des Judentums war. Das hat nun auch für die Kirche Folgen gehabt. So hat das Judenchristentum mit dem Fall Jerusalems sein Zentrum verloren. Wie es auch um die Flucht der judenchristlichen Gemeinde nach Pella im Jahre 66 stehen mag – es spricht mehr gegen als für diese von Euseb berichtete Flucht – und wie auch die von Euseb für die Zeit bis 135 überlieferte judenchristliche »Bischofsliste« zu beurteilen ist, das wird man doch wohl sagen dürfen: das Judenchristentum ist durch den Fall Jerusalems an den Rand der Kirche, die jetzt endgültig heidenchristlich bestimmt ist, gedrängt worden. Damit soll nicht geleugnet werden, daß auch danach noch einzelne Juden Christen wurden, daß die Auseinandersetzung mit der Synagoge weiterging und daß gewisse judenchristliche Traditionen in der Kirche weiter wirkten, auch wenn man mit der Annahme solcher judenchristlicher Traditionen im 2. und 3. Jahrhundert etwas vorsichtiger umgehen sollte, als es vielfach geschieht. Das alles ändert aber nichts daran, daß mit dem Fall Jerusalems einerseits Judentum und Christentum für die Außenstehenden als selbständige Größen erscheinen mußten und andererseits für die Kirche die Trennung von der Synagoge endgültig geworden war. Die Kirche versteht sich je länger desto mehr als das wahre Israel, das aus allen Völkern berufen ist, dem das Alte Testament gehört und in dem alle Verheißungen erfüllt sind. Die Kirche ist das neue Gottesvolk in aller Welt und tritt damit das Erbe des zugrunde gegangenen jüdischen Gemeinwesens in Palästina an.

Nun handelt es sich hier nicht um einen in kurzer Zeit sich vollziehenden Vorgang, den man auf ein oder zwei Jahre festlegen kann. Wir werden im folgenden noch davon zu sprechen haben, wie sich in der Frühzeit der Kirche die Trennung von der Synagoge anbahnt, welche Probleme und Schwierigkeiten damit verbunden waren, wie diese Probleme von Paulus theologisch durchdacht und bewältigt worden sind und wie das Erbe des Judentums in der Kirche auch nach der Trennung weiterwirkt. Der Kirchenhistoriker, der sich nicht auf das Neue Testament beschränken kann, weiß, daß dieser Prozeß der Auseinandersetzung der Christen mit dem Judentum bis weit in das 4. Jahrhundert hinein sich vollzieht. Aber das alles kann nicht die Bedeutung der Zerstörung Jerusalems im Jahre 70 als eines tiefen Einschnitts auch für die Geschichte der Kirche mindern.[6] Man wird daher dieses Datum als Anhaltspunkt für die Begrenzung einer Geschichte des Urchristentums annehmen dürfen, wobei noch einmal betont werden muß, daß es sich nur um eine ungefähre Abgrenzung und nicht um einen festen Termin handelt.

Nun ist mit dieser Skizzierung des Zeitraumes, von dem hier zu handeln ist, nur der Rahmen abgesteckt, in dem sich diese Arbeit zu vollziehen hat. Es wird nützlich sein, sich auch über die wichtigsten Sachprobleme, um die es geht, wenn man die Geschichte des Urchristentums darstellen will, kurz Rechenschaft abzulegen. Es sind vor allem drei Komplexe, mit denen der Historiker es zu tun hat:

a) Das erste Problem, das sich stellt, läßt sich schlagwortartig formulieren: *Von Jesus zur Urgemeinde.* Es geht dabei um die Frage, wie es eigentlich dazu kam, daß die Jünger Jesu von Nazareth, die mit ihm nach Jerusalem gezogen waren und dort sein Ende erlebt hatten, sich in kurzer Zeit wieder zusammenfanden und eine Gemeinschaft bildeten, aus der dann die Kirche in aller Welt erwuchs. Diese Frage könnte sehr einfach mit dem Hinweis auf die Ostererscheinungen beantwortet werden. Diese Osterereignisse bieten nun allerdings dem Historiker erhebliche Schwierigkeiten, wovon noch ausführlich die Rede sein wird. Es sei hier nur die Problematik Jerusalem und/oder Galiläa erwähnt, die ja gerade für die Frage nach der Kontinuität ›von Jesus zur Urgemeinde‹ von besonderer Bedeutung ist. Diese Frage läßt sich aber mit dem

einfachen Hinweis auf Ostern nicht beantworten. Denn die Erfahrungen, die wir kurz mit ›Ostern‹ bezeichnen, betreffen zunächst doch wohl Menschen, die sich schon vorher um Jesus gesammelt hatten, von ihm berufen waren, von seiner Predigt und seinem Wirken erfaßt waren. Der Tod Jesu und die Erscheinungen vor den Jüngern waren sicher ein ganz tiefer Einschnitt in ihrem Leben und in ihrem Glauben. Aber es ist für den Historiker kaum vorstellbar, daß dieser Einschnitt, den die Jesusjünger dann sofort als Heilstat Gottes verkündeten, sozusagen mit einem totalen Gedächtnisschwund verbunden war.
Diese Gemeinde, die sich da bildete, war nicht einfach eine Fortsetzung der Jüngergemeinschaft zu Lebzeiten Jesu. Es war eine völlig neue Situation, in der sich diese Menschen befanden, aber es waren dieselben Menschen, jetzt jedoch bewegt von einer neuen Erfahrung, die sie weitergeben mußten. Für sie war allerdings auch insofern eine Kontinuität mit der Zeit vor Ostern gegeben, als nach ihrem Glauben der als der auferstandene und wiederkommende Herr verkündete Jesus identisch war mit dem Jesus, dem sie in Galiläa und Jerusalem begegnet und nachgefolgt waren. Gewiß ist dieser Glaube an die Identität des verkündigenden Jesus mit dem verkündigten Christus kein Beweis für die tatsächliche Kontinuität. Aber er ist als Glaube bezeugt, und dieses Zeugnis ist ebenso ein geschichtliches Phänomen wie die Tatsache, daß die Zeugen der Osterereignisse zum größten Teil identisch sind mit Jüngern des irdischen Jesus. Man wird also – das war der Sinn dieser kurzen Hinweise auf ein Problem von eminenter Bedeutung – in einer Geschichte des Urchristentums, die sich um die Ursprünge und Anfänge der Kirche bemüht, die Geschichte Jesu von Nazareth, seine Taten und seine Jüngerschar nicht ausklammern dürfen, sondern muß all das mit einbeziehen, um ein rechtes Verständnis des weiteren Weges zu ermöglichen.
Aber diese Kontinuität ist nur die eine Seite der Sache. Ostern ist zwar nicht der Anfang der Geschichte des Christentums in dem Sinn, daß alles, was vorhergeht, unwichtig ist und unbeachtet bleiben kann, wohl aber ist Ostern ein Neuanfang insofern, als die zerstreuten und verzweifelten Jünger Jesu sich neu sammelten. Damit ist aber nun dem Historiker die Frage gestellt, wie denn diese neue Gemeinschaft von Christuszeugen entstanden ist. Das heißt also, daß das Problem ›Von Jesus zur Urgemeinde‹ sich auf die Frage nach Ablauf und Bedeutung der Osterereignisse zuspitzt. Gewiß ist nicht alles damit schon geklärt, daß man aus den Quellen den Ablauf jener Ereignisse zu rekonstruieren versucht. Der Historiker stößt hier ohnehin sehr bald an Grenzen, die er nicht zu

überschreiten vermag. Aber daran kann kein Zweifel bestehen, daß im Mittelpunkt der Erörterung des Ursprungs des Christentums die Osterereignisse stehen.
Darüber hinaus wird nach dem Wesen und der Eigenart der ersten christusgläubigen Juden in Jerusalem (und in Galiläa?) zu fragen sein. Denn die oben skizzierte Kontinuität der vor- mit der nachösterlichen Gemeinde kann – wie schon gesagt – nicht so verstanden werden, als ob der Neuanfang, der durch die Erscheinungen des Auferstandenen gesetzt ist, keine größeren Wirkungen gehabt hat. Vielmehr ist es wohl eine der Hauptaufgaben einer Geschichte des Urchristentums, diese Folgen der Osterereignisse für die Bildung der ersten Gemeinden zu erhellen.
So umfaßt also dieser erste Problemkreis ›Von Jesus zur Urgemeinde‹ ein ganzes Bündel von höchst schwierigen Fragen, auf die eine Antwort zu geben sicher nicht immer gelingen wird, die aber zumindest klar herausgearbeitet werden müssen, auch wenn sie unbeantwortet bleiben.
b) Das zweite Hauptthema einer Geschichte des Urchristentums läßt sich schlagwortartig formulieren: *Von Jerusalem nach Antiochien.* Es geht dabei um den Schritt von der kleinen Gruppe christusgläubiger Juden in Jerusalem (und in Galiläa?) in die Welt hinaus, und zwar zunächst in die Welt der jüdisch-hellenistischen Diaspora. Es muß hier sogleich bemerkt werden, daß es sich keineswegs um einen gradlinigen Weg handelt, wie man es nach der Darstellung der Apostelgeschichte des Lukas annehmen könnte. Selbst in diesem, von bestimmten theologischen Intentionen geprägten Werk kann man ja, wenn man genau interpretiert und auf die benutzten Traditionen achtet, noch etwas von den Schwierigkeiten erkennen, die mit diesem Übergang von der ersten Gruppe der Christuszeugen nach Ostern zu einem weiteren Kreis verbunden waren. Man verbaut sich allerdings den Weg zum Verständnis des Urchristentums, wenn man einerseits die unabgeklärte Vielfalt der ersten Zeit nicht in Rechnung stellt und wenn man andererseits ein strenges zeitliches Nacheinander der verschiedenen Gruppen und Formen christlicher Gemeinschaft (z. B. Judenchristentum – hellenistisches Judenchristentum – Heidenchristentum) als Leitlinie für die Darstellung benutzt. Es ist eine der Schwierigkeiten, die sich für den Historiker, der Ursprung und Anfänge des Christentums erforschen will, ergeben, daß sich nur schemenhaft der Ablauf der Entwicklung der ersten Zeit rekonstruieren läßt und daß manches, was er gern in ein zeitliches Nacheinander einordnen würde, nebeneinander abgelaufen ist.
Das soll nicht besagen, daß es nicht ein zeitliches Nacheinander

gegeben hat. So wird man wohl annehmen dürfen, daß die sogenannten Hellenisten nicht gleichzeitig mit der judenchristlichen Urgemeinde als eigene Gruppe entstanden sind, sondern eine etwas spätere Erscheinung sind, auch wenn vielleicht manche Glieder dieses Kreises sogar schon zu Lebzeiten Jesu ihm angehangen haben. Diese Hellenisten, deren Wortführer Stephanus war, sind nun deshalb von so großer Bedeutung, weil mit ihnen nicht nur der Übergang der Verkündigung zur griechischen Sprache sich vollzog, sondern nun auch der Weg zur hellenistischen Synagoge damit eröffnet wurde.

Zunächst ein paar Worte zu der *Sprachenfrage*, die uns noch später ausführlicher beschäftigen muß.[7] Selbst wenn man für manche Glieder der Christusgemeinde Zweisprachigkeit annehmen könnte, was bei der damaligen Situation im ganzen östlichen Mittelmeerraum nicht abwegig ist, so ist doch wohl in dem Kreis der Jünger Jesu vor und nach Ostern Aramäisch die Hauptsprache gewesen. Mit dem Kreis der Hellenisten um Stephanus wird nun das Aramäische durch das Griechische abgelöst. Das ist ohne Zweifel ein wichtiger Vorgang gewesen. Denn damit beginnt die Übertragung der Jesusüberlieferung in die griechische Sprache und d. h. auch in die griechische Gedanken- und Vorstellungswelt. Ein solcher Übergang in eine andere Sprache ist mehr als nur die Übersetzung von einzelnen Wörtern und Sätzen. Für das frühe Christentum ist nun dieser Prozeß einerseits äußerst schwierig zu erfassen, da wir nur griechische Zeugnisse erhalten haben und moderne Rückübersetzungen der vorliegenden griechischen Texte in das Aramäische nur zu leicht zu Taschenspielerkunststücken werden. Andererseits aber ist der Versuch nicht zu umgehen, die Glaubensvorstellungen der ältesten Gruppe, der aramäisch sprechenden Gemeinde, herauszuarbeiten und von denen der judenchristlich-hellenistischen Gemeinde zu unterscheiden. Ein solcher Versuch wird immer nur sehr begrenzten Erfolg haben, und vieles wird hypothetisch und unsicher bleiben. Aber er muß unternommen werden, nicht nur um die Eigenart der ›Hebräer‹ in Blick zu bekommen und auch nicht nur, um die älteste Stufe der von der Gemeinde gesammelten und geformten Jesustradition zu erheben, sondern auch um die Glaubensaussagen und die Struktur der Gruppe der ›Hellenisten‹ zu erkennen.

Bei dieser Arbeit muß nun allerdings die *religionsgeschichtliche Frage* berücksichtigt werden. Seit dem Aufkommen der ›religionsgeschichtlichen Schule‹ um die Jahrhundertwende[8] hat man diesen Aspekt für die Erklärung des Neuen Testaments und für das Verstehen der Geschichte des Urchristentums immer wieder betont und wirksam gemacht. Mit Recht, da ja die Geschichte der frühen Kirche hineingestellt war in eine höchst vielfältige religiöse Welt. Man kam aus dieser Welt, und man wollte dieser Welt das Heil verkünden; man brachte Vorstellungen und Begriffe mit, man wandte sie auf die neue Botschaft an, und man mußte die Heilsverkündigung, wenn man nicht im engen Kreis einer Sekte verbleiben wollte (was dem Wesen der Heilsbotschaft widersprochen hätte), auch in der der Umwelt verständlichen Begrifflichkeit weitersagen. Man hat in den Anfangszeiten der ›religionsgeschichtlichen Schule‹ aus diesem nicht zu leugnenden (wenn hier auch nur kurz angedeuteten) Tatbestand den Schluß gezogen, daß das Christentum eine »synkretistische Religion« (so z.B. H. Gunkel 1903) sei. Dieser Ausdruck ist deshalb mißverständlich, weil dahinter die Vorstellung einer Ableitung religiöser Phänomene aus vorhergehenden Religionen steht, bei der aber die Eigenständigkeit des betreffenden Phänomens leicht aus dem Blick gerät. Gerade das Urchristentum ist, trotz aller Bezüge zu der religiösen Umwelt, die man aufweisen kann und die man zum Verständnis kennen muß, eine eigenständige historische Größe, vor allem deshalb, weil es von einer nicht ableitbaren Person, nämlich Jesus, und von einem nicht ableitbaren Ereignis, nämlich Ostern, lebt. Aber diese Eigenständigkeit wird ausgesagt in Sprache und Vorstellungen, die auch in der Umwelt begegnen.

Es mußte an dieser Stelle auf die religionsgeschichtliche Problematik kurz hingewiesen werden, weil sie sich mit dem Übergang der Verkündigung in den Bereich des hellenistischen Judentums (und damit in den griechischen Sprachbereich) in besonderer Schärfe stellt. Gewiß ist diese Frage auch für die erste Phase des Urchristentums, *die aramäisch sprechende judenchristliche Gemeinde*, zu stellen. Denn mit der Aussage, sie stamme aus dem Judentum, ist religionsgeschichtlich nicht viel gesagt, weil das Judentum der Zeit kein monolithischer Block war, sondern eine erstaunliche Vielfalt von Strömungen aufwies: Pharisäer, Sadduzäer, Apokalyptiker, Essener und Zeloten sind mehr oder weniger gut bekannte Gruppen, an denen sich diese Vielfalt aufzeigen läßt. Eine Geschichte des Urchristentums wird sicher gut daran tun, diese verschiedenen Strömungen mit in die Betrachtung einzubeziehen, wird sich aber davor hüten müssen, das Urchristentum nun als eine Fortsetzung einer dieser Gruppen anzusehen. Abgesehen davon, daß wir nicht wissen, aus welcher dieser Gruppen die Jünger Jesu kamen, wird man schon bei dem irdischen Jesus eine Stellung zu Gesetz und Tempel finden, die von den Anschauungen aller genannten Richtungen abweicht. Und die Rezeption des Alten Testaments in der

Urgemeinde ändert nichts daran, daß es sich bei ihr um ein religionsgeschichtlich nicht aufrechenbares Phänomen handelt, was leicht übersehen wird. *Das hellenistische Judentum*, mit dem es die christliche Verkündigung wohl schon in Jerusalem zu tun hatte, ist nun ebenfalls keine einheitliche Größe.[9] Offensichtlich gab es recht verschiedene Formen der Verbindung alttestamentlich-jüdischer Tradition mit hellenistischer Kultur und Denkweise. Aber unbeschadet der Unterschiede war das ganze hellenistische Judentum nicht nur durch die griechische Sprache (vor allem durch den Gebrauch der griechischen Übersetzung des Alten Testaments, der Septuaginta) bestimmt, sondern auch durch den ständigen Kontakt mit der hellenistisch-römischen Weltkultur. Das aber war nun für die junge Christenheit von erheblicher Bedeutung. Denn nun mußte sie ihre Botschaft in einem Kreis ausrichten, der nicht nur vom Alten Testament oder der jüdischen Apokalyptik bestimmt war, der vielmehr auch mehr oder weniger vom spätantiken Synkretismus berührt und beeinflußt war. Man darf natürlich auch hier nicht die Dinge verzeichnen. Diese Einflüsse von griechischer Philosophie, Mysterienreligionen und gnostischen Gedankengängen waren im hellenistischen Judentum immer durch die Bindung an die alttestamentliche Tradition begrenzt. Das gilt in besonderer Weise für die hellenistischen Juden, die in Jerusalem ansässig waren und die nach (der später noch zu überprüfenden) Aussage der Apostelgeschichte auch diejenigen waren, aus deren Reihen die ersten nichtaramäisch sprechenden Christusgläubigen hervorgingen.

Mit dieser religionsgeschichtlichen Problematik hängt nun ein weiterer Aspekt zusammen, der für die Geschichte des Urchristentums von Bedeutung ist. Das hellenistische Judentum hat sich nicht nur in dem ganzen Mittelmeerraum verbreitet und an vielen Orten Synagogen gehabt, sondern es hat auch Propaganda getrieben und Anhänger geworben. Das hat sicher in den verschiedenen Gebieten und Städten recht unterschiedlich ausgesehen. Aber es läßt sich nicht übersehen, daß das hellenistische Judentum nicht nur durch eine Öffnung gegenüber der hellenistisch-römischen Kultur und Geisteswelt bestimmt ist, sondern auch durch einen gewissen Zug zur Expansion. Die Gruppe der hellenistischen Judenchristen um Stephanus hat doch wohl auch diese Tendenz gekannt und ist von ihr beeinflußt. Das bedeutet nicht, daß sie nun gleich an gesetzesfreie Heidenmission gedacht hat. Aber der Weg aus der kleinen Gemeinschaft in Jerusalem in die Welt hinein ist als eine Möglichkeit gegeben.

Es gehört nun allerdings zu den schwierigsten Problemen des

Fragenkomplexes, von dem hier die Rede ist, die einzelnen Phasen dieses Überganges der Evangeliumspredigt in die hellenistisch-jüdischen Gemeinschaften zu erheben. Aber das ist zu betonen: dieses hellenistische Judenchristentum ist eine besonders wichtige Größe, weil es die Größe ist, die den Weg gebahnt hat für das Heidenchristentum. Wir werden noch davon zu reden haben, daß vieles dafür spricht, die Gründung der antiochenischen Gemeinde diesem, aus Jerusalem vertriebenen, hellenistischen Judenchristentum zuzuschreiben. Und es ist weiter wohl auch anzunehmen, daß es sich in Antiochien zunächst um eine judenchristliche Gemeinde gehandelt hat. Es sei noch hinzugefügt, daß es neben Antiochien offenbar auch noch andere Gemeinden gab, die nicht zu dem palästinensischen Urchristentum zu rechnen sind. So wird man doch wohl für Damaskus einen eigenen, nicht-palästinensischen Anfang annehmen müssen. Wie auch immer die Berichte über die Tätigkeit des Paulus in Damaskus und der näheren oder weiteren Umgebung zu beurteilen sind, das scheint doch deutlich zu sein, daß es dort vor ihm eine Christengemeinde gab. Die Herkunft dieser Gemeinde ist unbekannt, und über ihre Zusammensetzung wissen wir nichts. Aber es spricht manches dafür, daß sie nicht palästinensisch-judenchristlichen Ursprungs war, eher aus einer mehr oder weniger hellenisierten Judenschaft entstanden ist.

Wenn wir auch über die Anfänge der Christengemeinde in Antiochien nur wenig wissen, so ist die Bedeutung dieser Gründung für die Zukunft erheblich gewesen. Über die Zwischenstation der hellenistischen Synagoge ist das Evangelium auch in die Heidenwelt getragen worden, und die antiochenische Gemeinde hat dabei offensichtlich eine wesentliche Rolle gespielt.

c) Das dritte Hauptthema, um das es in der Geschichte des Urchristentums geht, läßt sich kurz formulieren: *von der hellenistischen Judenchristenheit zum gesetzesfreien Heidenchristentum.* Es geht dabei um die Frage, wie es zu der Entstehung christlicher Gemeinden gekommen ist, deren Mitglieder nicht mehr geborene Juden (oder Proselyten) waren, sondern Heiden, die ohne den Umweg über die Synagoge Christen wurden und die sich auch vom Judentum getrennt wußten. Es geht also nicht nur um den Aufweis der Entstehung des Heidenchristentums und seiner Verbreitung, sondern auch um die theologische Kontroverse, die diesen Weg begleitet hat, und deren Ergebnisse. Dabei ist zweierlei zu beachten:

1. Es wäre wohl falsch, wenn man den unter b) geschilderten Prozeß der Bildung eines hellenistischen Judenchristentums der *Entstehung eines gesetzesfreien Heidenchristentums* zeitlich einfach vorordnen wollte. Es war schon davon die Rede, daß es schwierig

ist, die verschiedenen Tendenzen und Gruppierungen im Urchristentum in ein zeitliches Nacheinander einzuordnen, weil offensichtlich die Vielfalt in einem Nebeneinander Gestalt gewonnen hat. Das hängt einerseits mit der kurz geschilderten Problematik der religiösen Umwelt zusammen. Die Missionare des Evangeliums, die ja selbst schon aus unterschiedlichem Milieu kamen, fanden bei ihrer Arbeit jeweils verschiedene Situationen vor, auf die sie sich einstellen und in denen sie die ihnen aufgetragene Botschaft jeweils neu und vor allem verständlich formulieren mußten. Andererseits muß hier die überraschend schnelle Verbreitung christlicher Verkündigung im ganzen Mittelmeerraum in Rechnung gestellt werden. Auch wenn man nicht von einer Massenbewegung sprechen kann, die zahlenmäßige Größe der Gemeinden vielmehr noch lange gering war, so ist doch die geographische Verbreitung erstaunlich. Das aber hatte zur Folge, daß die Gemeinden, da es ja kein verbindliches Lehramt gab, das den Missionaren feste Richtlinien mitgab, sehr unterschiedliche Ausprägungen christlicher Verkündigung hervorbrachten. Selbstverständlich heißt das nicht, daß es nicht bestimmte Aussagen gab, die allgemein christlich waren (z. B. Monotheismus). Aber ein kirchlich approbiertes Dogma und eine einheitliche Lehre gab es nicht. Damit entfällt nun aber für den Historiker die Möglichkeit, die Geschichte des Urchristentums als einen chronologisch aufweisbaren genetischen Prozeß der Entfaltung und Entwicklung einer am Anfang fixierten Lehre oder einer Urtheologie nachzuzeichnen. Vielmehr wird er versuchen müssen, »Entwicklungslinien«[10] aufzuzeigen, Linien, die zwar nicht auf ein einheitliches theologisches Programm zurückführen, wohl aber auf eine geschichtliche Person, Jesus, und auf ein Ereignis, nämlich Ostern. Damit ist aber auch gegeben, daß viele Linien nebeneinander herlaufen und in verschiedene Richtungen weisen. Natürlich darf man hier nicht schematisieren. So müssen diese Beobachtungen durch den Hinweis ergänzt werden, daß es oft auch insofern ein genetisches Nacheinander gegeben hat, als sich viele heidenchristliche Gemeinden erst nach der Trennung der christusgläubigen (hellenistischen) Juden von der Synagoge gebildet haben. Der Historiker sieht sich so vor die schwierige Aufgabe gestellt, aufgrund eines für diese Aufgabe eigentlich nicht ausreichenden Quellenbestandes jeweils die Herkunft der einzelnen heidenchristlichen Gemeinde zu untersuchen, ihre Abhängigkeit oder ihre Unabhängigkeit von dem hellenistischen Judenchristentum festzustellen und daraus dann die Folgerungen für die Anfänge und die Entwicklung des gesetzesfreien Heidenchristentums zu ziehen. Diese Aufgabe wird noch dadurch erschwert, daß man weithin auf Rückschlüsse aus Quellen nach dem Jahre 70 angewiesen ist, bei denen nun mit einem sekundären Einfluß der hellenistischen Synagoge gerechnet werden kann.

2. Entstehung und Verbreitung des gesetzesfreien Heidenchristentums hängen ohne Zweifel mit *Person und Werk des Paulus* zusammen. Aber auch hier tauchen mancherlei Schwierigkeiten auf. Zunächst ist darauf zu verweisen, daß das Paulusbild der Apostelgeschichte, das ja bis heute in Theologie und Kirche beinahe stärker nachwirkt als die Briefe des Apostels, insofern zu korrigieren ist, als Paulus keineswegs der einzige Missionar der Heidenchristenheit gewesen ist. Wir werden noch zu untersuchen haben, was über diese Mission vor und neben Paulus aus den Quellen zu erheben ist. Aber auch wenn Paulus nur einer unter einer nicht feststellbaren Zahl anderer Missionare war, so war er doch eine singuläre Gestalt, weil er (soweit wir sehen können) der erste, wenn nicht der einzige war, der die Problematik des gesetzesfreien Heidenchristentums theologisch durchdacht und bewältigt hat. Seine Bedeutung kann in dieser Hinsicht nicht hoch genug eingeschätzt werden. Allerdings muß man sich zugleich darüber klar sein, daß Paulus die weitere Entwicklung der Kirche nur sehr bedingt bestimmt hat. »Das Ansehen, das er in der Kirche genießt, darf nicht darüber hinwegtäuschen, daß die Christenheit weithin aus sehr anderen Quellen gelebt hat und lebt als aus der Botschaft gerade dieses Apostels« (G. Bornkamm[11]). Das hängt wohl nicht zuletzt mit den schon erwähnten Beziehungen der hellenistisch-christlichen Mission zu der hellenistischen Synagoge zusammen. Es kommt hinzu, daß man kaum annehmen kann, Paulus habe in seiner Zeit für seine theologischen Gedanken schon einen großen Kreis von sachkundigen Hörern und Schülern gehabt. Andererseits muß man nun aber auch betonen, daß die Wirksamkeit des Paulus nicht vergeblich war. Denn auch wenn es richtig ist, daß die Christenheit »aus anderen Quellen gelebt hat«, daß also der Weg der Kirche in der Folgezeit nicht so sehr von Paulus als vielmehr vom hellenistischen Christentum vor und neben Paulus bestimmt war, so kommt dem Apostel doch das Verdienst zu, daß er nicht nur den Rückfall in die judaistische Gesetzlichkeit verhindert hat, sondern daß er auch – was vielleicht noch wichtiger war – das Aufgehen der christlichen Gemeinden im Synkretismus der Zeit abgewehrt hat. Mögen auch einige der paulinischen Gründungen wieder untergegangen sein, so hat im ganzen doch die Abwehr des Schwärmertums (u.a. in Korinth) Konsequenzen gehabt. Seit Paulus konnte die Kirche nicht mehr zum Mysterienverein oder zur gnostischen Sekte werden, wenn sie Kirche Jesu Christi aus Juden

und Heiden bleiben wollte. Man wird also in einer Geschichte des Urchristentums sehr wohl die überragende und singuläre Bedeutung des Paulus zu beachten haben, allerdings auch die Tatsache berücksichtigen müssen, daß die weitere Entwicklung von Theologie und Kirche nur partiell von Paulus bestimmt ist, stärker aber von anderen Kräften, die zum Teil vorpaulinische Wurzeln haben. Die Entstehung des gesetzesfreien Heidenchristentums ist ohne Zweifel die wichtigste und folgenreichste Phase in der Geschichte des Urchristentums. Denn damit waren die Schranken des Judentums gefallen und der Weg der Kirche in die Welt frei geworden. Zugleich aber war nun die christliche Botschaft in den Einflußbereich der hellenistisch-römischen Kultur geraten, und die Auseinandersetzung mit dieser Kultur wurde zur großen Aufgabe. Hier stellt sich das religionsgeschichtliche Problem erneut und in erheblich größerem Umfang, da das Heidenchristentum, das nun im ganzen Mittelmeerraum sich verbreitet, mit einer Vielfalt religiöser, theologischer und philosophischer Traditionen konfrontiert wird. Da diese Konfrontation in einer Phase der Kirchengeschichte sich abspielt, in der – wie schon gesagt – die christliche Verkündigung noch nicht durch ein kirchliches Lehramt oder durch dogmatische Definitionen gebunden oder reguliert war, konnte die Gefahr des Aufgehens im Synkretismus immer wieder auftauchen. Es gehört zu den Aufgaben einer Geschichte des Urchristentums, die Kräfte und Motive aufzuspüren, die dieses Versinken in Mysterienwesen oder Gnosis verhindert haben. Die Bedeutung des Paulus in dieser Hinsicht wurde schon angedeutet. Wichtig ist aber auch, daß man dem Nachwirken älterer Traditionen die notwendige Aufmerksamkeit widmet, Traditionen, die offensichtlich zum Teil wichtiger waren als die vielfältigen, von Vorstellungen der bunten religiösen Umwelt bestimmten Auslegungen dieser Traditionen. Das bedeutet, daß es nicht genügt, die Rezeption von Vorstellungen der hellenistisch-römischen Kultur und ihrer Religion im jungen Heidenchristentum aufzuzeigen oder die Abwehr paganen Gutes, das in die kirchliche Verkündigung eindrang, nachzuweisen; sondern es ist ebenso wichtig, die Quellen daraufhin zu befragen, welche älteren Überlieferungen hier weiter tradiert worden sind.

Diese Problemskizze, die keinen Anspruch auf Vollständigkeit erhebt, sollte die wichtigsten Fragenkomplexe, die sich in einer Geschichte der Ursprünge und Anfänge der Kirche stellen, kurz aufzählen. Dabei ist wohl schon durch diese kurze Skizze deutlich geworden: der Historiker, der sich dieser Aufgabe zuwendet, steht vor erheblichen Schwierigkeiten. Einerseits ist das Bild des Urchristentums traditionell so geprägt, vor allem durch die Apostelgeschichte, daß es immer wieder schwerfällt, sich von diesem Vorbild freizumachen. Andererseits ist die Arbeit durch die religionsgeschichtliche Problematik belastet. Und schließlich ist Zahl und Eigenart der Quellen ein weiteres Hindernis für eine lückenlose historische Darstellung der Anfänge der Kirche, wovon gleich noch zu reden sein wird.

Die Aufgabe läßt sich kurz zusammenfassen: Es soll der Versuch unternommen werden, Ursprünge und Anfänge des Christentums aufgrund der vorliegenden Quellen darzustellen. Dabei wird die Vielfalt wie die Einheit christlicher Verkündigung in diesen ersten Jahrzehnten zur Geltung kommen müssen. Vielfach wird man nicht mehr als sorgfältig begründete Hypothesen bieten können, und oft wird auch unser Nichtwissen eingestanden werden müssen. Es ist eine historische und keine dogmatische Aufgabe. Aber diese historische Arbeit hat ihre theologische Relevanz. Denn die ›Zeit der Apostel‹ ist in späterer Zeit glorifiziert und dogmatisiert worden, vor allem aber sind die Traditionen, die sich in dieser Zeit gebildet und dann ihren schriftlichen Niederschlag gefunden haben, kanonisiert worden. So ist dieser Zeit immer eine besondere Bedeutung zugemessen worden. Mit Recht, denn unsere Kenntnis von Jesus und unser Wissen um die Ereignisse, die nach der Meinung der christlichen Kirche das Heil bedeuten, beruhen auf den Dokumenten, die in der Urchristenheit geschrieben worden sind, oder zumindest auf den Traditionen, die in dieser Zeit sich geformt haben. Wenn also gesagt wird, daß die Verkündigung der Kirche bis zum heutigen Tag auf dem ›Zeugnis der Apostel‹ beruhe, so ist das – wenn es nicht einfach fromme Floskel ist – nicht falsch. Aber was das ›Zeugnis der Apostel‹, d. h. was Glaube und Verkündigung der Urchristenheit wirklich waren, das muß eine ernsthafte historische Arbeit festzustellen suchen. Das ist die Aufgabe der folgenden Untersuchung der Geschichte des Urchristentums.

1. Kapitel

Die Quellen

Wie bei jeder historischen Arbeit, so wird man auch bei dem Versuch, den Ursprung und die Anfänge des Christentums darzustellen, gut daran tun, sich einen Überblick über die vorhandenen Quellen für diese Arbeit zu verschaffen. Es wurde schon darauf hingewiesen, daß die Quellenlage für den Historiker, der sich dieser Aufgabe unterzieht, nicht ganz befriedigend ist. Einerseits ist die Zahl der Texte, die etwas über das Urchristentum aussagen, nicht gering. Die Evangelien, die Paulusbriefe und einige andere Zeugnisse liegen vor und sind beachtliche Hilfen für eine solche Arbeit. Andererseits aber muß man sehen, daß die vorhandenen Texte keine historische Darstellung und auch keine Dokumentation der Geschichte des Urchristentums sein wollen; auch die Apostelgeschichte hat keineswegs diese Intention. Vielmehr handelt es sich um Texte, die primär sich auf Verkündigung, Gemeindeaufbau usw. ausrichteten. Schließlich muß noch gesagt werden, daß diese urchristlichen Quellen nicht durch außerchristliche Zeugnisse abgestützt werden. Die Gründe für diese Quellenlage liegen auf der Hand: die Ereignisse, um die es hier geht, haben sich zunächst in einem entlegenen Winkel des Imperium Romanum und innerhalb einer kleinen Gruppe von Juden abgespielt. Und auch die Verbreitung christlicher Verkündigung im ganzen Mittelmeerraum war keine Massenbewegung, sondern blieb noch bis in das 3. Jahrhundert hinein die Angelegenheit einer kleinen Minderheit, die zunächst sicher nicht an Geschichtsschreibung interessiert war. Schließlich muß wohl in Rechnung gestellt werden, daß zumindest ein Teil der ersten Generation der Christenheit nicht mit einer langen Dauer der Welt rechnete und daher kaum daran interessiert war, Annalen zu schreiben oder Archive anzulegen. Es ist also nicht verwunderlich, daß wir die Geschichte des Urchristentums an Hand von Texten nachzeichnen müssen, die für diesen Zweck nicht besonders geeignet sind. Das zwingt aber auch dazu, sich über die Methode der Benutzung dieser Quellen für eine historische Untersuchung klarzuwerden.

Unser Wissen um das Urchristentum ist fast ausschließlich von christlichen Quellen abhängig, d.h. vom Neuen Testament und einigen wenigen späteren Texten außerhalb des Neuen Testaments, aus denen mit der gebotenen Vorsicht ältere Traditionen und Nachrichten erhoben werden können. Die lateinischen und griechischen Schriftsteller des 1. Jahrhunderts schweigen sich über das Christentum aus. Erst bei Tacitus und Sueton finden sich kurze Hinweise auf die Existenz der Christen. In den Annalen (XV, 44), wohl im 2. Jahrzehnt des 2. Jahrhunderts entstanden, kommt *Tacitus* auf Nero und den Brand von Rom zu sprechen. Er berichtet, daß die Schuld an diesem Feuer dem Kaiser gegeben wurde, und fährt dann fort:

»Um daher dieses Gerede zu beenden, gab Nero denen, die – wegen ihrer Schandtaten verhaßt – das Volk Chrestianer nannte, die Schuld, und belegte sie mit den ausgesuchtesten Strafen. Derjenige, von dem dieser Name ausgegangen war, Christus, war unter des Tiberius Regierung vom Prokurator Pontius Pilatus hingerichtet worden; und der für den Augenblick unterdrückte Aberglaube brach wieder aus, nicht nur in Judäa, dem Vaterlande dieses Unwesens, sondern auch in der Hauptstadt, wo von allen Seiten alle nur denkbaren Greuel und Abscheulichkeiten zusammenströmen und Anhang finden.«

Es folgt dann noch eine kurze Schilderung der besonderen Quälereien, deren sich Nero bei der Hinrichtung der Christen schuldig machte. Diese berühmte Notiz über die neronische Christenverfolgung im Jahre 64 ist für unsere Fragestellung leider nicht sehr ertragreich. Lediglich die Tatsache der Verfolgung mit ihren besonders scheußlichen Begleitumständen ist damit belegt. Man hat aber nicht den Eindruck, daß Tacitus, der ja diesen Bericht erheblich später niedergeschrieben hat, besonders gut über die Christen unterrichtet war. Von einer genauen Kenntnis der Geschichte dieser ihm offenbar höchst suspekten Sekte kann wohl kaum die Rede sein. Der jüngere Zeitgenosse des Tacitus, *Sueton,* scheint in seinen Kaiserbiographien in der Vita des Nero (c. 16) auf dieselben Ereignisse anzuspielen, ohne daß man mit dieser Notiz viel anfangen kann. Wichtiger ist wohl der kurze Bericht des Sueton in der Claudiusvita über die Vertreibung der Juden aus Rom. Es handelt sich um einen Satz, der in der Aufzählung verschiedener Verfassungs- und Verwaltungsreformen des Claudius steht:

»Die Juden vertrieb er aus Rom, weil sie auf Veranlassung eines Chrestus fortwährend Unruhe erregten« (c. 25).

Dieser kurze Satz kann mit der Notiz Apg 18,2 in Verbindung gebracht werden. Dort berichtet Lukas, daß Paulus in Korinth mit Aquila und Priscilla zusammengetroffen sei, die kürzlich aus Italien gekommen waren, »weil Claudius allen Juden befohlen hatte, Rom zu verlassen«. Es spricht in der Tat manches dafür, daß es zu einem Eingreifen des Kaisers gegen Juden, die Unruhe erregt haben, gekommen ist und daß Aquila mit seiner Frau deshalb Rom hat verlassen müssen. Man wird weiter vermuten dürfen, daß die Unruhen durch Debatten in der Synagoge über Jesus Christus verursacht wurden. Wann das gewesen ist, läßt sich aus Sueton nicht ablesen. Die Nachricht ist aber für die urchristliche Chronologie wichtig, wie wir noch sehen werden. Es sei noch vermerkt, daß eine Vertreibung *aller* Juden aus Rom nicht anzunehmen ist, daß sich vielmehr die Maßnahmen auf die Wortführer des Streites beschränkt haben werden.

Auch die jüdischen Quellen sind nicht viel ergiebiger. Von *Josephus* wird Jesus in dem überlieferten Text der »Jüdischen Altertümer« (um 90) zweimal erwähnt. Die eine Notiz (XX 9,1 § 200) ist recht farblos: »Ananus berief den Hohen Rat zum Gericht und führte ihm den Bruder Jesu, des sogenannten Christus, Jakobus mit Namen, vor«. Es folgt dann die Nachricht von der Ermordung des Herrenbruders Jakobus und der Bericht über die Absetzung des Ananus wegen dieser Freveltat. Man wird die zitierten Worte dem Josephus nicht absprechen dürfen, da er deutlich nur vom sogenannten Christus spricht, eine christliche Interpolation also ausgeschlossen ist. Das Ereignis fällt in das Jahr 62. Für die Geschichte des Urchristentums läßt sich lediglich daraus entnehmen, daß Jakobus von den Juden im Jahre 62 umgebracht worden ist. Die andere Josephusstelle ist sehr viel problematischer, wie schon die Fülle der Literatur, die sie hervorgerufen hat, zeigt.[1] Der Text (Antiquitates XVIII 3,3 § 63f.) lautet in der überlieferten Form:

»Zu dieser Zeit trat Jesus auf, ein weiser Mann, wenn man ihn überhaupt einen Mann nennen darf. Er war nämlich ein Täter wunderbarer Werke, ein Lehrer der Menschen, die mit Lust die Wahrheit aufnehmen. Und er zog Juden wie auch Leute griechischer Art in großer Zahl an. Dies war der Christus. Und als ihn auf Anklage unserer vornehmsten Männer hin Pilatus mit dem Kreuzestod bestraft hatte, ließen die, die es zuvor getan, von ihrer Liebe zu ihm nicht ab. Erschien er ihnen doch am dritten Tage wiederum lebendig, da die göttlichen Propheten diese und unzählige andere Wunderdinge über ihn verkündet hatten. Und noch jetzt ist die nach ihm genannte Menschenart nicht ausgestorben.«

Dieser Text ist im 4. Jahrhundert (Eusebius) bekannt, scheint aber

im 3. Jahrhundert (Origenes) noch nicht vorhanden gewesen zu sein. Man hat versucht, aus diesen Sätzen eine ursprüngliche Aussage des Josephus über Jesus herauszuarbeiten. Aber das ist ebenso vergeblich wie die Verteidigung der Echtheit. Natürlich ist es möglich, daß Josephus so, wie er über Johannes den Täufer referiert hat, auch über Jesus etwas berichtet hat. Aber wie dieser Bericht ausgesehen haben mag, das können wir nicht sagen. Jedenfalls versagt Josephus fast völlig als Quelle für die Geschichte des Urchristentums. Auch andere jüdische Texte ergeben kein brauchbares Material. So wird zwar im rabbinischen Schrifttum Jesus manchmal erwähnt, aber irgendwelche historischen Nachrichten lassen sich daraus nicht gewinnen.[2]
Zusammenfassend muß also festgestellt werden: heidnische und jüdische Quellen bieten nichts, was für unsere Arbeit irgendwie hilfreich wäre. Auch das immer wieder herangezogene angeblich vom Kaiser Claudius stammende Edikt gegen Grabschändungen sollte man beiseite lassen, da Fundort, Datierung und Anlaß dieser Inschrift unklar sind.[3] Die Geschichte des Urchristentums kann nur aufgrund christlicher Quellen dargestellt werden.

2. *Die synoptischen Evangelien*[4]

Die drei ersten Evangelien (Matthäus, Markus und Lukas) sind neben den Paulusbriefen die wichtigsten Zeugnisse für die Geschichte des Urchristentums. Man faßt diese drei unter dem Namen ›Synoptiker‹ zusammen, weil – wie schon eine erste Lektüre deutlich werden läßt – sie in irgendeiner Weise literarisch zusammenhängen. Eine Zusammenstellung der Texte in einer Synopse[5] zeigt ein eigentümliches »Nebeneinander von enger Verwandtschaft und starker Verschiedenheit« (Vielhauer). Damit ist *das eigentliche synoptische Problem* gekennzeichnet.
Nun kann in unserem Zusammenhang weder über dieses noch über die anderen Probleme der Evangelienforschung ausführlich referiert werden. Seit dem Aufkommen der historisch-kritischen Arbeit am Neuen Testament ist auf diesem Feld unermüdlich gearbeitet worden. Hypothesen wurden aufgestellt und wieder verworfen, und noch heute scheinen der Phantasie auf diesem Gebiet keine Grenzen gesetzt zu sein. Wir beschränken uns auf die Punkte, die für unsere Frage nach den Quellen für die Geschichte des Urchristentums wichtig sind. Das eben erwähnte synoptische Problem findet seine einleuchtendste Erklärung durch die *Zwei-Quellen-Theorie*, die im 19. Jahrhundert entwickelt wurde und heute weit-

hin anerkannt ist, auch wenn es nicht an Versuchen gefehlt hat und fehlt, sie zu entkräften. Diese Theorie besagt, daß das Markusevangelium den beiden anderen Synoptikern vorausgegangen ist und von ihnen als Quelle benutzt wurde. Außerdem haben Mt und Lk noch eine zweite Quelle gehabt, die nach ihrem Inhalt (Sprüche und Reden Jesu) ›Spruchquelle‹ (abgekürzt: Q) genannt wird. Diese Spruchquelle ist nicht erhalten, kann aber hypothetisch erschlossen und ungefähr rekonstruiert werden. Sie hat wohl Mt und Lk schriftlich in griechischer Sprache vorgelegen, wahrscheinlich in verschiedenen Rezensionen, die man am besten als verschiedene Übersetzungen einer aramäischen Fassung ansehen kann.[6] Das heißt nun aber, daß diese Sammlung vor der Aufnahme durch die beiden Verfasser von Mt und Lk bereits eine Geschichte gehabt hat, die allerdings nur in Umrissen sichtbar wird. Diese Unsicherheit ist bedauerlich, denn der Prozeß der Entstehung und der Entwicklung dieser Sammlung hat sich in den Jahrzehnten zwischen ca. 30 und ca. 60 vollzogen und wäre daher, wenn er klar vor unseren Augen läge, ein wichtiger Faktor in der Rekonstruktion der Geschichte des Urchristentums. Aber auch wenn immer wieder Versuche unternommen werden, Licht in dieses Dunkel zu bringen und durch neue Hypothesen die Geschichte von Q für die Aufhellung der Probleme des Urchristentums nutzbar zu machen, so wird der Historiker gut daran tun, sich größter Zurückhaltung bei der Anwendung dieser Hypothesen zu befleißigen.

Hilfreich scheint der Versuch von J. Robinson zu sein, die Spruchquelle Q in einen größeren Zusammenhang einzuordnen.[7] Danach wäre diese Sammlung in Analogie zu den ›Worten der Weisen‹ zu sehen, für die es im Judentum der hellenistischen Zeit Beispiele gibt. Auch das in dem Papyrusfund von Nag Hammadi (Ägypten) aufgetauchte koptische Thomasevangelium, das auf eine griechische Vorlage zurückgeht, gehört seiner Gattung nach in diesen Zusammenhang. Diese These ist in verschiedener Hinsicht weiterführend. Einerseits wird deutlich, daß die Spruchquelle als literarische Gattung nicht – wie etwa die Gattung ›Evangelium‹ – eine christliche Neuschöpfung ist, auch wenn die Tatsache, daß in Q nur von *einem* ›Weisen‹ Worte gesammelt sind, die Grenze der Analogie sichtbar werden läßt. Andererseits wird durch die Einbeziehung des koptischen Thomasevangeliums auch auf das Weiterleben und die weitere Geschichte dieser Gattung hingewiesen. Die Tradition der Worte Jesu hat weder mit Q noch mit der Übernahme von Q in die Evangelien Mt und Lk ihr Ende erreicht.[8] Das ist hier nicht weiter zu verfolgen, auch wenn das Problem des Verhältnisses von mündlicher und schriftlicher Überlieferung von hier aus

sich neu stellt. Schließlich ist dieser Ansatz Robinsons so wichtig, weil von der Gattung her die theologische Bedeutung dieser Spruchquelle erhellt werden kann: Q ist der Versuch, nicht nur die Jesustradition zu sammeln, sondern sie auch zu ›interpretieren‹. Anders gesagt: Die eigentliche Intention der Spruchquelle ist es, die Verkündigung Jesu als unaufgebbare Basis der Verkündigung der Kirche zu bewahren.
Auch wenn diese Thesen in manchen Punkten wirklich weiterführen, so muß man doch auch hier zugeben, daß man sich auf recht unsicherem Boden befindet. Stringente Beweise lassen sich weder für die Vorgeschichte von Q noch für die Entwicklung dieser Quelle bis zu ihrer Aufnahme in die Evangelien noch für ihre ›Nachgeschichte‹ erbringen. Wenn man das beachtet, so werden manche Schlüsse durchaus für die Geschichte des Urchristentums möglich sein, anderes wird als zu hypothetisch und daher unwahrscheinlich besser unberücksichtigt bleiben.
Es muß noch hinzugefügt werden, daß Mt und Lk jeweils noch Sondergut bieten, das zum Teil vielleicht auch aus Q stammt, zum Teil aber aus Traditionen herrührt, die in den Gemeinden, in denen die beiden Evangelien entstanden sind, bekannt waren. Das könnte, wenn sich sichere Aussagen machen ließen, für die Geschichte des Urchristentums sehr hilfreich sein. Aber auch hier wird man sehr genau zwischen aufweisbaren Möglichkeiten und unbeweisbaren Hypothesen unterscheiden müssen.
»Mit der Zwei-Quellen-Theorie hat die literarkritische Arbeit an den Synoptikern tatsächlich ihr Ende erreicht« (Vielhauer[9]). Man kann auch sagen: In unendlich vielen Untersuchungen ist der mit dem Stichwort ›Zwei-Quellen-Theorie‹ angedeutete Sachverhalt als die beste Erklärung für die literarischen Probleme der drei ersten Evangelien bestätigt. Diese Theorie ist nicht erschüttert worden, muß aber natürlich als Theorie, und d. h. als Hypothese, erkannt und nicht als bewiesene Tatsache proklamiert werden. Manche Punkte (vor allem im Blick auf Q) bleiben ungeklärt. Es ist aber nun die Frage zu stellen, ob man nicht über die literarkritischen Probleme hinaus auf anderem Wege der Geschichte der Jesusüberlieferung auf die Spur kommen kann. Es ist schon bei den obigen Ausführungen zu der Spruchquelle angeklungen, daß die Sammlung und die weitere Entwicklung der Tradition ein recht komplexer Vorgang gewesen sind, den wir nur annähernd erkennen können. Aber bei diesen Hinweisen ging es um die literarische Größe ›Sammlung von Worten Jesu‹. Nun bestehen die synoptischen Evangelien ja nicht nur aus Worten Jesu, sondern sie berichten auch von dem Leben und den Taten Jesu, und dieser Teil der

Tradition hat nicht zu der Spruchquelle gehört. Die Frage stellt sich also, ob es für die gesamte Jesustradition möglich ist, bestimmte Kriterien zur Beurteilung ihrer Geschichte zu gewinnen.

Das ist die Intention der sogenannten *formgeschichtlichen Methode.* Diese Arbeit hat eine längere Vorgeschichte – es seien hier nur die Namen J. G. Herder und F. Overbeck genannt –, hat aber vor allem in der literarkritischen Arbeit von Wrede und Wellhausen sowie in der alttestamentlichen Forschung von H. Gunkel ihre Vorläufer. In den Jahren 1919–1922 erschienen die Schriften von M. Dibelius, K. L. Schmidt, R. Bultmann, M. Albertz und G. Bertram[10], die nun, so sehr sie auch im einzelnen sich unterscheiden, die formgeschichtliche Arbeit als eine fruchtbare Methode neutestamentlicher Arbeit erwiesen haben.

Schon durch die Arbeiten von Wellhausen und Wrede war deutlich geworden, daß die Evangelien nicht als Biographien zu verstehen seien, sondern als theologische Schriften, die von dem Glauben der Urchristenheit geprägt sind. Weiter war auch schon erkannt, daß die Tradition aus einzelnen Stücken bestand, die dann von den Verfassern der Evangelien in einen redaktionellen Rahmen eingefügt worden sind. Von hier aus ergab sich nun die neue Fragestellung, wie sie in der formgeschichtlichen Arbeit Gestalt gewonnen hat. Die Aufgabe, die sich stellt, läßt sich mit den Worten Bultmanns so definieren: Es geht darum, »1. den literarischen Charakter der Evangelien als ganzer zu beschreiben und ihre Stellung in der allgemeinen Literaturgeschichte zu bestimmen; 2. die Geschichte des in den Evangelien verarbeiteten Traditionsstoffes von seinen vorliterarischen Ursprüngen bis zu seiner literarischen Fixierung in den verschiedenen Evangelien zu beschreiben in der Erkenntnis, daß der Traditionsstoff ursprünglich aus Einzelstükken bestand, deren Entstehung und Geschichte durch die Untersuchung ihrer Form zu erhellen ist.«[11]

So sehr die beiden genannten Programmpunkte gleich wichtig sind, so hat doch der zweite Punkt, d. h. die Analyse der ›kleinsten Einheiten‹, der einzelnen Traditionsstücke zunächst das Feld beherrscht. Erst nach 1945 ist die ›Redaktionsgeschichte‹, wie man nun sagte, stärker in den Mittelpunkt der Forschung gerückt, wobei man allerdings nie vergessen darf, daß diese ›Redaktionsgeschichte‹, d. h. die Erhellung der theologischen Konzeption der einzelnen Evangelisten, nur unter der Voraussetzung der Analyse des Traditionsstoffes möglich ist und daß sie bereits in den frühen Werken der formgeschichtlichen Arbeit nicht nur klar erkannt, sondern in ihren Grundzügen bereits vorgezeichnet worden ist.

Es geht also bei dieser formgeschichtlichen Arbeit darum, einerseits die Redaktion der Evangelien, ihre Motive und theologischen Tendenzen zu erheben und andererseits das Traditionsmaterial, das die Verfasser der Evangelien verarbeitet haben, in seinem vielschichtigen Wesen zu analysieren. Es sind die verschiedenen Schichten der Jesusüberlieferung voneinander abzuheben, indem man die kleinsten Einheiten der Tradition herausarbeitet, und zugleich ist damit der Versuch zu verbinden, Motive und Tendenzen, die diesen Prozeß der Bildung, Umbildung und Weitergabe der Tradition von Jesus bestimmt haben, aufzuzeigen. Damit wird diese Arbeit zu einem wichtigen Hilfsmittel, um das Leben der Gemeinden, in denen sich dieser Prozeß vollzogen hat, zu erfassen. Denn – und das ist eine besonders wichtige Einsicht, die sich aus dieser Arbeit ergeben hat – die Evangelien sind nicht literarische Werke in dem Sinn, daß eine Schriftstellerpersönlichkeit sich aus historischem oder literarischem Interesse darangemacht hat, eine Biographie zu schreiben. Sie stellen keine Literatur für den gehobenen Bedarf dar, sondern gehören zu der sogenannten ›Kleinliteratur‹, zu jener »Unterschicht, die an den Kunstmitteln und Richtungen des literarisch-künstlerischen Schrifttums nicht teil und mit seinem Publikum nichts zu schaffen hat; ihre Leser finden die Erzeugnisse der Kleinliteratur vielmehr gerade in Kreisen, die von der großen Literatur nicht erreicht werden« (M. Dibelius[12]). Natürlich gilt das nicht nur für die Evangelien, die ja in gewisser Weise die Endgestalt der Jesusüberlieferung darstellen, sondern es gilt auch für die Traditionsgeschichte vor der Aufnahme des Einzelmaterials in die Evangelien. Das bedeutet nun aber weiter, daß die Frage nach dem ›Sitz im Leben‹ in dieser Arbeit so wichtig ist. Denn diese Frage zielt ja auf das eigentliche Motiv dieses Überlieferungsgeschehens, d. h. auf den Glauben der Urchristenheit, von dem aus sie überhaupt Worte und Taten Jesu weiter verkündigte.

Die Überlieferung hat sich offensichtlich sehr früh fester Formen bedient, und zwar *vor* deren schriftlicher Fixierung. Das hat seinen Grund nicht zuletzt im Wesen und in der Struktur der frühen Christenheit, für die die mündliche Überlieferung nicht nur als Erbe aus dem Judentum die gegebene Form der Weitergabe war, sondern die auch wenig geneigt war, literarisch tätig zu sein. Damit ist natürlich nicht gesagt, daß es sich bei diesen ersten Christen nur um ungebildete und des Schreibens unkundige Leute gehandelt habe. Die Anfänge der schriftlichen Fixierung von Q, die doch wohl in das erste Jahrzehnt der Existenz einer eigenständigen christlichen Gemeinschaft fallen, sprechen ebenso gegen eine solche Annahme wie die Anfänge theologischer Reflexion der Heilsereignisse. Nur das sei bemerkt: die Aufgabe, vor die sich diese

Menschen nach Ostern gestellt sahen, war Verkündigung des Evangeliums und Zeugnis von dem auferstandenen und wiederkommenden Herrn. Daß dabei auch der Glaube an die nahe Wiederkunft Christi und damit auch an das nahe Ende dieser Welt sich verbinden konnte, wird uns noch beschäftigen. Aber das sei in diesem Zusammenhang doch bemerkt, daß die ›Naherwartung‹ nicht für die Mündlichkeit der Tradition als Grund bemüht werden kann, wie andererseits das ›Schwinden der Naherwartung‹ nicht der Anlaß für die schriftliche Fixierung der Überlieferung war.
Eine der Aufgaben der formgeschichtlichen Arbeit ist es nun, die verschiedenen Formen der Überlieferung vor ihrer schriftlichen Festlegung, aber aufgrund der uns vorliegenden schriftlichen Fassung in den synoptischen Evangelien herauszuarbeiten und ihren Sitz im Leben zu bestimmen. Es ist hier nicht näher auf die Methode dieser Arbeit einzugehen, wie auch die Einteilung des Traditionsstoffes uns nicht näher zu beschäftigen braucht. (Die Differenzen in der Bezeichnung der einzelnen Gattungen können nicht darüber hinwegtäuschen, daß die grundsätzliche Entscheidung für diese Methode allen Forschern, die im einzelnen vielleicht voneinander abweichen, gemeinsam ist.) Es sei aber darauf verwiesen, daß die Unterscheidung zwischen Wortüberlieferung und Erzählungstradition wichtig ist, weil die Wortüberlieferung offenbar früh schon in Sammlungen (Q und seine Vorstufen) zusammengestellt worden ist. Von der Erzählungstradition wird man die Passionsgeschichte als ein Stück ansehen müssen, das schon früh eine größere Einheit gebildet hat. Aber andere größere Erzählungszusammenhänge wird es vor Mk nicht gegeben haben, während die Wortüberlieferung schon festere Formen hatte. Es werden hier noch einmal die Schwierigkeiten, mit denen man es bei der Erhellung dieses Traditionsprozesses zu tun hat, deutlich: die Überlieferung von Worten und Reden Jesu hat in Q feste Gestalt gewonnen und ist so in Mt und Lk eingegangen. Aber Mk hat offenbar auch auf Redestoff in größerem Zusammenhang zurückgreifen können, den er wohl als ›Lehre Jesu‹ kannte (Mk 4,1; 12,38). Doch diese von Mk benutzte Tradition kann nicht, trotz einzelner Berührungen, mit Q identifiziert werden. Das heißt nun aber, daß die Geschichte der synoptischen Tradition, soweit es den Redestoff betrifft, nicht auf die Entstehung und Entwicklung von Q beschränkt werden kann, daß vielmehr auch andere Traditionsstränge zu beachten sind, ja daß auch das Weiterleben solcher Jesusüberlieferung bis in die Mitte des 2. Jahrhunderts berücksichtigt werden muß (z.B. in den frühen apokryphen Evangelien).[13] Für den Erzählungsstoff wird man ähnliches annehmen, auch wenn die

Unterschiede nicht zu übersehen sind und die Fixierung der Tradition durch Mk (und ihm folgend Mt und Lk) wohl folgenreicher war als bei dem Redestoff.
Mit diesen Bemerkungen sollte noch einmal unterstrichen werden, daß es sich bei der Arbeit, die hier kurz skizziert wurde, nicht um eine rein literarhistorische Aufgabe handelt. Es geht auch nicht um die Frage nach Form und Stil als ästethischen Phänomenen – dieses immer wieder auftauchende Mißverständnis muß zurückgewiesen werden –, vielmehr werden in der formgeschichtlichen Arbeit Form und Stil richtig als Äußerungen urchristlichen Glaubens und Lebens gedeutet. Daher kommt der Zuweisung des einzelnen Stückes an einen bestimmten *›Sitz im Leben‹* eine solche Bedeutung zu. Denn wenn auch ein gewisser Zirkelschluß darin besteht, daß von der Gattung der Traditionsstücke auf das urchristliche Leben und andererseits von dem urchristlichen Leben auf die Gattungen des Traditionsmaterials geschlossen wird, so ist doch dieser Zirkel durch die Verbindung von analytischer und konstruktiver Methode – man könnte die Namen von R. Bultmann und M. Dibelius als Exponenten dieser beiden Methoden nennen – in gewisser Weise entschärft. Denn entscheidend ist ja die wichtige Voraussetzung, daß die Jesustradition geformt und weitergegeben worden ist, weil die Tradenten, d. h. die Gemeinden der ersten Jahrzehnte, diese Tradition als Heilsbotschaft ansahen.
Mit dem allen ist nicht gesagt, daß die gesamte Überlieferung ›Erfindung‹ der Urchristenheit gewesen sei. Die Feststellung, daß eine Gattung einen bestimmten ›Sitz im Leben‹ hat, ist ja nicht zugleich das Urteil über ›Echtheit‹ oder ›Unechtheit‹. Worte Jesu sind in der Gemeinde gesammelt und haben im Lauf der Tradition Gestalt gewonnen. Die Form mag sich dabei auch gewandelt haben, oft aber ist sie unverändert geblieben (Gleichnisse!). Die Frage nach der ›Echtheit‹, die ohnehin problematisch ist, kann wohl auch nur vom Inhalt her beantwortet werden. Aber die Aufhellung der Geschichte der Jesusüberlieferung kann helfen, auch diese Frage legitim und sachgemäß zu stellen und zu beantworten. Denn diese Geschichte hat ja ihren Ausgangspunkt bei Jesus von Nazareth.
Die formgeschichtliche Arbeit an den Evangelien ist – das sei noch einmal betont – eine Methode, die zwar sehr viel weiter hilft als alle vorhergehenden Methoden, die aber natürlich nicht überzogen oder die gar zum Selbstzweck und zur Spielerei werden darf. Nur eingebunden in die auch sonst üblichen Verfahren der Geschichtswissenschaft kann diese, dem besonderen Charakter der Quellen angemessene Methode zu Ergebnissen führen, die für die Geschichte des Urchristentums weiterführend sind.

Es mußte hier von dieser Problematik der synoptischen Tradition gehandelt werden, weil unser Bild vom Urchristentum heute weitgehend von den Ergebnissen der Evangelienforschung abhängt, vor allem von den Erkenntnissen der formgeschichtlichen Analyse der drei Synoptiker. Die Textbasis für diese Arbeit ist die uns vorliegende Gestalt der Evangelien. Von ihnen muß noch kurz die Rede sein. Es wurde schon erwähnt, daß in den letzten Jahrzehnten die ›Redaktionsgeschichte‹ stärkere Beachtung gefunden hat, daß also die Ansätze der zwanziger Jahre unseres Jahrhunderts hinsichtlich der Erforschung der Evangelien als ganzer weitergeführt wurden. Die Ergebnisse dieser Arbeit sind zwar keineswegs einheitlich, aber bestimmte Grundeinsichten scheinen doch allgemein akzeptiert zu sein.

Das älteste Evangelium ist, soweit wir wissen, das Werk des Verfassers von Mk gewesen; er hat wohl diese Gattung, die literaturgeschichtlich etwas Neues war, geschaffen. Wenn es Mk 1,1 heißt: »Anfang des Evangeliums Jesu Christi«, so ist das so zu verstehen, daß der Verfasser die von ihm vorgelegte Sammlung der bisher frei umlaufenden Traditionen unter das Stichwort ›Evangelium‹ gestellt hat, d.h. er hat einen Begriff, der in der christlichen Missionssprache sehr früh als umfassende Bezeichnung der Botschaft auftaucht, aufgegriffen. ›Evangelium‹ ist zunächst die mündlich weitergegebene Heilsbotschaft von Jesus Christus. Indem Mk an den Beginn seiner Arbeit der Sammlung der Tradition diesen Begriff stellt, hat er einerseits diese seine Sammlung als Heilsverkündigung charakterisiert und andererseits der Literarisierung des Begriffs ›Evangelium‹ den Weg bereitet (Evangelium als Buch, das von Jesu Leben und Werk, von seinem Tod und seiner Auferstehung berichtet). Allerdings sind Mt und Lk ihm darin nicht gefolgt, auch wenn sie in der literarischen Form das Werk des Mk aufnehmen, erweitern und anders ausrichten.

Es muß betont werden, daß die Sammlung des reichen Traditionsmaterials und dessen Ordnung unter bestimmten theologischen Gesichtspunkten nicht identisch ist mit dem Übergang von mündlicher zu schriftlicher Weitergabe der Jesusüberlieferung. Wie man auch die Frage nach den zusammenhängenden Überlieferungskomplexen vor Mk beurteilt (sie ist schwierig und läßt sich nur bei der Leidensgeschichte sicher beantworten) – es ist klar, daß es zumindest für den Redestoff schon schriftliche Fixierungen gegeben hat. Das ist deshalb hervorzuheben, weil einerseits damit noch einmal die These eines völlig unliterarischen Charakters des Urchristentums fragwürdig wird und weil andererseits die theologische wie die literarische Leistung des Verfassers des Mk dadurch noch deutlicher hervortritt. Daß dabei theologische und literarische Redaktion kaum zu trennen sind, hängt damit zusammen, daß für den Verfasser die ganze Geschichte Jesu Heilsgeschehen ist und er sein Werk daher als Verkündigung dieses Heils gestaltet. Ihn leiten also nicht historische Interessen, er schreibt keine Biographie, sondern er verkündet Jesu Leben und Werk als Heil, als Evangelium.

Über die theologischen Positionen des Mk (etwa über das wichtige »Messiasgeheimnis«) braucht hier nicht referiert zu werden. Nur das sei bemerkt: Mk hat sein Evangelium sicher von bestimmten theologischen Prämissen her gestaltet. Aber einerseits hat das ihm überkommene Traditionsmaterial eigenes Gewicht behalten, d. h. die theologischen Vorstellungen dieser Überlieferungen, die ja nicht einheitlich sind (z. B. in der Christologie), wirken weiter. Zum anderen muß die Intention des Verfassers in Rechnung gestellt werden. Er schreibt keinen theologischen Traktat, sondern er versteht sein Werk als ›Evangelium von Jesus Christus‹, d. h. als Heilsverkündigung. Das sollte auch bei den immer subtiler werdenden Untersuchungen dieses Evangeliums nicht vergessen werden.

Wann, wo und durch wen Mk verfaßt ist, kann man nicht genau sagen. Der Name Markus ist wohl sehr alte Tradition, aber welcher Markus das war, wissen wir nicht. Als Abfassungsort legt sich Syrien nahe. Die Zeit der Abfassung wird eher nach 70 als vor der Zerstörung Jerusalems liegen. Wichtiger ist die Einordnung in die Theologiegeschichte: Mk »gehört nach Inhalt und Zielsetzung ... ganz in den Bereich der Jesustradition und repräsentiert diese in einem hellenisierten, genauer: hellenistisch-judenchristlichen, aber ganz auf die Heidenchristen ausgerichteten Stadium« (Vielhauer[14]).

Die beiden anderen Synoptiker, Mt und Lk, haben unabhängig voneinander die Spruchquelle Q und Mk miteinander verbunden, dabei aber auch anderes, ihnen wohl aus ihrer eigenen Gemeinde bekanntes Traditionsgut (›Sondergut‹) eingefügt und den Gesamtaufriß des Mk erweitert oder verändert. Diese Arbeit steht – wie schon die des Mk – unter bestimmten theologischen Intentionen. Das wird z. B. bei Mt daran deutlich, daß die ›Lehre‹ Jesu, die dem Verfasser dieses Evangeliums neben den Taten so wichtig ist und die vielfältig mit dem AT verbunden wird, herausgehoben wird aus dem Bereich des Vergangenen und zum autoritativen Wort des Herrn, der der bis zum Weltende gegenwärtige Herrscher ist (Mt 28,18–20), wird.

Lk seinerseits gibt seiner Zusammenfassung der Jesustradition eine heilsgeschichtliche Ausrichtung: die Jesuszeit ist die ›Mitte der

Zeit‹ (Conzelmann), d.h. normative Zeit. Interessant ist, daß Lk in seinem Proömium (1,1–4) eine neutrale und objektive Darstellung ankündigt, sich also als Historiker verstanden wissen will, daß er aber dann »eine Biographie Jesu in heilsgeschichtlichem Rahmen« (Vielhauer[15]) folgen läßt, die nicht zu dem ›profanen‹ Proömium zu passen scheint. Für den Verf. scheint das kein Bruch zu sein. Vielmehr ist es so, daß Lk, durch die ihm überkommene Tradition in seinem Stoff gebunden, diesen einerseits seinem theologischen Konzept unterordnet, andererseits aber unter Benutzung von Stilmitteln der antiken Historiographie nun sein Doppelwerk schreibt. Denn die Apg, über die noch zu sprechen ist, muß bereits bei einer Beurteilung des Evangeliums mit berücksichtigt werden.

Über Abfassungszeit und -ort läßt sich für Mt und Lk nichts sicheres sagen. Auch die Verfasser sind unbekannt. Für Mt kann man vermuten, daß dieses Evangelium von einem ›Lehrer‹ in den beiden letzten Jahrzehnten des 1. Jahrhunderts verfaßt ist. Für Lukas, den man nicht mit dem Arzt (Kol 4,14) identifizieren sollte, wird man wohl ebenfalls diese beiden Jahrzehnte annehmen dürfen (Evangelium ca. 80, Apostelgeschichte ca. 90).

Diese kurzen Hinweise müssen hier genügen. Zu der Frage, welchen Wert und welche *Bedeutung* die drei synoptischen Evangelien *als Quellen für die Geschichte des Urchristentums* haben, sei zusammenfassend folgendes festgehalten:

a) Die drei Evangelien sind zu verstehen als eine Zusammenfassung und theologische Bearbeitung der vorhandenen mündlichen und schriftlichen Jesustradition. Mit der notwendigen Vorsicht lassen sich die verarbeiteten Traditionen herausarbeiten und von den redaktionellen Zutaten trennen. Natürlich bleibt dabei vieles hypothetisch. Aber es gelingt doch, in Umrissen wenigstens die Jesustradition in ihrer Geschichte zu verfolgen und damit auch den Zugang zu den Worten und Taten des historischen Jesus zu finden.

b) Die Benutzung der synoptischen Evangelien als Quellen für die Geschichte des Urchristentums wird immer im Blick haben müssen, daß diese Texte keine historiographischen Intentionen verfolgen, sondern von der Verkündigung und der Theologie her zu verstehen sind. Das gilt nicht nur für die drei synoptischen Evangelien, sondern auch schon für das vor ihnen gesammelte Traditionsgut. Das schränkt ihren Nutzen für die äußere Geschichte des Urchristentums ein, macht sie aber für das Verständnis urchristlichen Glaubens und der damit zusammenhängenden ersten theologischen Reflexion so wichtig.

c) Die formgeschichtliche Arbeit hat von Anfang an eine ›soziologische‹ Komponente, d.h. man hat in dieser Forschungsrichtung der Gemeinde als Traditionsträger eine besondere Rolle zugewiesen. Allerdings muß das – gerade im Blick auf neuere Versuche[16] – eingeschränkt werden: es wird nicht möglich sein, die soziologische Struktur des Urchristentums (also soziale Herkunft usw.) befriedigend zu klären. Man kann lediglich aus der Tradition und ihrer Geschichte mit der durch das Quellenmaterial gebotenen Vorsicht Rückschlüsse auf Glauben und Leben der Gemeinden und auf deren Folgen und Entwicklungen (z. B. Kirchenordnungsfragen) ziehen.

3. *Das Johannesevangelium*

Sehr viel schwieriger ist die Frage des historischen Quellenwertes des Joh zu beantworten. Das hängt mit der Eigenart dieses Buches zusammen, das sich ja in vieler Hinsicht von den Synoptikern unterscheidet. Es ist nach wie vor umstritten, in welchem Verhältnis Joh zu den Synoptikern steht. Es gibt ohne Zweifel Stellen, die eine beträchtliche Verwandtschaft mit diesen zeigen (vgl. Joh 2,13–22 mit Mk 11,15–18 par.; Joh 6,1–13 mit Mk 6,32–44 par. usw.). Aber selbst diese Perikopen sind kaum durch literarische Abhängigkeit zu erklären, sondern eher durch die Benutzung von Traditionen, die ein anderes Stadium der Überlieferung darstellen. Wichtiger ist, daß Joh das ihm vorliegende Überlieferungsgut noch stärker als die Synoptiker seiner theologischen Konzeption einordnet, die von seiner religiösen Umwelt beeinflußt ist. Jedenfalls ist gerade die theologische Eigenart dieses um 100 in Syrien (?) entstandenen Evangeliums durch ihre Bezüge zu Gnosis oder ähnlichen Erscheinungen das große Rätsel in der Geschichte des Urchristentums. Die Frage, auf welchen Quellen dieses Werk beruht, ist schwieriger zu beantworten als bei den Synoptikern. Die Drei-Quellen-Theorie Bultmanns (1. Sammlung von Wundergeschichten; 2. Offenbarungsreden; 3. Passions- und Ostergeschichten) ist zwar weithin einleuchtend, läßt sich aber nicht in allen Punkten stringent beweisen. Für unseren Zusammenhang muß noch darauf verwiesen werden, daß diese vermuteten Quellen sich weder lokalisieren noch datieren lassen. Andererseits ist es klar, daß Glaube und Theologie des Joh nicht erst am Ende des 1. Jahrhunderts gewissermaßen aus heiterem Himmel entstanden sind, sondern eine Vorgeschichte in der hier zu behandelnden Zeit haben. Dann aber bekommt die Frage nach dem Verhältnis des Joh zu Paulus ein erhebliches Gewicht.

4. Die Apostelgeschichte des Lukas

Nun gibt es im NT eine Schrift, die die eben skizzierte, oft recht mühsame Arbeit der Auswertung der Evangelien als überflüssig erscheinen lassen könnte, wenn man die Geschichte des Urchristentums erforschen will: die Apostelgeschichte des Lukas. Denn in diesem zweiten Teil seines Doppelwerkes will der Verfasser ausführlich über die Zeit zwischen Himmelfahrt und Ankunft des Paulus in Rom berichten. Man würde die Apg falsch verstehen, wenn man sie als einen historischen Bericht im modernen Sinn auffaßt. Der Verfasser dieses Werkes will sicher keine Dichtung liefern, er spricht nach seiner Meinung wirklich von vergangenen Tatsachen. Aber er ist kein moderner Historiker. Die Apg ist das Werk eines Heidenchristen der 2./3. Generation, der seiner Fassung des Evangeliums mit diesem Werk eine Fortsetzung gab. Er will dabei sicher (stärker als im Evangelium) auch literarisch wirken. Die angewandten Stilmittel stehen im Dienst einer theologischen Intention, die aber der Erbauung und der Verkündigung dienen will. Es ist schon bei Lk darauf verwiesen, daß der Verfasser des Doppelwerkes eine heilsgeschichtliche Theologie vertritt. Inwieweit das ein Ersatz für die urchristliche Naherwartung ist, kann hier nicht untersucht werden. Nur das sei angemerkt, daß diese sich durchaus nahelegende Auffassung voraussetzt, daß die Naherwartung allen christlichen Gruppen der Frühzeit zu eigen war. Es könnte aber auch sein, daß die in der Apg verarbeiteten Traditionen, die zum Teil offenbar sehr alt sind, in Kreise zurückreichen, die diese eschatologische Hoffnung nicht in dem Maß teilten, wie man es meistens für alle Christen dieser ersten Generation voraussetzt. Aber das wird uns noch beschäftigen.
Die Apg schildert, wie auf die ›Mitte der Zeit‹, d. h. auf die Zeit Jesu, die Zeit der Wirksamkeit des Wortes Gottes, des Laufes des Evangeliums nach Plan und Willen Gottes folgt. Der Weg von Jerusalem nach Rom vollzieht sich Schritt für Schritt vorwärts, Probleme der Frühzeit (z. B. das Verhältnis der Jerusalemer Gemeinde zur Heidenmission) werden in der Apg mühelos gelöst. Allerdings darf man die Dinge auch nicht verzeichnen, wie es in neuerer Zeit oft geschehen ist. Der Verfasser der Apg ist nicht so naiv oder theologisch blind, daß er nicht z. B. das Problem der gesetzesfreien Heidenmission als sehr schwierig erkannt hätte. Denn für ihn ist dadurch ja die Kontinuität der Heilsgeschichte gefährdet. Zugleich aber verliert nach seiner Meinung das Christentum als selbständige Gemeinschaft den Schutz, den die Zugehörigkeit zum Judentum wenigstens in gewissem Maß gewährt.

Die Darstellung der Frühgeschichte des Christentums in der Apg ist von dem Bemühen bestimmt, den Nachweis zu führen, daß die Heilsgeschichte keinen Bruch aufweist (wichtig in diesem Zusammenhang die Stephanus-Rede Apg 7,2–53). »Der Historiker Lukas zeichnet nicht die vielfach gebrochene Linie der wirklichen Entwicklung der christlichen Mission, sondern ihre ideale Kurve« (Haenchen[17]). Damit ist nun gegeben, daß dem Historiker auch für die Apg die Aufgabe gestellt ist, die von theologischen Intentionen bestimmte Komposition des Verfassers der Apg auf Quellen, Nachrichten oder Traditionen zu befragen, die in der Darstellung verarbeitet sind. Hier haben sich Einsichten der Formgeschichte als Hilfe zum Verständnis des Werkes bewährt, auch wenn der schriftstellerische Anteil des Verfassers an diesem Werk größer ist als beim Evangelium. Das erschwert natürlich die Quellenfrage sehr. Man hat wohl mit Recht angenommen, daß in Apg 13,4 bis 21,18 ein Itinerar (ein Reisetagebuch o. ä.) benutzt worden ist, das nun allerdings nicht als ganzes in das Werk eingearbeitet wurde, sondern nur den ›roten Faden‹ abgibt. Für Apg 27,1–28,2 hat man eine Quelle nichtchristlichen Ursprungs angenommen. Ansonsten scheint der Verf. sich sein Material aus verschiedenen Gemeinden gesammelt zu haben: ursprünglich selbständige Einzelerzählungen oder Namenslisten weisen darauf hin, daß er sich an mehreren Orten um alte Nachrichten bemüht hat.

Welchen Wert hat die Apg als Geschichtsquelle? Nun, die Frage läßt sich nach dem, was gesagt wurde, nicht mit einem Satz beantworten. Es muß in jedem Fall Tradition und Komposition geschieden werden, wobei die theologischen Motive eine gewichtige Rolle spielen. Erst dann kann untersucht werden, ob die verwertete Tradition historisch zuverlässiges und wertvolles Material bietet. Das ist sicher eine mühsame, aber eine lohnende Arbeit, die allerdings nur gelingen kann, wenn man sich nicht von einem vorgefaßten Bild des Urchristentums oder gar von einer Aversion gegen Lukas leiten läßt.

5. *Die paulinischen Briefe*[18]

Die im Neuen Testament unter dem Namen des Paulus überlieferten 13 Briefe stellen ohne Zweifel eine besonders wichtige Quelle für die Kirchengeschichte des 1. Jahrhunderts dar. Eine Sammlung von Paulusbriefen scheint bereits um die Wende des 1. zum 2. Jahrhundert zusammengestellt zu sein, ohne daß wir über die Einzelheiten dieses Vorgangs etwas näheres aussagen können.

Seit dem Aufkommen der historisch-kritischen Forschung auf dem Gebiet des NT ist umstritten, welche dieser 13 Briefe von dem Apostel stammen. So hat man im 19. Jahrhundert zeitweise nur vier Briefe dem Paulus zuschreiben wollen (Rm, 1.2. Kor, Gal), und selbst diese hat eine radikale Kritik ihm absprechen wollen. Diese Hypothese hat mit Recht keinen Anklang gefunden. Hinsichtlich der Echtheit eines großen Teiles des Corpus Paulinum besteht jedenfalls heute ein allgemeiner Consensus. Man ist sich weithin einig, daß in Rm, 1.2. Kor, Gal, 1. Thess, Phil und Phlm echte Paulusbriefe vorliegen. Dabei ist nur umstritten, ob jeder dieser Briefe eine literarische Einheit bildet oder ob in einem nicht näher zu bestimmenden Stadium der Sammlung der Paulusbriefe Texte zusammengefügt sind, die ursprünglich selbständig waren. So könnte Rm 16 ein besonderer Brief gewesen sein, der erst später dem Römerbrief angefügt ist. Schwieriger ist die Frage der Einheitlichkeit des 2. Kor, wobei die Annahme, er sei aus mehreren Stücken der Paulus-Korrespondenz mit der Gemeinde in Korinth zusammengefügt, das Verständnis des schwierigen Textes erleichtert. Es genügt, für unseren Zusammenhang festzustellen, daß wir in den sieben genannten Briefen, von wenigen Abschnitten abgesehen (z. B. 2. Kor 6,14–7,1), echte Zeugnisse des Paulus vor uns haben. Neben dieser Gruppe der sieben, doch wohl unbestreitbar echten Paulinen steht eine andere Gruppe von Briefen, deren Echtheit zwar immer wieder behauptet wird, die aber nicht als paulinisch anzusehen sind. Das sind die *drei sogenannten Pastoralbriefe*, d. h. 1.2. Tim und Tit. Diese Briefe setzen eine Situation voraus, die sich nur schwer in den uns bekannten Lebensabschnitten des Paulus unterbringen läßt. Auch die Angaben über die kirchlichen Ämter in den Pastoralbriefen lassen sich kaum mit dem vereinbaren, war wir über die Gemeindeordnung in den paulinischen Gemeinden wissen, und die bekämpften Irrlehrer lassen sich nicht mit der Zeit des Paulus verbinden, abgesehen davon, daß das Bild der falschen Lehre, die hier bekämpft wird, ohnehin recht unscharf bleibt. Wichtiger ist, daß die Pastoralbriefe sich als Gelegenheitsbriefe geben, die zu einer Zeit geschrieben sind, in der Paulus noch nicht lange von dem betreffenden Ort entfernt ist, daß aber die gebotenen Regeln den Charakter von Gemeindeordnungen, die für die Dauer bestimmt sind, haben. Auch die Sprache ist unpaulinisch. Gewiß knüpfen die Pastoralbriefe an manche paulinische Gedanken an. Aber sie sind Zeugnis für ein Christentum, das in völlig anderen Situationen das paulinische Erbe weiter entwickelt und verändert hat. Man wird diese Briefe am besten verstehen, wenn man sie als Texte der ersten Jahrzehnte des

2. Jahrhunderts ansieht. Wahrscheinlich stammen sie aus Kleinasien.
Sehr viel schwieriger ist die Frage zu beantworten, ob *die drei restlichen Paulusbriefe (2. Thess, Kol, Eph)* wirklich von dem Apostel geschrieben sind. Für den 2. Thess wird man die Verfasserschaft des Paulus angesichts der sachlichen Diskrepanzen zwischen 1. Thess und 2. Thess (v. a. 2,1–12) kaum behaupten können. Der Kol steht ohne Zweifel in paulinischer Tradition und wird von einem Schüler des Apostels verfaßt sein, der in wichtigen Punkten die Theologie seines Lehrers weiterentwickelt hat (z. B. Leib Christi, Kirche). Der Eph, dessen Abhängigkeit von Kol nicht zu leugnen ist, stammt wohl ebenfalls aus einem Kreis, den man als Paulusschule bezeichnen kann. Hier sind die theologischen Gedanken des Apostels noch vollständiger als im Kol weiterentwickelt (Haupt-Leib-Schema: Christus und die Kirche u. a.). Für die Geschichte des Zeitraumes, von dem hier zu handeln ist, sind also sieben Paulusbriefe als Quellen heranzuziehen. Der Wert der Deuteropaulinen für den Historiker liegt darin, daß er an ihnen das Nachwirken des Apostels beobachten kann. Das aber ist nur vollstellbar, wenn bereits in unserem Zeitraum die Ansätze zu einer ›Paulusschule‹ sich gebildet haben.

6. *Sonstige Quellen*

Über die übrigen Schriften des NT braucht hier nicht ausführlich gesprochen zu werden, da sie als Quellen für die Geschichte des Urchristentums kaum etwas hergeben. Man hat wohl versucht, den Jakobusbrief oder den 1. Petrusbrief in den Zeitraum vor 70 zu datieren. Aber der Jakobusbrief ist eine paränetische Schrift, die zwischen 80 und 130 verfaßt ist und die mit dem Herrenbruder nichts zu tun hat. Der 1. Petrusbrief ist nicht von dem Apostel Petrus verfaßt, sondern stammt aus der Zeit um 100 (wohl aus Kleinasien) und gehört in die Wirkungsgeschichte des Paulinismus. Die genannten Briefe wie auch die drei Johannesbriefe, der Hebräerbrief, der Judasbrief und der 2. Petrusbrief sind in der 2. oder 3. (vielleicht sogar 4.) Generation der Christenheit entstanden. Interessant sind sie für den Historiker, der die Zeit vor 70 behandeln will, unter dem Gesichtspunkt der verarbeiteten Traditionen und unter dem Aspekt der Wirkungsgeschichte urchristlicher Ansätze. Das gilt übrigens auch für die am Ende des 1. Jahrhunderts entstandene Apokalypse des Johannes.
Es bleibt noch die Frage nach dem Quellenwert der Texte außer-

halb des NT, die unter dem Sammelnamen *›Neutestamentliche Apokryphen‹* zusammengefaßt werden.[19] Diese Frage ist in den letzten Jahrzehnten aufgrund mancherlei interessanter Funde (z. B. koptisches Thomasevangelium) immer wieder erörtert worden. Denn oft meinte man ja, daß durch Papyri oder Handschriften, die ans Tageslicht kamen, die Texte des NT eine Ergänzung gefunden hätten und unsere Kenntnis von Jesus und dem Urchristentum dadurch erweitert würden.

Nun ist nicht von vornherein auszuschließen, daß Worte Jesu oder andere urchristliche Traditionen sich außerhalb des NT erhalten haben. Aber vor voreiligen Schlüssen sollte man sich hüten.

Es gibt eine große Zahl von Worten Jesu, die außerhalb des NT (bei kirchlichen Schriftstellern und anderswo) überliefert sind. Eine kritische Sichtung dieses Materials zeigt, daß von diesem reichen Material an ›Agrapha‹ (so nennt man diese Worte) höchstens 11 kurze Sprüche als echte Jesusworte angesehen werden können.[20]

Die apokryphen Evangelien, die nur zum Teil erhalten sind, erweisen sich bei näherer Prüfung als sehr unterschiedliche Werke. Nur wenige Texte können aus gattungs- und formgeschichtlichen Gründen mit den kanonischen Evangelien verglichen werden (z.B. die Fragmente apokrypher Evangelien in den Papyri Oxyrhynchos 840 oder Egerton 2). Allerdings zeigt sich dann, daß diese Texte keine ursprünglichere Tradition als die Synoptiker bieten, sondern als ein schriftlicher Niederschlag weiterlebender Tradition synoptischer Art zu verstehen sind. Ähnliches gilt von den sogenannten judenchristlichen Evangelien und von dem Petrusevangelium.

Auf einen Text sei noch besonders hingewiesen: das 1945/46 in Nag Hammadi (Oberägypten) gefundene koptische Thomasevangelium. Dieses Evangelium, das wohl in der Mitte des 2. Jahrhunderts entstanden ist, ist eine Sammlung von 114 Logien, ohne jeden Rahmen aneinandergereiht, nur manchmal durch eine Andeutung einer Szene ergänzt. Es ist also seiner Gattung nach kein Evangelium, sondern eine Spruchsammlung, vergleichbar mit der Redenquelle Q, die in Mt und Lk verarbeitet ist. Die Texte selbst zeigen allerdings zumeist, daß sie einer späteren Traditionsstufe zugehören. Gewiß sind einzelne Logien wohl sehr altes Gut. Aber im ganzen spiegelt das Thomasevangelium mehr die Entwicklung der Kirche in der ersten Hälfte des 2. Jahrhunderts wider, als daß es uns zusätzliche Informationen über das Urchristentum vermittelt.[21]

Zusammenfassend wird man sagen dürfen: Die apokryphen Texte überliefern keine über die neutestamentliche Überlieferung hinausgehende Kenntnis von Jesus und seinem Leben und Wirken. Bei vorsichtiger Benutzung dieser Texte wird es vereinzelt gelingen,

die Strömungen im frühen Christentum genauer in Blick zu bekommen. Diese Texte sind vor allem wichtige Zeugnisse für die Geschichte der Kirche im 2. Jahrhundert.
Mit den apokryphen Apostelakten brauchen wir uns hier nicht näher zu beschäftigen. Sie sind weithin Romane und Legenden, die in der zweiten Hälfte des 2. Jahrhunderts entstanden sind und für die Geschichte des Urchristentums nichts austragen.
Diese sehr summarische Übersicht über die für die Geschichte des Urchristentums zur Verfügung stehenden Quellen sollte einen Einblick in die Schwierigkeiten vermitteln, vor denen ein Historiker steht, der sich mit dieser Epoche beschäftigt. In der Tat ist die Aufgabe angesichts der besonderen Art der Quellen, des unliterarischen Charakters des Urchristentums und der vielfach bestehenden theologischen und glaubensmäßigen Implikationen nicht einfach. Oft wird der Historiker vor Aporien stehen, die nur mit Hilfe von Hypothesen zu lösen sind. Andererseits darf er sich dadurch nicht abschrecken lassen, sondern muß mit Hilfe der in den letzten Jahrzehnten entwickelten Methoden versuchen, den Weg der Christenheit in den ersten Jahrzehnten aufzuhellen.

2. *Kapitel*

Die Chronologie

Mit dem besonderen Charakter der in Betracht kommenden Quellen hängt es zusammen, daß wir für die Datierung der im NT berichteten Ereignisse nur wenig Anhaltspunkte finden. Es fehlen in diesen auf Verkündigung, Missionierung und Erbauung ausgerichteten Schriften fast völlig Angaben, die es erlauben, eine absolute Chronologie der Geschichte des Urchristentums aufzustellen. Auch für die relative Chronologie, d. h. für das zeitliche Verhältnis der berichteten Fakten zueinander sind die Hinweise nicht sehr zahlreich.

Der allgemeine zeitliche Rahmen ist bekannt: Das Leben Jesu fällt in die Regierungszeit des Kaisers Augustus (31 v. Chr. – 14 n. Chr.) und seines Nachfolgers Tiberius (14–37). Das Wirken des Paulus reicht in die Zeit der folgenden Kaiser bis Nero (54–68). In denselben Zeitraum fallen in Palästina die recht wechselhaften Phasen der Geschichte des Herodes und seiner Familie, die im NT – wenn auch nicht sehr präzise – in verschiedenen Zusammenhängen begegnen. Der Ausbruch des jüdischen Krieges, den wir als Endpunkt der Geschichte des Urchristentums angenommen haben, fällt in das Jahr 66. Im Jahr 70 wurde Jerusalem erobert, und 73 war dann der Aufstand endgültig niedergeschlagen. Lassen sich über diesen allgemeinen Rahmen hinaus sichere Daten erheben?

Es ist heute weithin anerkannt, daß die Geburt Jesu und der Beginn der christlichen Zeitrechnung nicht zusammenfallen. Offensichtlich hat der Mönch Dionysius Exiguus, der im 6. Jahrhundert unsere Zeitrechnung erstellte, einen Rechenfehler begangen, als er das Jahr 1 ab incarnatione Domini (von der Menschwerdung des Herrn) mit dem Jahr 754 ab urbe condita (seit der Gründung Roms) identifizierte. Allerdings ist kaum zu sagen, um wie viele Jahre er sich vertan hat.

Das Markusevangelium gibt keinen Hinweis auf *die Geburt Jesu,* beginnt vielmehr seinen Bericht mit der Taufe des Johannes, ohne diese zu datieren.

Mt 2,1 heißt es: »Als aber Jesus in den Tagen des Königs Herodes zu Bethlehem geboren war . . .« (es folgen die Erzählungen von den Weisen aus dem Morgenland, von der Flucht nach Ägypten und von dem Kindermord in Bethlehem). Die Rückkehr der Hlg.

Familie wird Mt 2,19 datiert: »Als aber Herodes gestorben war.« Aus all diesen Angaben kann man lediglich den einen Schluß ziehen, daß Jesus noch zu Lebzeiten des Herodes geboren ist. Da dieser im Frühjahr des Jahres 4 v. Chr. gestorben ist,[1] muß die Geburt Jesu also vor diesem Datum erfolgt sein. Wenn Mt 2,16 von dem Befehl des Herodes die Rede ist, alle Knaben, die zwei Jahre alt oder jünger waren, zu töten, so ist chronologisch damit nicht viel anzufangen, da diese Erzählung kaum als historische Tatsache angesehen werden kann.

Lukas hat sich in seinem Evangelium, entsprechend seiner historisierenden Tendenz, bemüht, die Ereignisse, von denen er berichtet, mit der Weltgeschichte zu verbinden. So wird die Geburt Jesu in die Zeit des Kaiser Augustus datiert und näherhin mit einer »Schätzung des ganzen Erdkreises« in Zusammenhang gesetzt. »Diese Schätzung war die erste und geschah, als Quirinius Statthalter in Syrien war« (Lk 2,2). Es gibt für Volkszählungen in den Provinzen des Imperium Romanum eine ganze Reihe von Beispielen.[2] Auch über P. Sulpicius Quirinius sind wir unterrichtet: er war in den Jahren 6–7 n. Chr. Statthalter von Syrien und hat im Jahre 6 n. Chr. eine Volkszählung veranstaltet, allerdings nur in Judäa und Samaria, nicht in Galiläa, die unter den Juden erhebliche Unruhe erregte (vgl. Apg 5,37). Es zeigt sich, daß die Angabe Lk 2,2 über die Schätzung nicht mit der Nachricht von der Geburt Jesu unter Herodes in Einklang gebracht werden kann.

Man hat sich auch bemüht, die Geburtszeit Jesu mit Hilfe der Astronomie näher zu bestimmen. Mt 2,1 ff. berichtet von den Weisen aus dem Morgenland, die dem ›neugeborenen König der Juden‹ huldigen wollen. »Wir haben nämlich seinen Stern im Morgenland gesehen« (Mt 2,2). Aufgrund chinesischer astronomischer Beobachtungen, durch die für die Jahre 5 oder 4 v. Chr. eine Nova oder ein Komet bezeugt ist, meinte man die Geburt Jesu in diese Jahre datieren zu können. Auch eine besondere Planetenkonstellation im Jahr 7 v. Chr. hat man herangezogen.[3] Es kann sicher nicht geleugnet werden, daß diese astronomischen Phänomene beobachtet sind, vor allem durch die vorzüglichen chinesischen Astronomen. Aber es bleibt doch sehr fraglich, ob man eines dieser Phänomene mit der Erzählung von den Weisen, die ja eine ganz andere Tendenz hat als die Festlegung des Geburtsdatums Jesu, in Verbindung setzen kann.

Lk 3,23 wird berichtet, daß Jesus bei seinem *Auftreten in der Öffentlichkeit* »etwa dreißig Jahre alt« war. Nach Meinung des Lukas steht dieses Auftreten doch wohl in Zusammenhang mit der Tätigkeit des Johannes bzw. mit der Taufe Jesu durch diesen. Nun ist aber die Tätigkeit des Täufers leider auch nicht genau zu datieren. Lk 3,1f. bietet zwar eine sehr genau erscheinende Angabe: »Im fünfzehnten Jahr der Regierung des Kaisers Tiberius aber, als Pontius Pilatus Statthalter von Judäa war und Herodes Fürst von Galiläa, sein Bruder Philippus aber Fürst der Landschaft Ituraea und Trachonitis, und Lysanias Fürst von Abilene, unter dem Hohepriester Hannas und Kaiphas, da erging das Wort Gottes an Johannes ...« Diese Angabe ist leider nicht so genau, wie es den Anschein hat. Denn das 15. Regierungsjahr des Tiberius kann das Jahr 26 oder das Jahr 28 gewesen sein. Auch die Nennung der Angehörigen des herodianischen Hauses hilft nicht weiter. Daß Hannas und Kaiphas gleichzeitig Hohepriester waren, ist falsch. Hannas war im Jahr 15 n. Chr. abgesetzt, und Kaiphas hatte das Amt von 18 bis 36 inne. Jedenfalls führt die Angabe Lk 3,23 in Verbindung mit Lk 3,1f. nicht über die Annahme hinaus, daß Johannes der Täufer und Jesus ungefähr in den Jahren 26–28 aufgetreten sind.

Die *Dauer der öffentlichen Wirksamkeit* Jesu wird von den drei ersten Evangelisten anders angegeben als vom Johannesevangelium. Nach den Synoptikern fällt in die Zeit des Wirkens Jesu nur ein Passafest, nämlich das, an dem er hingerichtet wurde (vgl. Mk 14,12; Mt 26,17; Lk 22,7). Das Johannesevangelium scheint mit drei oder gar vier Passafesten zu rechnen. Eine Harmonisierung der beiden Angaben verbietet sich ebenso wie eine präzise chronologische Auswertung einer von den beiden. Denn die Synoptiker zeigen in ihrer Redaktion des überlieferten Materials die Tendenz, die Ereignisse zu raffen, während Joh an dem historischen Verlauf noch weniger interessiert ist als die drei ersten Evangelien. Immerhin wird man darauf hinweisen müssen, daß die Wirksamkeit Jesu ohne Zweifel ein gewisses Aufsehen erregt hat und daß es schlecht vorstellbar ist, daß die jüdischen und die römischen Behörden dem Treiben um den Propheten aus Nazareth lange tatenlos zugesehen hätten. Daher hat die Angabe der Synoptiker, daß Jesus nur ein Jahr öffentlich gewirkt hätte, mehr für sich als die des Joh, wonach er drei Jahre tätig gewesen wäre.

Es ist verständlich, daß die *Passionschronologie* und insbesondere das Datum des Todes Jesu immer wieder besonders eingehend erörtert worden sind. Aber auch hier muß zugegeben werden, daß alle aufgewandte Gelehrsamkeit nicht über die Lücken unseres Wissens hinwegtäuschen kann.

Sowohl die Synpoptiker wie Joh setzen den Tod zeitlich in der Nähe eines Passafestes an. Sie unterscheiden sich aber darin, daß in den drei ersten Evangelien als Todestag der 15. Nisan (das ist der

Monat des jüdischen Kalenders, in dem das Passafest gefeiert wurde), in Joh aber der 14. Nisan angegeben wird. Übereinstimmung besteht darin, daß die Kreuzigung an einem Freitag vollzogen wurde, und zwar zu Beginn des Passafestes. Es ist leider nicht mehr festzustellen, in welchem Jahr der 14. oder der 15. Nisan auf einen Freitag fiel. Denn der Anfang des Monats Nisan wurde nicht astronomisch berechnet, sondern durch Beobachtung festgestellt.
Man nimmt heute vielfach an, daß Jesu am Freitag, den 7. April des Jahres 30 hingerichtet wurde.[4] Aber das ist eine nicht stringent beweisbare Hypothese. Gewiß wird diese nicht durch einen Rückgriff auf den in Qumran gefundenen Kalender widerlegt oder ergänzt werden können.[5] Denn es ist mehr als zweifelhaft, ob der Kalender von Qumran zu Zeiten Jesu überhaupt noch in Gebrauch war. Es gibt andererseits eine recht überzeugende Hypothese, nach der der Tod Jesu bereits im Jahr 27 erfolgt sei.[6] Dieser frühe Ansatz wird unterstützt durch eine mögliche Chronologie des Paulus, nach der dessen Bekehrung bereits vor dem Jahr 30 erfolgt ist (s.u.).
Jedenfalls wird man sich mit den hier kurz skizzierten Annäherungswerten für eine Chronologie des Lebens Jesu zufriedengeben müssen. Das Urchristentum, auf dessen Zeugnisse wir auch in dieser Frage angewiesen sind, war aus verschiedenen Gründen nicht an einer genauen Chronik der Ereignisse interessiert, sondern nur daran, daß das in Jesu angebotene Heil verkündet und geglaubt wurde.
Die Chronologie der weiteren Geschichte des Urchristentums bis zum jüdischen Krieg ist von denselben Unsicherheiten bestimmt wie die des Lebens Jesu. Weder die Apg noch die Paulusbriefe bieten mehr als einige Hinweise, mit deren Hilfe man die Abfolge der Ereignisse hypothetisch anordnen kann. Dabei ist es sicher richtig, wenn man den Angaben des Paulus besonderes Gewicht zumißt. Aber sie müssen mit den Angaben, die sich kritisch aus der Apg erheben lassen, kombiniert werden, um überhaupt für die Chronologie ausgewertet werden zu können.[7]
Für die *absolute Chronologie des Paulus,* d.h. für eine genaue Datierung von Ereignissen in seinem Leben, findet sich in seinen Briefen eigentlich nur eine Angabe, die aber leider nicht viel weiterhilft: 2. Kor 11,32f. berichtet der Apostel, daß der Ethnarch des Königs Aretas ihm nachstellte und er heimlich in einem Korb aus der Stadt gebracht worden ist. Das ist sicher dieselbe Episode wie Apg 9,23ff., wenn auch dort die Juden als die Gegner des Paulus genannt werden. Der Nabatäerfürst Aretas IV., um den es sich hier handelt, regierte von 9 v.Chr. bis 39 n.Chr., d.h. die

Flucht des Paulus aus Damaskus ist vor das Jahr 39 anzusetzen, was sich ohnehin nahelegt.

In der Apg hat der Verfasser an einigen Stellen versucht, die von ihm berichteten Ereignisse zu datieren. So wird zu der Erzählung von dem Propheten Agabus, der eine Welthungersnot voraussagt (Apg 11,27ff.), hinzugefügt: »die dann auch unter Claudius eintrat« (11,28). Nun hat es unter diesem Kaiser, der von 41 bis 54 regierte, partielle Hungersnöte gegeben. Nach dem jüdischen Historiker Josephus soll es in den Jahren 46 bis 48 in Palästina besonders schlimm ausgesehen haben. Man hat das – wohl zu Unrecht – mit einem Sabbathjahr (47/48?) in Verbindung gebracht. Aber abgesehen davon ist mit diesem Hinweis chronologisch deshalb nichts anzufangen, weil es einerseits unter Claudius keine Welthungersnot gegeben hat und weil andererseits die Geschichte von Agabus und die von der Kollekte der antiochenischen Gemeinde (11,29f.) vor der in Apg 12 berichteten Verfolgung der Gemeinde (Tod des Jakobus und die Gefangennahme des Petrus) durch Herodes Agrippa eingeordnet ist, dieser Herodes aber bereits im Jahr 44 gestorben ist.

Von diesem Tod des Herodes wird Apg 12,20–23 berichtet. Die Erzählung ist eine zum Teil konkurrierende, zum Teil parallele Fassung der bei Josephus vorliegenden Tradition. Das Ende dieses Herrschers ist wohl ziemlich sicher auf den 10. März 44 zu datieren. Apg 12,3 wird berichtet, daß die Hinrichtung des Jakobus und die Verhaftung des Petrus in die Passazeit fielen. Das Passafest 44 fiel auf den 1. April, also nach den Tod des Herodes. Das bedeutet nun, daß wir aus diesen Angaben der Apg nur den ungefähren Zeitraum der Ereignisse erschließen können: gegen Ende der Regierungszeit des Herodes Agrippa (also ca. zwischen 40 und 44) hat es eine Verfolgung der Gemeinde in Jerusalem gegeben, in der der Zebedaide Jakobus hingerichtet wurde.

Allerdings hängt damit die weitere Frage zusammen, ob nicht der andere Zebedaide, Johannes, auch dabei umgekommen ist. Man hat das aus Mk 10,39 erschlossen. Auch Papias von Hierapolis (ein kirchlicher Schriftsteller aus der 1. Hälfte des 2. Jahrhunderts) weiß von dem gemeinsamen Martyrium der beiden Brüder. Nun hat dieser Johannes aber nach Gal 2,9 an den Verhandlungen der ›Säulen‹ mit Paulus teilgenommen. Diese hätten dann vor dem Jahr 44 stattgefunden, was aus anderen Gründen fraglich ist.

Apg 13,7 wird ein Sergius Paulus als Procurator von Cypern genannt. Leider ist seine Amtszeit nicht feststellbar, und auch sonst wissen wir von diesem Mann nichts.

Apg 18,1f. heißt es: »Danach schied er von Athen und kam nach

Korinth. Und er fand einen aus Pontus gebürtigen Juden mit Namen Aquila, der unlängst aus Italien gekommen war, und seine Frau Priscilla (auf Befehl des Claudius hatten nämlich alle Juden aus Rom wegziehen müssen)«. Es war schon die Rede davon (s. o. S. 24), daß Sueton offenbar diesen Vorgang einer Judenvertreibung kennt. Eine spätere Chronik (Orosius, 5. Jahrhundert) datiert dieses Ereignis auf das Jahr 49 n. Chr. Das wird vielfach als richtig angesehen und mit dem durch eine Inschrift nahegelegten Zeitraum des Aufenthalts des Paulus in Korinth (50/51) zusammengebracht. Allerdings ist diese Kombination neuerdings bestritten.[8] Man meint vielmehr, daß das Judenedikt des Claudius schon im Jahr 41 erlassen worden sei. Da die Nachricht der Begegnung des Paulus mit Aquila und Priscilla auf eine gute und alte Tradition zurückgehe (die Namen tauchen ja bei Paulus auf: Rm 16,3–5; 1. Kor 16,19), so wäre mit einem ersten Aufenthalt des Paulus in Korinth schon im Jahre 41 zu rechnen. Auf diese Frage wird noch einzugehen sein.

Die eben schon erwähnte Inschrift enthält einen Brief des Kaisers Claudius an einen Prokonsul die Stadt Delphi betreffend.[9] Darin ist der Prokonsul der Provinz Achaia Gallio erwähnt, von dem auch Apg 18,12–17 die Rede ist. Paulus wird von den Juden vor Gallio geschleppt, der sich aber auf keine Verhandlung einläßt. Man kann aus der leider nur fragmentarisch erhaltenen Gallio-Inschrift wenigstens ungefähr die Amtszeit dieses Prokonsul ermitteln: 51/52 oder 52/53. Von da aus kann man annehmen, daß Paulus etwa im Frühsommer 51 (vielleicht aber erst 52) zu Beginn der Amtszeit des Gallio vor diesen gebracht wurde. Nach Apg 18,18 verläßt der Apostel bald nach der Verhandlung vor Gallio Korinth. Insgesamt soll er nach Apg 18,11 ein Jahr und sechs Monate in dieser Stadt gewirkt haben, wäre also im Winter 49/50 (oder 50/51) dorthin gekommen. Das würde gut zu dem vielfach angenommenen Datum der Vertreibung des Aquila aus Rom (49) passen. Das wird jedoch – wie gesagt – bestritten. Aber der dann anzunehmende erste Aufenthalt des Paulus in Korinth ist nicht beweisbar. Auch wenn die Dauer des Aufenthaltes des Paulus in Korinth, wie ihn die Apg angibt, nicht über jeden Zweifel erhaben ist, so wird man doch den Zeitraum des Wirkens des Apostels dort ungefähr in die Jahre 49 bis 51 ansetzen können.

Für die letzte Phase des Lebens des Paulus wäre es wichtig, wenn man den Wechsel im Amt des Procurators von Felix zu Festus genau datieren könnte (Apg 24,27). Denn zwei Jahre vor diesem Wechsel soll der Apostel in Jerusalem verhaftet worden sein, und im Frühjahr danach wäre er in Rom angekommen. Aber auch hier ist keine sichere Aussage möglich, da die Quellen (Josephus und Tacitus) unterschiedliche Angaben machen. Der neue Statthalter kann 55/56 oder erst 59/60 (oder gar 61) nach Caesarea gekommen sein. Es spricht manches dafür, daß der spätere Termin richtig ist. Dann wäre Paulus im Frühjahr 61 in Rom eingetroffen. Aber das ist eine Vermutung, für die man die spätere Tradition, nach der Paulus mit Petrus zusammen in der neronischen Verfolgung im Jahr 64 umgekommen sei, nur mit größter Zurückhaltung anführen sollte.

Es läßt sich also nur recht wenig an festen Daten für eine absolute Chronologie erheben. Etwas mehr ist nun vielleicht *zu der relativen Chronologie* zu sagen, auch wenn hier ebenfalls vielfach nur Annäherungswerte errechnet werden können. Ausgangspunkt für die folgenden Überlegungen muß der eigene Bericht des Paulus Gal 1,11–2,21 sein. Es geht in diesem Abschnitt dem Apostel um die Verteidigung seiner Selbständigkeit und Unabhängigkeit als Heidenmissionar. Im Zusammenhang mit der Abwehr von Vorwürfen seiner galatischen Gegner geht Paulus auf die Stationen seines Lebensweges ein und gibt auch einige Zahlen, durch die die Abstände zwischen verschiedenen Ereignissen angedeutet werden. Nach seiner Bekehrung, so berichtet Paulus, ging er nicht nach Jerusalem, sondern nach ›Arabien‹ und kehrte dann nach Damaskus zurück (1,17). »Danach, nach drei Jahren, zog ich nach Jerusalem, um Kephas kennen zu lernen, und blieb bei ihm fünfzehn Tage« (1,18). Außer Petrus hat er in dieser Zeit nur den Herrenbruder Jakobus gesehen (1,19).

Die Frage ist, wie die 3 Jahre, bei denen nach antikem Brauch auch die angefangenen Jahre zu berücksichtigen sind, die also auf etwa 2½ Jahre reduziert werden müssen, zu bewerten sind. Rechnet Paulus hier von der Bekehrung ab oder von seiner Rückkehr aus ›Arabien‹ nach Damaskus? Der Zusammenhang legt nahe, daß die drei Jahre von der Bekehrung ab zu zählen sind. Paulus hat von Damaskus aus versucht, in der nabatäischen Landschaft, die er als ›Arabien‹ bezeichnet, zu missionieren. Mit der Flucht aus Damaskus (s. o.) endet diese zweieinhalbjährige Phase, und Paulus ging nach Jerusalem, wo er zwei Wochen blieb.

»Darauf ging ich in die Gebiete von Syrien und Cilicien« (1,21), so fährt Paulus fort, d. h. an den Besuch in Jerusalem schloß sich eine Missionstätigkeit in den genannten Gebieten an, deren Ausgangspunkt Antiochien war. Das wird aus Gal 2,1 deutlich: »Darauf, nach Verlauf von vierzehn Jahren, zog ich abermals nach Jerusalem hinauf mit Barnabas und nahm auch Titus mit« (2,1). Da Barnabas in der Liste Apg 13,1 als Prophet und Lehrer in der Gemeinde von

Antiochien genannt wird, kann man annehmen, daß die Gal 2,1 erwähnte Reise von dort aus ging. Die Frage ist, wie die 14 Jahre (auch hier ist etwas zu reduzieren: 13–13½ Jahre) zu berechnen sind: von der Bekehrung (1,15) oder von dem ersten Besuch in Jerusalem ab (1,18). Da das Ziel des Abschnittes ist, die Dauer der Unabhängigkeit des Paulus herauszustellen, legt sich die zweite Deutung nahe. Dann wäre zwischen der Bekehrung und dem sog. Apostelkonzil, d. h. der zweiten Jerusalemreise des Apostels, ein Zeitraum von 3 und 14 Jahren anzunehmen, wobei die genaue Länge nicht mehr festzustellen ist, sondern nur geschätzt werden kann: zwischen 15 und 17 Jahren.

Die Angaben der Apg lassen sich mit den eigenen Aussagen des Paulus nicht harmonisieren. Insbesondere ist die Apg 11,30 (vgl. auch 12,25) erwähnte Jerusalemreise unhistorisch und trägt zur Chronologie des Paulus nichts bei.

Die in Apg 13 und 14 geschilderte *sog. 1. Missionsreise* (Cypern, Pisidien usw.) kann man nicht mit der von Paulus Gal 1,21 erwähnten Tätigkeit in Syrien und Cilicien identifizieren. Denn es handelt sich um verschiedene Gegenden. Andererseits hat man mit Recht angenommen, daß Lukas hier auf alte Traditionen (wohl ein ›Itinerar‹, d. h. ein Verzeichnis der Stationen der Reisen des Paulus mit kurzen Erläuterungen) zurückgreift[10]. Es handelt sich also um historisch richtige Angaben, die aber chronologisch falsch angeordnet sind, nämlich vor dem sog. Apostelkonvent (Gal 2,1–10). Ob diese Reise zwischen dem Konvent und dem Konflikt in Antiochien stattgefunden hat, bleibt fraglich, ist aber möglich.

Der sog. *Apostelkonvent* wird meist auf das Jahr 48 datiert. Dann wäre die Bekehrung des Paulus ca. 16 Jahre vorher erfolgt (Gal 2,1), d. h. etwa im Jahr 32, was zu dem Datum des Todes Jesu (30) passen würde. Allerdings müßte dann die sog. 1. und auch die 2. Missionsreise (Apg 15,35–18,22), die Paulus nach Kleinasien und Europa führten, in der Zeit zwischen 48 und 49/50 untergebracht werden. Das ist recht schwierig. Man hat daher dieses Ereignis früher, etwa auf das Jahr 44 (oder 43) angesetzt, was durch die Aussage des Paulus Gal 2,9 nahegelegt wird. Danach hat ja der Zebedaide Johannes an dieser Versammlung teilgenommen, dieser aber ist möglicherweise mit seinem Bruder Jakobus zusammen in der Verfolgung durch Herodes Agrippa (vor März 44) umgekommen (s. o. S. 47). Ein derartiger Frühansatz hätte zur Folge, daß die Bekehrung des Paulus schon im Jahr 28 stattgefunden haben müßte. Der Tod Jesu wäre dann im Jahr 27 erfolgt, was ja auch aus anderen Gründen (s. o. S. 46) möglich ist.

Genaue Daten über die Tätigkeit des Apostels zwischen seiner

Bekehrung und dem Apostelkonvent sind kaum zu erheben. Aus Gal 1,21–24 läßt sich schließen, daß die Tätigkeit in Syrien und Cilicien so erfolgreich war, daß einerseits die Gemeinden in Judäa diesen Erfolg mit Freude zur Kenntnis nahmen, andererseits sich aber in der Frage der Einhaltung des Gesetzes durch Heidenchristen Schwierigkeiten ergaben. Das hat dann zu dem Apostelkonvent geführt, an den sich die sog. 1. Missionsreise anschloß. Wie lange diese gedauert hat, läßt sich nicht sagen. Nach Apg 14,28 kehrten Paulus und Barnabas nach Antiochien zurück. Der Konflikt in Antiochien (Gal 2) könnte hier anzusetzen sein. Für die nächste Phase, die Lukas als *2. Missionsreise* schildert (Apg 15,40 bis 18,22) läßt sich lediglich der Aufenthalt in Korinth annähernd bestimmen (49/50–51, s.o. S. 48), alles andere bleibt chronologisch unsicher.

Nach Apg 18,23 ist Paulus von Antiochen aus zur *3. Missionsreise* aufgebrochen (bis Apg 21,17). Er durchreist Galatien und Phrygien (18,23) und läßt sich dann in Ephesus nieder. Allerdings ist die von Lukas vorgenommene Anknüpfung an eine Reise von Ephesus über Caesarea nach Jerusalem und dann nach Antiochien (Apg 18,18–21) sehr fragwürdig. Die Stelle bietet viele Schwierigkeiten und läßt sich chronologisch kaum auswerten.

Auch über den weiteren Verlauf der sog. 3. Missionsreise wird der Leser der Apg nicht sehr genau unterrichtet. Die Briefe des Paulus berichten sehr viel mehr von den Schwierigkeiten, die der Apostel in Ephesus zu bestehen hatte. Lukas weiß offensichtlich auch nichts von einem Zwischenbesuch des Paulus in Korinth (2. Kor 13,2). Er berichtet ja in Apg 20,1 ff. nur sehr summarisch, hat also auch kaum mehr Material zur Verfügung gehabt. Dagegen läßt sich aus dem zweiten Korintherbrief, den man als eine Sammlung verschiedener Briefe anzusehen hat, entnehmen, daß Paulus während des Ephesus-Aufenthaltes in engem Kontakt mit der korinthischen Gemeinde stand. Er plante auch einen Besuch in Korinth, der aber nicht zustande kam. Als sich aber die Lage in Korinth zuspitzte, ist er doch gefahren (der sog. ›Zwischenbesuch‹). Danach muß er in Ephesus in große Gefahr geraten sein. Als diese überstanden war, ist er über Troas nach Macedonien und dann weiter nach Korinth gereist. Genaue Angaben über die zeitliche Anordnung dieser Ereignisse können wir leider nicht machen.

Im Römerbrief, der während dieses Aufenthaltes in Korinth geschrieben worden ist, sagt Paulus, daß er das Evangelium »von Jerusalem und ringsumher bis nach Illyrien« verkündet habe (15,19). Es ist nicht mehr feststellbar, ob sich daraus schließen läßt, daß er auf der Reise von Thessaloniki nach Korinth auch einen

Abstecher nach ›Illyrien‹ gemacht hat. Der Begriff ›Illyrien‹ ist hier ohnehin nicht näher bestimmbar.[11]
Wenn Paulus diese letzte große Missionsreise, die von Ephesus ausging und dann über Macedonien, Korinth, Philippi, Troas, Assos und Caesarea schließlich nach Jerusalem führte, im Frühjahr 52 – nach Verhandlung vor Gallio – begann, dann wird man den Aufenthalt in Ephesus in die Zeit von Sommer 52 bis Anfang 55 anzusetzen haben. Der weitere Weg bis zur Verhaftung in Jerusalem wird mit mindestens einem Jahr zu veranschlagen sein, d. h. Paulus ist im Frühjahr 56 in Jerusalem festgenommen worden, hat zwei Jahre als Gefangener in Caesarea zugebracht (Apg 23,33 bis 26,32) und ist dann nach Rom überführt worden (Apg 27,1 bis 28,16).
In Rom blieb er nach Apg 28,30f. zwei Jahre »in einer eigenen Mietwohnung ... und predigte das Reich Gottes und lehrte von dem Herrn Jesus Christus mit aller Freimütigkeit ungehindert«. Das würde bedeuten, daß Paulus in den Jahren 59 bis 61 in Rom hat wirken können.
Von dem Tod des Apostels berichtet die Apg nichts, setzt ihn aber in der Paulusrede in Milet voraus (20,17–35; bes. v. 25). Das Todesjahr des Paulus ist unbekannt.
Dieser Versuch, die absolute und die relative Chronologie des Lebens des Paulus zu klären, muß sich notwendigerweise mit Hypothesen begnügen. Man kann sich in dieser Frage entweder stärker an der Apg orientieren oder sich mehr auf die Paulusbriefe stützen. Es wird sich empfehlen, beide Quellen zusammenzunehmen und aus der Kombination der Aussagen Folgerungen zu ziehen. Allerdings wird man auch dann über Vermutungen nicht hinauskommen. Auch ein neuerer Versuch, eine Chronologie zu erarbeiten,[12] führt nicht zu völlig sicheren Zeitansätzen.
Für den anderen großen Apostel der Frühzeit, *Petrus*, lassen sich noch weniger Daten erheben. Er hat im Zusammenhang der Verfolgung des Herodes Agrippa Jerusalem verlassen, ob für immer, bleibt unklar. Auch sein weiterer Weg ist nicht zu verfolgen. Sein Tod in Rom ist früh bezeugt (1. Petr 5,13; 1. Clem 5), läßt sich aber nicht sicher datieren. Die Tradition läßt ihn unter Nero im Jahr 64 den Märtyrertod sterben, wofür manches spricht.
Der Herrenbruder *Jakobus*, der früh zu den Leitern der Gemeinde in Jerusalem gehört hat, ist nach dem Bericht des Josephus (Ant XX,200) im Jahr 62 ermordet worden. Ob die judenchristliche Gemeinde von Jerusalem zu Beginn des jüdischen Krieges nach Pella im Ostjordanland floh, wie es eine spätere Tradition (bei Eus KG III 5,3) berichtet, ist sehr fraglich.[13]

Die Geschichte der Urgemeinde ist mit dem Jahr 70 abgeschlossen. Gewiß gibt es auch danach in dieser Stadt wieder eine christliche Gemeinde, in der Verwandte Jesu eine Rolle spielen. »Aber diese neue Gemeinde hat keine Bedeutung für die Gesamtkirche mehr.«[14] Irgendwelche Daten lassen sich für diese Gemeinde nicht feststellen. D. h. mit dem Jahr 70 endet auch chronologisch die Geschichte des Urchristentums.

Aufgrund der vorgetragenen Überlegungen kann man folgende Zeittafel aufstellen (Alternativen sind in Klammern angegeben):

ca. 6 v. Chr.	Geburt Jesu
ca. 26/27	Wirksamkeit Jesu
27 (30)	Tod Jesu
28 (32/33)	Bekehrung des Paulus
28–33 (32–35)	Missionstätigkeit des Paulus in ›Arabien‹
31 (35)	erster Jerusalembesuch des Paulus
31–43 (35–48)	Mission in Syrien und Cilicien
43/44 (48)	Apostelkonvent
44	Tod des Zebedaiden Jakobus (und seines Bruders Johannes?)
49 (41?)	Judenedikt des Claudius
49/50–51	Paulus in Korinth
Mai 51 oder 52	Gallio Proconsul
Sommer 51	Abreise des Paulus aus Korinth
52–55	Ephesus
55/56	Macedonien, Korinth, Caesarea, Jerusalem
Frühjahr 56	Verhaftung des Paulus in Jerusalem
56–58	Gefangenschaft in Caesarea
59–61	leichte Haft in Rom
62 (?)	Tod des Paulus in Rom
62	Tod des Herrenbruders Jakobus
64 (?)	Tod des Petrus in Rom
66–70	Jüdischer Krieg

Jesus

Seit Beginn der historisch-kritischen Arbeit am Neuen Testament ist immer wieder der Versuch unternommen worden, eine Biographie Jesu zu schreiben. Dabei war sicher das Motiv besonders wirksam, den ›dogmatischen‹ Christus, wie er in der Lehre der Kirche verkündet wurde, durch eine ›historische‹ Gestalt zu ersetzen. Jedenfalls wird man diesen Zusammenhang zwischen der Destruktion des klassischen christologischen Dogmas und dem Versuch einer ›historischen‹ Rekonstruktion zu beachten haben. Albert Schweitzer hat in seiner berühmten ›Geschichte der Leben-Jesu-Forschung‹[1] die Wege und Irrwege dieser Arbeit nachgezeichnet und dabei deutlich gemacht, daß eine Biographie Jesu nicht möglich ist. Durch die immer weiter differenzierende Arbeit der Formgeschichte und auch durch religionsgeschichtliche Forschung sind viele der Thesen, die Schweitzer zu diesem Phänomen des historischen Jesus aufgestellt hat, modifiziert, zum Teil auch hinfällig geworden. Aber die große Leistung bleibt. Vor allem der Aufweis, daß es nicht möglich sei, eine Biographie Jesu im modernen Sinn zu schreiben, ist nach wie vor gültig. Das hängt sowohl mit der skizzierten Quellenlage zusammen, ist aber auch in Glauben und Gemeindestruktur der Frühzeit begründet. Es wäre aber falsch, wenn man sich nun einer völligen Resignation hingäbe. Vielmehr ist es geboten, mit allen zur Verfügung stehenden Mitteln zu versuchen, aus der Tradition herauszuarbeiten, ob und welche historischen Tatsachen nachweisbar sind. Daß damit auch theologische Probleme von erheblicher Tragweite verbunden sind, ist an der mit großem Aufwand betriebenen Debatte um den ›historischen Jesus abzulesen.[2]

»Und es geschah in jenen Tagen (d. h. in den Tagen, da Johannes am Jordan taufte), da kam Jesus von Nazareth in Galiläa und wurde von Johannes im Jordan getauft . . . und nachdem Johannes ausgeliefert worden war, kam Jesus nach Galiläa und predigte das Evangelium Gottes und sprach: die Zeit ist erfüllt und das Reich Gottes ist herbeigekommen; tut Buße und glaubt an das Evangelium« (Mk 1,9.14f.). Mit diesen Worten hat Markus das Auftreten Jesu mit der Wirksamkeit des Täufers Johannes verbunden. Er verzichtet auf jede Vorgeschichte und will seinen Lesern deutlich machen, daß Jesus das Werk des Täufers aufnimmt. Der Frage des Verhältnisses Jesu zu Johannes wird gleich noch nachgegangen werden. Hier sei nur darauf hingewiesen, daß Markus mit den zitierten Versen Jesus in die Geschichte seiner Zeit hineinstellt und ihn mit der Umwelt seiner Tage verbindet.

In der Tat wird man Leben und Werk Jesu nicht verstehen, ohne die Welt des Judentums seiner Zeit zu berücksichtigen. Allerdings – und das erschwert die Arbeit sehr – ist das Judentum dieser Zeit eine sehr vielschichtige Größe und kann sicher nicht nur nach der rabbinischen Tradition, wie sie in Mischnah und Talmud ihren Niederschlag gefunden hat, rekonstruiert werden. Der Mensch dieser Zeit in Palästina ist von sehr verschiedenen Strömungen des Judentums umgeben, und vielerlei Einflüsse von außen wirken auf ihn ein. Insbesondere das als halbheidnisch verachtete Galiläa stand solchen Einflüssen offen, ohne daß damit gesagt sein soll, daß Jesus und seine Jünger von griechischer Denk- und Lebensart beeinflußt wären. Wir hören auch nichts darüber, ob Jesus (oder seine Jünger) der griechischen Sprache mächtig waren oder nicht. Aber daß die Juden dieser Zeit, besonders in Galiläa, von hellenistischer Kultur, wie sie sich ja auch in herodianischen Bauten zeigte, umgeben waren, läßt sich nicht leugnen.

Markus verzichtet auf jede Vorgeschichte und beginnt sein Evangelium mit dem Auftreten Jesu nach der Taufe. Offensichtlich kannte er Berichte über Geburt, Kindheit und Jugend Jesu, wie sie uns bei Matthäus und Lukas überliefert sind, nicht. Diese Erzählungen sind von bestimmten christologischen Anschauungen geprägt und lassen sich nicht als historischer Bericht verwerten. Das wird auch daran deutlich, daß beide Erzählungen (Mt und Lk) von der Anschauung her gestaltet sind, Jesus sei Davidsohn und Jungfrauensohn, also nicht mit der Präexistenz des Erlösers rechnen. Außerdem sind beide Berichte mit der Perikope der Taufe Jesu (Mk 1,9ff. par.) oder der Verklärungsgeschichte (Mk 9,2ff. par.) nicht in Einklang zu bringen. Denn es geht in all diesen Erzählungen immer um die *erste* Einsetzung Jesu zum Gottessohn.

Es ist keine Frage, daß gerade an diesem Punkt die historische Betrachtung der Geschichte Jesu in den Verdacht gerät, durch ihre Skepsis gegenüber der im NT uns vorliegenden Überlieferung den Glauben zu zerstören. Werden hier nicht, so fragt man, Berichte der Evangelien, die dem Christen besonders wichtig sind (z. B. die Geburtsgeschichte Lk 2) zu Legenden degradiert, deren geschichtlicher Wahrheitsgehalt negativ zu bewerten ist?

Nun wird der Historiker derartige Einwände sicher nicht einfach beiseite schieben wollen, wird sich aber andererseits auch nicht

dadurch von der ihm gestellten Aufgabe abbringen lassen. Es muß dabei beachtet werden, daß einerseits das Wort ›*Legende*‹ im wissenschaftlichen Gebrauch lediglich ein Begriff ist, der eine bestimmte Form bezeichnet, in der eine – meist noch nicht literarisch tätige – Gemeinschaft sich ihre Vergangenheit bewußt macht, der Begriff also in diesem Gebrauch keinerlei negativen Inhalt (›Erfindung‹, ›Unwahrheit‹ o.ä.) hat. Andererseits ist zu betonen, daß die historische Arbeit niemals die Basis des Glaubens sein kann. Gewiß ist der christliche Glaube auf Tatsachen der Heilsgeschichte ausgerichtet. Aber bei diesen ›Tatsachen‹ handelt es sich nicht um historisch beweisbare Ereignisse, sondern – um es kurz zu sagen – um Gottes Handeln in der Geschichte. Gewiß sind das für den Glauben auch ›*Tatsachen*‹, aber sie sind historisch nicht aufweisbar wie die Schlacht bei Actium oder der Wiener Kongreß. Ein Hauptproblem der Geschichte des Urchristentums ist nun, daß Glaube und Geschichte hier so eng aufeinander bezogen sind. Denn der Glaube sieht in der Gestalt Jesu *die* Offenbarung Gottes und kann den historischen Jesus und den Christus des Glaubens nicht voneinander trennen. Der Historiker des Urchristentums seinerseits ist darauf angewiesen, die wenigen Fakten, die sich aus den Quellen erheben lassen, zusammenzustellen und so zu versuchen, ein Bild des tatsächlichen Geschehens, eben des ›Lebens Jesu‹ zu rekonstruieren. Dabei werden immer wieder Diskrepanzen zu dem Christusbild des Glaubens auftauchen. Sie müssen ertragen werden. Vor allem aber muß man sich darüber klar sein, daß diese historische Arbeit eine wichtige Funktion wahrnimmt: sie kann, wenn sie recht betrieben wird, die Mythisierung des Glaubensgegenstandes ebenso verhindern wie die dogmatische Objektivierung, in der Sätze über Jesus ein zu glaubendes System bilden. Der Bezug auf den historischen Jesus, den die historische Betrachtung immer wieder neu herstellt, wahrt die Geschichtlichkeit der Offenbarung Gottes in Jesus als einer einmaligen geschichtlichen Gestalt.
Dieser kurze (und notwendigerweise auch verkürzende) Exkurs, der sich ja nicht nur auf die Geburts- und Jugendgeschichten Jesu bezieht, sondern ebenso wichtig für die Auferstehungsproblematik ist, sollte andeutungsweise auf die Grenzen aufmerksam machen, die dem Historiker gesetzt sind, sollte aber zugleich auf die theologische Relevanz historischer Arbeit hinweisen, wie sie hier versucht wird.
Nach Markus stammt Jesus aus *Nazareth* in Galiläa (Mk 1,9; vgl. auch 1,24 u.ö.). Matthäus läßt Joseph und Maria in Bethlehem wohnen und erst nach der Geburt über Ägypten nach Nazareth ziehen. Lukas berichtet noch anders: nach ihm kommen die Eltern

Jesu aufgrund des kaiserlichen Befehls zur Schätzung von Nazareth nach Bethlehem. (Zu den chronologischen Problemen, die mit dem Bericht des Lukas zusammenhängen, siehe oben Kap. 2). Die Berichte über die Geburt und die Anfänge Jesu lassen sich nicht harmonisieren. Die Herkunft Jesu aus Nazareth scheint aber aus der Tradition eindeutig hervorzugehen, ohne daß nähere Einzelheiten feststellbar sind (vgl. die Bezeichnung Jesu als ›Nazarener‹ Mk 1,24; 10,47; 14,67; 16,6; Lk 4,34; 24,19. Auch die häufiger vorkommende Form ›Nazoraeus‹ scheint mit der Stadt Nazareth in Verbindung zu stehen, wie Mt 2,23 direkt sagt. Allerdings ist diese Frage umstritten).

Über die *Familie Jesu* läßt sich kaum etwas sagen. Die Bezeichnung ›Davidssohn‹ ist eine theologische Aussage, die mit messianischen Vorstellungen zusammenhängt. Sie hat zu den Stammbäumen (Mt 1 und Lk 3) geführt, die aber historisch kaum verwertbar sind. Der Versuch, aus einem späteren Bericht (Hegesipp in Eusebs Kirchengeschichte III 20) die davidische Herkunft der Familie Jesu zu erweisen, ist als vergeblich anzusehen.

Aus dem NT erfahren wir über Mitglieder der Familie Jesu nicht viel. Joseph, der Vater (nach den Berichten Mt 1f. und Lk 1f. müßte man sagen: der Mann Marias, der Mutter Jesu) wird kaum erwähnt. Mk 6,3 könnte in einer Variante, die vielleicht den ursprünglichen Text bietet, der Beruf Josephs genannt sein. Er wäre danach Zimmermann gewesen, während die meisten Textzeugen an dieser Stelle für Jesus selbst diesen Beruf angeben. Die Mutter Maria wird mehrmals genannt, ohne daß aber den Stellen viel über ihr Leben zu entnehmen ist. Aus Mk 3,21 und 3,31 geht hervor, daß sie wie auch Brüder und Schwestern (vgl. Mk 6,3) zu Jesu Lebzeiten nicht zu seinen Anhängern gehört haben. Aus Apg 1,14 wird man schließen dürfen, daß Maria und die Brüder zur Urgemeinde gehört haben. Für die Brüder wird das durch Paulus (1. Kor 9,5) bestätigt, während der Apostel die Mutter Jesu überhaupt nicht erwähnt. Von den Brüdern, die offenbar auch als Missionare tätig waren, ist Jakobus besonders zu erwähnen, der 1. Kor 15,7 als Zeuge des Auferstandenen genannt wird und in der Geschichte des Urchristentums eine wichtige Rolle gespielt hat (vgl. dazu unten S. 163). Es ist nun allerdings sehr problematisch, Rückschlüsse aus der späteren Haltung des Jakobus in der Gesetzesfrage auf die religiöse Einstellung der Familie Jesu zu ziehen. So sehr es verlockt, das dürftige Ergebnis, das hier geboten wurde, anzureichern, so muß andererseits nachdrücklich vor Spekulationen, die keinen Anhalt in den Quellen haben, gewarnt werden. Man kann lediglich vermuten, daß die Familie Jesu fest im Judentum der Zeit verankert war – was ja auch nicht weiter überraschend ist.

Über die Jugend Jesu können wir nichts Näheres sagen. Die Geschichte vom 12jährigen Jesu im Tempel (Lk 2,41–52) läßt sich kaum als historischer Bericht verwerten.

Nach Lk 3,23 beginnt Jesus seine öffentliche Wirksamkeit im Alter von ungefähr 30 Jahren. Das mag stimmen, läßt sich aber nicht kontrollieren. Auch das Datum dieses Auftretens (ungefähr in den Jahren 28–30) ist nicht sicher festzulegen (vgl. o. S. 44). Ob Jesus ein Jahr oder drei Jahre gewirkt hat, läßt sich nicht sagen.

Alle vier Evangelien berichten *die Taufe Jesu durch Johannes* (Mk 1,9–11; Mt 3,13–17; Lk 3,21–22; Joh 1,29–34). Man wird sagen dürfen, daß mit diesen – durchaus nicht einheitlichen – Berichten eine der am sichersten bezeugten Stationen des Weges Jesu festgehalten ist. Die Frage ist: was bedeutete die Taufe durch Johannes für Jesus? Darauf kann man kaum eine Antwort geben. Denn die Berichte über dieses Ereignis sind in den Evangelien als Christuszeugnis gestaltet, sei es, daß Jesus dabei durch den Heiligen Geist und die göttliche Stimme als Gottessohn beglaubigt wird (so die Synoptiker), sei es, daß der Täufer selbst Zeugnis ablegt (so Joh). Es ist dabei in Rechnung zu stellen, daß die gesamte Tradition über Johannes den Täufer in den Evangelien von der Tendenz bestimmt ist, diesen Mann Jesus unterzuordnen. Allerdings ist zu beobachten, daß auch aus den christlichen Berichten über den Täufer, wie auch aus der Erzählung über seinen Tod (Mk 6,17ff. par.), die ja kaum christlicher Herkunft ist, und schließlich auch aus Traditionsstücken, die aus Täuferkreisen zu stammen scheinen (Teile von Lk 1), hervorgeht, daß von vornherein erhebliche Unterschiede zwischen Jesus und seinem ›Vorläufer‹ bestanden haben, daß also der Begriff ›Vorläufer‹ nur mit Einschränkung auf Johannes den Täufer angewandt werden kann.

Die Unterschiede werden schon daran deutlich, daß *Johannes* »in der Wüste« auftritt und im Jordan tauft. Dieses Auftreten in der Wüste, an dessen Faktizität nicht zu zweifeln ist, zeigt, daß Johannes von einer, in der jüdischen Eschatologie verbreiteten Wüstentypologie bestimmt ist. Auch seine Verkündigung ist eschatologisch (nicht apokalyptisch). Er ist Gerichts- und Bußprediger, der das Kommen des Stärkeren (nicht des Messias oder des Menschensohnes) ankündigt. Der ›Stärkere‹ (Mk 1,7 par.) ist der eschatologische Weltenrichter, dem Johannes den Weg bereiten will, wobei nicht ganz klar ist, inwieweit sein Tun und vor allem seine Taufe (als eschatologisches ›Bußsakrament‹, das auf die Feuertaufe des Richters bezogen ist) schon zu dem Gerichtsgeschehen gehört, also mehr ist als nur die Vorbereitung oder die Ankündigung. Über die religionsgeschichtlichen Zusammenhänge, in die diese Gestalt gehört, ist hier nicht zu handeln. Sie sind ohnehin sehr schwer zu bestimmen, da Johannes eine singuläre und eigenständige Persönlichkeit gewesen zu sein scheint.

Die Beziehungen Jesu zu Johannes sind, wie schon gesagt, schwer zu beschreiben. Einflüsse sind nicht auszuschließen, Unterschiede nicht zu übersehen. Jesus hat sich von Johannes taufen lassen, ob er aber längere Zeit ein ›Johannesjünger‹ war, ist mehr als zweifelhaft. Die Frage ist deshalb so schwer zu beantworten, weil in der frühen Tradition das Bemühen feststellbar ist, den Zusammenhang zu verdecken. Schon ein Vergleich zwischen Mk 1,9–11 und Mt 3,13–17 (bzw. Lk 3,21 f.) zeigt derartige Tendenzen. Wichtig sind zwei Stellen:

a) Mk 11,29 f. Hier geht es im Zusammenhang mit der Vollmachtsfrage um die Bedeutung der Johannestaufe. Ist sie vom Himmel oder vom Menschen? So wie die Frage gestellt ist, scheint Jesus selbst davon überzeugt gewesen zu sein, daß die Taufe des Johannes ›vom Himmel‹, d. h. ein Zeichen des nahenden Gottesreiches war.

b) Mt 11,11 a. Die Aussage Jesu, daß Johannes der größte unter den Menschen gewesen sei, wird zwar durch die Fortsetzung (»der Kleinste im Reich der Himmel ist größer als er«) eingeschränkt. Aber das ist wohl ein späterer Zusatz, und der erste Teil des Verses muß verstanden werden als ein Ausdruck der Wertung des Täufers durch Jesus. Aber mehr ist kaum zu sagen.

In Mk 6,14–16 wird das Urteil des Herodes über Jesus berichtet. Herodes sieht in Jesus den Johannes redivivus. Auch wenn diese Verse manche Schwierigkeiten bieten, so scheint doch daraus hervorzugehen, daß Jesus erst nach dem Tode des Täufers mit seiner Tätigkeit begonnen hat.

Wie nun auch die Frage zu beantworten ist, ob Jesus das Werk des Täufers fortgesetzt und vielleicht auch Jünger des Johannes zu sich gezogen hat (die Antwort läßt sich nur von dem Inhalt der Verkündigung Jesu her geben), das ist doch wohl klar: die Unterschiede zwischen beiden fallen sofort ins Auge. Zunächst ist darauf zu verweisen, daß Jesus sich nicht in die Jordansteppe zurückzieht und dort tauft (wie Johannes), sondern daß er in Dörfern und Städten predigt und heilt.

Nun ist – das muß hier eingeschoben werden – *die Frage des geographischen Rahmens,* in den Jesu Wirken von den Evangelisten gestellt wird, nicht so klar zu beantworten, wie es wünschenswert wäre. Schon im Markusevangelium ist deutlich, daß der geographische Rahmen nach dem Schema konstruiert ist: Aktion in Galiläa, Passion in Jerusalem. Mk 10 bildet dabei den Übergang. Die Frage ist, welches Traditionsmaterial Mk für seine Komposition in dieser Hinsicht benutzt hat. Mit Recht hat man darauf hingewiesen, daß z.B. Kapernaum offensichtlich fest in der Tradition verankert ist. Auch andere Ortsangaben erscheinen zuverlässig. Es mag richtig sein, daß Mk seinen Aufriß anhand von überlieferten Erzählungen, die in Galiläa spielten, entworfen hat. Bei Mt und Lk ist dann das markinische Itinerar gründlich umgestaltet worden, wobei besonders Lk durch theologische Intentionen geleitet ist.

Im ganzen wird man im Blick auf den geographischen Rahmen sagen können: »Wir kennen Orte Jesu, nicht aber seine Wege im einzelnen« (Conzelmann[3]). Es ist sicher, daß Jesus zuerst in Galiläa aufgetreten ist und daß er in Jerusalem hingerichtet wurde. Die Wege zwischen diesen beiden Punkten lassen sich nicht rekonstruieren.

Dieses Problem der Orte und Wege Jesu ist nun für die *Frage seines Verhältnisses zu Johannes* nicht unwichtig. Jesus wirkt nicht in der Wüste wie Johannes, und darin kommt zum Ausdruck, daß er seine Aufgabe anders verstand als jener. Er wirkt in der Welt und weiß sich an die Welt gesandt. Allerdings taucht damit das schwierige Problem des Verhältnisses des Täufers wie auch Jesu zum Judentum auf. Hat Johannes den Vorzug Israels vor den Völkern aufgegeben, Jesus ihn aber festgehalten? Man hat auf Worte wie Mt 8,11 (Lk 13,28f.) oder Mt 10,5f. verwiesen, um daraus zu schließen, daß Jesus, der den Gedanken der Sammlung der Heiden auf dem heiligen Gottesberg als einem endzeitlichen Ereignis vertreten habe, keinen ›theoretischen Universalismus‹ vertreten hätte (d.h. er hätte keine Sendung über Israel hinaus gekannt), aber durch die Radikalität seiner Verkündigung zu einem bewußten Universalismus gedrängt habe, der dann in der Kirche nach Ostern weiterwirkte (so Conzelmann). Abgesehen von der etwas problematischen Unterscheidung zwischen ›theoretischem‹ und ›bewußtem‹ Universalismus, die ja eine gewisse Zwiespältigkeit in der Haltung Jesu in sich schließt, ist nicht in dieser Frage der Erwählung Israels der Unterschied zwischen Jesus und Johannes zu sehen. Wohl aber ist in der Predigt Jesu und in seiner heilenden Wundertätigkeit der Unterschied feststellbar. Jesus geht zu den Menschen, er ist der Arzt, der sich zu den Kranken gerufen weiß usw. Das aber ist eine andere Haltung als die des asketischen Wüstenpredigers.

Das Wirken Jesu in Wort und Tat hat auf die Umwelt sehr schnell einen solchen Eindruck gemacht, daß sich ein *Kreis von Jüngern* sammelte, daß das Volk über ihn staunte, weil er aus Vollmacht redete und handelte, und daß er sich die bittere Feindschaft der führenden Schichten zuzog. An ihm mußten sich angesichts der Radikalität der Predigt, aber auch angesichts der Vollmacht, wie sie in seinem Wunderhandeln sich zeigte, die Geister scheiden.

In den Evangelien wird oft berichtet, daß Jesus von seinen Jüngern umgeben und begleitet ist. Es wäre dabei im einzelnen zu untersuchen, inwieweit das stereotype Wendungen sind, die z. B. bei den Wundergeschichten auch auf literarische Gesetze (Zeugen bei den Wundern) zurückgehen. Es gibt einige Texte, die sehr alten Schichten der Tradition zugehören, in denen Jesus allein auftritt (vgl. z. B. die Spannung zwischen Mk 1,21a und 21b).[4] Aber die Beobachtung, daß in den Evangelien oft die Jünger in die Tradition, die ursprünglich nur von Jesus allein handelte, eingetragen sind, ändert nichts an der Tatsache, daß ein Kreis von Gefolgsleuten sich um ihn sammelte.

Es ist nun allerdings nicht ganz leicht, sich ein Bild von diesem Kreis und von einzelnen Personen, die dazu gehört haben, zu machen. Einige dieser Jünger (z. B. Petrus) werden uns noch später beschäftigen. Hier soll nur auf zwei Gruppen eingegangen werden: *die Zwölf und die Apostel.* Es wird sich empfehlen, die beiden Bezeichnungen getrennt zu behandeln, auch wenn schon Mt 10,2 von den zwölf Aposteln die Rede ist. In der von Paulus zitierten Formel 1. Kor 15,3ff. werden die Zwölf und die Apostel getrennt aufgezählt.

Nun ist es sehr umstritten, ob die Zwölf eine von Jesus selbst eingesetzte Gruppe gewesen sind und wie sie sich zu der anderen Gruppe der Apostel verhielten. ›Die Zwölf‹ erscheinen in der Spruchquelle (Q) nur an einer Stelle: Mt 19,28 (vgl. Lk 22,30). Danach seien sie eingesetzt, um im Endgericht die 12 Stämme Israels zu richten. Aber gerade diese Funktion, die ihnen hier zugeschrieben wird, deutet darauf, daß es sich um ein späteres Wort handelt, das in den Zusammenhang einer nachösterlichen theologischen Interpretation des Christusgeschehens gehört. Die Berufung der Zwölf (Mk 3,13–19 par.) kann kaum als historisch angesprochen werden.

Entscheidend für die Auffassung, daß die Zwölf nicht eine Gruppe aus der Lebenszeit Jesu sind, ist wohl 1. Kor 15,3–5. In dieser alten Formel wird gesagt, daß der Auferstandene dem Kephas und danach den Zwölfen erschienen ist, obwohl es nach den Evangelien eigentlich nur elf sein konnten, da Judas ausgeschieden und Matthias (Apg 1,15ff.) noch nicht gewählt war.

Man hat dagegen eingewandt, daß gerade diese Erscheinung vor den ›Zwölf‹ zeige, daß dieser Kreis vor Ostern bestanden habe.

Auch die Erzählung von dem Verrat des Judas wird für die Existenz dieses Kreises vor Ostern angeführt. Denn nur, wenn einer aus diesem engsten Jüngerkreis Jesus verraten habe, sei es ein so schweres Ärgernis gewesen. Dagegen ist zu sagen: die Diskrepanz zwischen Mk 14,18 und 14,20 macht deutlich, daß die Zurechnung des Judas zu dem Zwölferkreis sekundär ist. Man wird also, vor allem aufgrund von 1. Kor 15,3ff., annehmen können, daß ›die Zwölf‹ das durch Erscheinungen des Auferstandenen eingesetzte Leitungsgremium der apokalyptisch bestimmten Gemeinde der ersten Zeit in Jerusalem waren.
Wie steht es nun mit den Aposteln? Man hat sich sehr bemüht, die Entstehung des christlichen Apostolats in die Lebzeiten Jesu zu verlegen und darüber hinaus dieses Phänomen als eine Fortsetzung des jüdischen *shaliach*-Instituts zu erweisen. Aber das ist nicht haltbar. Denn die Jünger Jesu haben wohl kaum eine solche feste Gruppe gebildet, wie sie das Apostelamt (und auch die angebliche jüdische Vorstufe) voraussetzt. Der Begriff selbst scheint den Auftrag zur Mission vorauszusetzen. Die Aussendungsrede Mk 6,7–13 par., in der übrigens gar nicht von den Aposteln, sondern von den Zwölf die Rede ist, besagt nichts, da sie aus einer Gemeinderegel, die allerdings sehr alt zu sein scheint, gebildet ist.
Man muß in diesem Zusammenhang nun die Frage stellen, ob Jesus überhaupt an die Gründung irgendwelcher Institutionen gedacht hat. Hat er eine Kirche stiften wollen? Es sei zunächst darauf verwiesen, daß das griechische Wort für ›Kirche‹ (ecclesia) in den Evangelien nur zweimal begegnet: Mt 16,18 und Mt 18,17. Die berühmte Stelle Mt 16,18 (›auf diesen Felsen will ich meine Kirche bauen‹) ist wohl ein Wort des Auferstandenen, das in der Tradition in das irdische Leben Jesu verlegt ist. An der anderen Stelle Mt 18,17 ist offenbar die Gemeindeversammlung gemeint. Das heißt, daß der Begriff ›Kirche‹ nicht in die Verkündigung Jesu gehört, womit über die innere Berechtigung der Entstehung einer Kirche noch nichts gesagt ist. Wenn dem aber so ist, so ist auch der Apostolat nicht im Leben des irdischen Jesus zu verankern, sondern erst mit den Osterereignissen entstanden.
Aber kann man nicht auch positiv etwas über die Anhängerschaft Jesu aussagen? Das vielfache Vorkommen der Anreden ›Rabbi‹, ›Lehrer‹, ›Meister‹ wie auch die Bezeichnung der Jünger als ›Schüler‹ und ihres Verhältnisses zu Jesus als ›folgen‹ könnte nahelegen, die Gruppe in Analogie zu jüdischen Gemeinschaftsformen zu sehen. Aber diese Analogie bezieht sich nur auf die Begriffe, nicht auf die Sache. Denn Jesus sammelt nicht Schüler um sich, die seine Lehre tradieren sollen, sondern er ruft in die Nachfolge und das

heißt zum Gehorsam gegen die Botschaft, die er verkündet. Wenn auch ein Teil der Abschnitte, in denen von der Berufung einzelner Jünger die Rede ist (z.B. Mk 1,16ff. par; 2,13f. par.; 10,17ff. par.), erst in der späteren Überlieferung die jetzt vorliegende Gestalt erfahren hat, so bleibt doch wohl sicher, daß Jesus in seine Nachfolge berufen hat. Aber dieser Ruf ist nicht die Aufforderung zu einer Sekte, einem Verein o.ä. Es gibt in der Tradition keine Spur von esoterischen Gemeinschaftsmahlen oder ähnlichen Dingen (das Abendmahl ist kaum als Gegenbeweis anzuführen). Es kommt einzig und allein auf die jetzige Nachfolge an. Dabei mag es richtig sein, daß Jesus selbst unter der Menge, die ihn hörte, Menschen ausgewählt hat, daß also die Nachfolge auf einer Entscheidung Jesu über bestimmte Menschen beruht (so Bornkamm[5]). Wichtiger ist, daß Jesu Ruf zur Nachfolge bestimmt ist durch die Erwartung des nahen Reiches Gottes, daß also die Nachfolge nicht auf ›weltgeschichtliche‹ Dauer angelegt ist.

Die erörterte Frage nach Struktur und Wesen des Jüngerkreises hängt natürlich engstens mit dem *Inhalt der Verkündigung Jesu* zusammen.[6] Jesus »entwirft kein System einer Lehre. Es fällt im Gegenteil auf, daß Gotteslehre und Eschatologie, Eschatologie und Ethik auf den ersten Blick relativ unverbunden nebeneinander zu stehen scheinen. Aber seine Sätze zeigen eine vollkommene Konsequenz in der Durchführung eines in sich geschlossenen Ansatzes. Das primäre Element ist die Absolutheit der Heilszusage. Sie kommt zur Geltung in der Darstellung Gottes als des Vaters, d.h. in der Herstellung der Unmittelbarkeit zu ihm durch die Verkündigung der Vergebung. Gerade aus dieser folgt das radikale Verständnis der Forderung Gottes, das – in seiner Unbedingtheit – die Erfüllung mit sich führt, und das Verständnis der jetzigen Zeit als der letzten Stunde, das den Zugang zum Gottesreich freigibt.«[7] So beginnt Conzelmann die Darstellung des Inhalts der Lehre Jesu und läßt dabei schon sehr entscheidende Gesichtspunkte anklingen. In der Tat wird man Jesu Verkündigung nur gerecht, wenn man sie als Heilsbotschaft und nicht etwa als Lehre oder Entfaltung eines Systems versteht. Allerdings wird man die Behauptung, daß die »Absolutheit der Heilszusage« das »primäre Element« sei, insofern korrigieren müssen, als neben der absoluten Heilszusage und mit ihr unlöslich verbunden die absolute Gerichtsankündigung steht. Jesus ist offensichtlich wie viele seiner Zeitgenossen stark bestimmt von dem Gedanken an das eschatologische Gericht Gottes. Aber entscheidend ist, daß bei ihm Gericht und Heil in der Verkündigung von der Herrschaft Gottes zusammengehören. Diese Vorstellung von der *Königsherrschaft Gottes* ist der zentrale

Punkt der Verkündigung Jesu. (Die Übersetzung Reich Gottes ist nicht präzise genug; bei Mt wird gesagt: Reich oder Herrschaft der Himmel, womit natürlich dasselbe gemeint ist.)

»Wenn Jesus die Königsherrschaft Gottes zum zentralen Gegenstand seiner Verkündigung machte, so nahm er damit einen Begriff auf, der ebenso allgemein verständlich wie von apokalyptischen und nationalen Zukunftserwartungen unbelastet war.«[8] Der Begriff besagt zunächst, daß Gott der König und Herr über alles ist, und zwar näherhin so: Gott macht sich selbst zum Herren über alles. Die Schwierigkeit im Verständnis dieser Herrschaft-Gottes-Verkündigung liegt einerseits darin, daß Jesus offenbar von der gegenwärtigen Herrschaft Gottes, von Gottes universaler Weltregierung (vgl. z.B. Mt 6,25ff./Lk 12,22ff.) gesprochen hat, daß aber andererseits diese Gottesherrschaft etwas Zukünftiges ist, sie ist nahe, sie kommt usw. Dabei ist dieser Aspekt besonders wichtig. Jesus verkündet das Hereinbrechen der Gottesherrschaft, ohne in die Spekulationen der jüdischen Apokalyptik zu verfallen. Er redet aber auch vom ›Eingehen‹ in die Gottesherrschaft, vom ›Ererben‹ usw. Eine Parallele zu diesen Vorstellungen findet sich in der jüdisch-apokalyptischen Vorstellung von der kommenden neuen Weltzeit (olam-ha-ba, der kommende Aion). Aber Jesus bezeichnet im Unterschied zu dieser Vorstellung die kommende neue Weltzeit als Gottesherrschaft. Von da aus ist das Nebeneinander von Aussagen über die gegenwärtige universale Weltregierung Gottes und über sein in naher Zukunft hereinbrechendes Reich zu verstehen. Es geht nicht um einen Gegensatz, sondern die Absolutheit der Herrschaft Gottes schließt beide Aspekte ein.

Weiter ist nun damit gegeben, daß Jesu Verkündigung nicht nur Bußpredigt, wie die Gerichtsreden des Täufers, sondern auch Heilspredigt ist. Die Seligpreisungen, die neben den Gerichtsworten stehen, der prophetische Ruf wie das Drohwort oder die Gleichnisse: alle diese Formen der Rede stehen im Dienst der Heils- und der Gerichtspredigt, in der die Gegenwärtigkeit und die Zukünftigkeit des Heils zusammengefaßt sind.

Ohne Zweifel bedient sich Jesus vielfach der überkommenen Begrifflichkeit. So hat er wohl auch davon gesprochen, daß das Kommen von Gottes Herrschaft eine sichtbare Weltverwandlung bedeutet. Das besagt vor allem, daß das ›Reich Gottes‹ keine innerliche, geistige Größe und auch kein sittliches Gut ist. Die Gleichnisse von der selbstwachsenden Saat und andere ändern an dieser Aussage nichts.

Das Handeln Gottes, von dem Jesus spricht und mit dem die Herrschaft über die Welt durch Gott übernommen wird, ist nicht rein zukünftig, sondern gegenwärtig in der Verkündigung. Jesu Wirken ist das Zeichen für die Nähe der Herrschaft, ist die Bürgschaft für die Wahrheit seiner Verkündigung. Er selbst ist ein konstitutiver Faktor der Eschatologie: »Wenn ich mit dem Finger Gottes Dämonen austreibe, so ist die Gottesherrschaft schon zu euch gelangt« (Lk 11,20; vgl. Mt 12,28). Aber trotzdem werden die Jünger aufgefordert, um das Kommen der Gottesherrschaft zu beten: »Dein Reich komme!« (Mt 6,10/Lk 11,2).

Das Ineinander von Zukunfts- und Gegenwartsaussagen, diese merkwürdige Spannung zwischen dem Kommen der Herrschaft Gottes in der Zukunft und dem Anbruch dieser Herrschaft in der Gegenwart ist unübersehbar und ist einer der wichtigsten Punkte in der Verkündigung Jesu. Damit ist auch klar, daß Jesus nicht irgendein spätjüdischer Apokalyptiker oder irgendein Rabbi war, der eine Lehre weitergab. Vielmehr ist es so, daß in der Person Jesu das künftige Reich Gottes gegenwärtig, nahe ist. Jesus versteht seine Verkündigung in Heils- und Bußpredigt, aber auch in Machttaten als das Nahe-Sein und das Dasein der Herrschaft Gottes. Er ist das letzte Wort Gottes an die Menschen.

Dieser Versuch einer Deutung der eschatologischen Verkündigung Jesu wird kaum in Frage gestellt werden können durch den Hinweis auf die vielen Aussagen über die Zukünftigkeit des Reiches, die ja zum Teil (etwa in Gleichnissen) zur Predigt Jesu gehören. Alle diese Worte sind nicht im Sinn apokalyptischer Zukunftserwartung gemeint. Vielmehr wird die Zukunft in die Gegenwart hineingezogen. Sie wird nicht einfach übersehen oder beiseite geschoben. Aber das Entscheidende ist, daß in der Predigt Jesu die Gegenwart verwandelt wird, und zwar in dem Sinn, daß in der Gegenwart Gott und sein endzeitliches Regiment anwesend sind. »Jetzt ist der Tag des Heils«, sagt Paulus 2. Kor 6,2. Das könnte auch als Leitmotiv der Predigt Jesu gesagt sein. Die neue Zeit des Heils, die hier in die Gegenwart hineinbricht, ist Heilszeit, weil sie die Zeit der Verkündigung Jesu ist.

Dieser ungeheure Anspruch Jesu läßt sich kaum in irgendwelche Titel von Heilspersonen, Vollender- oder Mittlergestalten einfangen. So ist es nicht überraschend, daß bei den uns geläufigen und bereits in den Evangelien begegnenden christologischen Titulaturen (Menschensohn, Messias, Christus, Gottesknecht, Sohn Gottes) sich hinsichtlich ihres Gebrauchs durch den irdischen Jesus erhebliche Bedenken einstellen. Die Frage ist, zumeist verbunden mit der nach dem *›messianischen Selbstbewußtsein Jesu‹*, in den letzten Jahrzehnten immer wieder neu aufgegriffen worden, ohne daß eine allgemein anerkannte Antwort gefunden wäre. Wenig förderlich ist dabei gewesen, daß die Frage des ›Selbstbewußtseins‹ Jesu mit den Hoheitstiteln verbunden wurde. Denn die meisten dieser Titel (Messias, Gottessohn usw.) sind für den historischen Jesus kaum belegbar, wohl aber sind sie verständlich als Versuch der nachösterlichen Gemeinde, das Geheimnis, das Jesu Leben, Tod und Auferstehung für sie war, begrifflich zu fassen.

Angesichts der Quellenlage wird man sich damit begnügen müssen, die Gestalt Jesu von seiner Verkündigung her zu verstehen: Er ist Prophet und Rabbi, d. h. er ist Prediger der nahen Zukunft Gottes und Lehrer, der Schüler um sich sammelt und über das Gesetz disputiert. Er ist zugleich Wundertäter, sieht aber seine Wunder und Taten nur als Zeichen der hereinbrechenden Herrschaft Gottes, d. h. als Beglaubigung der Wahrheit seiner Predigt. Aber das alles genügt noch nicht. Jesus weiß sich als den letzten Boten Gottes. Nach ihm kommt nichts mehr als Gott selbst. In ihm wird die Zukunft Gottes Gegenwart und Wirklichkeit. Das aber bedeutet, daß in ihm und seiner Verkündigung dem Menschen das Heil erschlossen wird.

Das wird nun auch deutlich an der *Stellung Jesu zum Gesetz*, die hier kurz anzusprechen ist. Es ist bekannt, welche Bedeutung das Gesetz im Judentum zur Zeit Jesu hatte, sei es als Zeremonialgesetz, sei es als Norm des täglichen Lebens. Das Gesetz, die Gabe Gottes an Israel, war zugleich die Last für jeden frommen Israeliten, weil er nie gewiß war, ob er nicht eine Vorschrift des Gesetzes verletzt hatte.

Es ist keine Frage, daß Jesus, wenn er von Gottes Herrschaft, ihrem Kommen und Hereinbrechen, von der Buße und vom Heil sprach, auch die Frage des Gesetzes berühren mußte. Man hat gemeint, daß Jesu Verkündigung als Auslegung des Willens Gottes »ein großer Protest gegen die jüdische Gesetzlichkeit, d. h. gegen eine Frömmigkeit, die im geschriebenen Gesetz und in der dieses auslegenden Tradition den Willen Gottes ausgesprochen sieht«[9], gewesen sei. Diese Interpretation muß insofern eingeschränkt werden, als Jesus die Gültigkeit des Gesetzes an sich nicht in Frage stellt und die Autorität des Alten Testaments voraussetzt und anerkennt.

So wird der Reiche, der nach dem Weg zum ewigen Leben fragt, auf das AT verwiesen: »Du kennst die Gebote« (Mk 10,19). Aber Jesus legt den Text des AT in neuer Art aus. Es ist eine Auslegung, die vom Zentrum seiner Verkündigung bestimmt ist. Das alttestamentliche Gebot ist ja in sich verständlich und bedarf weder der Auslegung noch der Ergänzung durch menschliche Zusätze. Es verlangt, da es Gottes Gebot ist, völligen Gehorsam, der sich in der Liebe äußert. Jesus hat daher auch nicht den Wortlaut des Gesetzes betont, wie es für die Rabbinen charakteristisch ist. Entscheidend ist nicht der

Wortlaut, sondern der Gehorsam gegen Gott als ein unmittelbarer Gehorsam, den Gott ermöglicht (vgl. das, was Jesus zum Problem der Ehescheidung sagt).

In diesen Zusammenhang gehören die Antithesen der Bergpredigt (Mt 5,21–48). Sie stellen dem Recht den Willen Gottes gegenüber und fordern den radikalen Gehorsam des Menschen. »Ihr habt gehört, daß zu den Alten gesagt ist . . . ich aber sage euch.« Damit wird ohne Zweifel die Forderung des Gesetzes verschärft, aber nicht dadurch, daß zu dem alten Gesetz ein neues hinzukommt. Sondern Jesus stellt schon die Gesinnung, die zur Tat führt, unter Gottes Willen. Dadurch werden nicht die Taten von der Gesinnung getrennt, sondern die Gesinnung wird als Tat verstanden, und es wird der Gehorsam in der konkreten Tat gefordert. Das ist die neue Gerechtigkeit, die besser ist als die der Pharisäer und die zu der Herrschaft Gottes gehört.

Da diese Auslegung der Forderung Gottes in Jesu Verkündigung eng mit der eschatologischen Predigt von der Gottesherrschaft zusammenhängt, hat man gemeint, Jesu Ethik sei eine ›Interimsethik‹, d. h. sie umfasse Weisungen für die Zeit bis zum Hereinbruch des Endes dieses Äons. Dagegen ist aber festzuhalten, daß der Bußruf, die Aufforderung, den Willen Gottes zu erfüllen, zwar durch die Nähe der Gottesherrschaft motiviert ist (vgl. Mk 1,15[10]), aber daß die Nähe der Gottesherrschaft nicht Anlaß zu einem neuen Inhalt der Ethik ist. Jesus hat aus der Nähe der Herrschaft Gottes nicht irgendwelche speziellen Forderungen abgeleitet. Vielmehr heißen Buße, neue Gerechtigkeit, Nachfolge und Gehorsam nichts anderes als Gehorsam gegenüber der schon immer bestehenden Forderung Gottes. Es geht also um Erfüllung der Gebote, die im AT aufgezeichnet sind. Dabei steht die Möglichkeit der Erfüllung unter dem Zeichen des Evangeliums, das Jesus verkündet. Das bedeutet nun aber, daß die Stellung zum Gesetz (oder die Ethik) in der Verkündigung Jesu nicht von seiner Person zu trennen ist. »Jesus beansprucht besser als Mose Gottes Willen zu kennen und mit dessen Proklamation die Herrschaft Gottes über den Gehorsamen aufzurichten« (Vielhauer[11]).

Es muß nun noch darauf hingewiesen werden, daß diese kurz skizzierte Stellung zum Gesetz von Jesus selbst realisiert ist. Das Handeln Jesu, von dem in den Evangelien vielfach die Rede ist, zeigt, daß er selbst die Forderung Gottes verwirklicht. Insbesondere die Tischgemeinschaft mit ›Zöllnern und Sündern‹, d. h. mit Menschen, die für einen ›frommen‹ Juden der Zeit nicht zum Volk Gottes gehörten, macht deutlich, daß es sich nicht um eine erdachte Theorie handelt, wenn Jesus von Gottes Herrschaft spricht.

Vielmehr wird Gottes Herrschaft, die mit Jesus in die Welt tritt, als Sündenvergebung erfahren. Weil Jesus die Königsherrschaft Gottes und ihre Nähe verkündet, vergibt er auch Sünden und hält Gemeinschaft mit ›Sündern und Zöllnern‹. Das ist keine ›Solidarisierung‹, wie man heute gern sagt, sondern es ist der Zuspruch dessen, der die Vollmacht hat, Sünden zu vergeben (Mk 2,1 ff.).

Die Predigt Jesu und seine Taten haben nicht nur Anhänger gefunden, sondern auch Feindschaft erregt. Es ist schwierig, aus der synoptischen Tradition genau zu erheben, wie die Entwicklung verlaufen ist. Man hat gemeint, daß Jesus in Galiläa eine Zeit des Erfolges erlebt hat, auf die dann die Katastrophe in Jerusalem erfolgt sei. Schon Markus scheint die Entwicklung so gesehen zu haben. Andererseits läßt sich nicht übersehen, daß in den Evangelien auch von Mißerfolgen Jesu (bereits in Galiläa; vgl. Mk 6,5; Mt 11,20 ff.), vor allem aber von vielfältigen Anfeindungen die Rede ist. Wenn man von einer Wende im Leben Jesu sprechen will, so kann man sie in seinem Entschluß sehen, nach Jerusalem zu ziehen. Allerdings ist es kaum möglich, diese Wende näher zu beschreiben und aus der Überlieferung die Motive zu erheben. Man kann nur vermuten, daß Jesus die Einschätzung Jerusalems, der »Stadt des großen Königs« (Mt 5,35), durch seine Zeitgenossen teilte und nun auch dort seine Botschaft verkünden wollte. Dort, im Mittelpunkt des Volkes Israel, sollten Obrigkeit und Volk aufgerufen werden, dem Ruf Gottes Gehorsam zu leisten. Es ist anzunehmen, daß Jesus sich darüber klar war, welches Wagnis er einging und wie gefährlich der Weg war. Ob und wann er mit seinem gewaltsamen Tod rechnete, läßt sich nicht sagen. Die sogenannten Leidensweissagungen (Mk 8,31 par.; Mk 9,31 par.; Mk 10,33 f. par.) lassen sich für diese Frage nicht auswerten, da sie in ihrer jetzigen Form von der Passionsgeschichte her geformt sind.

Diese *Berichte über Leiden und Sterben Jesu* stellen den Historiker vor besonders schwierige Probleme. Einerseits ist dieser Komplex von Berichten offensichtlich der Teil der synoptischen Tradition, der am frühesten feste Gestalt gewonnen hat, also auch der Zeit, von der berichtet wird, noch besonders nahesteht. Andererseits sind die Passionsgeschichten noch stärker als andere Teile der synoptischen Tradition von theologischen Motiven geprägt und gestaltet, ging es hier doch für die tradierende Gemeinde um den Kern ihres Heilsverständnisses und ihrer Heilsverkündigung.

Die christologischen Motive werden an der Szene vom Einzug Jesu in Jerusalem, an dem Bericht über das Abendmahl und an den Abschnitten des Verhörs Jesu besonders deutlich: Der Einzug in die heilige Stadt wird als Epiphanie des Messias geschildert. Der

Bericht über das letzte Mahl Jesu mit seinen Jüngern ist als die Stiftung des Abendmahls der Gemeinde dargestellt. Das Verhör Jesu gipfelt in seinem eigenen Bekenntnis: »Ich bin es« (Mk 14,62), d.h. Jesus selbst lüftet hier am Ende seines irdischen Weges das Geheimnis seiner Messianität, und zugleich wird der Unglaube der Juden offenbar.

Die Berichte über die Passion Jesu sind durchzogen von Hinweisen auf das AT: Der Einzug Jesu ist die Erfüllung von Sach 9,9; die Tempelreinigung ist in Jes 56,7 begründet; die Gefangennahme und die Flucht der Jünger sind die Erfüllung von Sach 13,7. In der Gethsemaneszene klingt Psalm 43,5 an und auch bei der Kreuzigung und dem Tod Jesu werden Psalmverse laut. Diese Aufzählung, die sich noch vermehren ließe, macht deutlich, wie sehr die Berichte von dem Bemühen bestimmt sind, Leiden und Sterben Jesu als Erfüllung der Schrift darzustellen und so den Anstoß des Kreuzestodes verständlich zu machen. Der Schriftbeweis, der für die Entwicklung der christlichen Theologie so wichtig wurde, hat hier seinen Anfang genommen.

Aber was ist nun wirklich in jenen Tagen in Jerusalem geschehen? Am Anfang der Berichte steht der *Einzug Jesu in Jerusalem* (Mk 11,1 ff. par.). Man hat daraus geschlossen, daß Jesus selbst messianische Ansprüche erhoben hat. Aber das ist wohl nicht richtig. Gewiß werden Jesus und seine Anhänger gewußt haben, daß das Werk Jesu jetzt in die entscheidende Phase getreten war. Aber ob das mit messianischen Vorstellungen verbunden war, ist sehr fraglich. Andererseits ist es durchaus möglich, daß in der Menge, die den Propheten aus Galiläa sah, messianische Gedanken laut wurden – ein für diese Zeit kaum überraschender Vorgang. Es ist aber schlecht vorstellbar, daß die Römer oder die jüdischen Behörden einen solchen Vorgang, wie er in den Evangelien geschildert wird, geduldet hätten, ohne einzugreifen.

Es folgt die *Tempelreinigung* (von Joh als programmatische Handlung an den Anfang gestellt: Joh 2,13–17). Auch wenn die Erzählung auf die Erfüllung von Jes 56,7 und Jer 7,11 ausgerichtet ist, wird man doch einen historischen Kern annehmen können: Jesus hat an dem Treiben im Tempelbezirk Anstoß genommen, und es ist zu einem Zusammenstoß zwischen ihm und den Händlern gekommen. Wie dieser im einzelnen verlaufen ist, läßt sich nicht sagen. Aber daß der Betrieb am Heiligtum sich nicht mit dem vertrug, was Jesus als Forderung Gottes verkündete, ist nicht zu übersehen.

In den Evangelien folgen auf die Tempelreinigung eine Reihe von Streitgesprächen, Gleichnissen und apokalyptischen Worten. Aber die zeitliche und örtliche Zuordnung dieser Traditionen zu der Zeit

zwischen Einzug und Tod Jesu sind eine Sache der Komposition. Für die *Rekonstruktion der letzten Tage Jesu* in Jerusalem lassen sie sich nicht auswerten. Es wird richtig sein, daß Jesus in der Zeit des Passafestes verhaftet und hingerichtet worden ist. Dafür spricht auch die Notiz Mk 14,2 (die Hohenpriester und Schriftgelehrten planen den Tod Jesu, fügen aber hinzu: »nicht am Fest, damit nicht ein Tumult des Volkes entstehe«). Dieser Vers paßt nicht zu der sonst in den synoptischen Evangelien vertretenen Chronologie der Passion. Es kann sich also um eine sehr alte Nachricht handeln.
Aber wie dem auch sei: Während der Zeit in Jerusalem ist ohne Zweifel die jüdische Oberschicht auf Jesus aufmerksam geworden. Sie mußte diesen Prediger und seine Botschaft als Angriff auf all das, was ihr wichtig und wertvoll war, empfinden, sei es, daß man aus religiösen Gründen sich verletzt fühlte, sei es, daß man aus politischem Kalkül diesen Mann für gefährlich hielt.
Nach dem Bericht der Evangelien haben sich die jüdischen Behörden der Person Jesu mit Hilfe eines Mitgliedes des engeren Kreises um ihn bemächtigt. Es ist schon dargelegt worden, daß das nicht einer aus der Gruppe ›die Zwölf‹ gewesen ist. Der Name des Judas Ischariot aber gehört wohl zu der ältesten Tradition, und es ist daher anzunehmen, daß er bei der Verhaftung Jesu irgendwie mitgewirkt hat. Wie das geschehen ist, warum Judas so gehandelt hat und was er eigentlich ›verraten‹ hat, können wir nicht sagen.
Ehe Judas den ›Verrat‹ ausführt, findet nach den Evangelien das letzte Mahl Jesu mit seinen Jüngern statt. Auch wenn dieser Bericht von der liturgischen Tradition der Gemeinde her geprägt ist, so ist doch nicht zu leugnen, daß er auf das Geschehen der letzten Tage Jesu zurückgeht. Die Synoptiker schildern dieses Mahl als Passamahl, was es aber wohl nicht gewesen ist. Es fehlen ja entscheidende Züge (z. B. Bezug auf den Auszug aus Ägypten), die zu einem jüdischen Passamahl gehören.
»Jesus feiert das Mahl mit den Jüngern in der Erwartung des kommenden Reiches und seines Abschiedes.«[12] Diese Deutung, die manches für sich hat, stützt sich vor allem auf Mk 14,25: »Wahrlich ich sage euch, ich werde nicht mehr von dem Gewächs des Weinstockes trinken bis zu jenem Tage, an dem ich es aufs neue trinken werde in der Herrschaft Gottes«. Dieses Wort ist nicht erklärbar als Teil der späteren liturgischen Tradition der Gemeinde (vgl. 1. Kor 11,23ff.) »Es stellt das Ende Jesu in das Licht der kommenden Herrschaft Gottes, es unterscheidet Jesus und sein Schicksal von dem der Jünger«.[13] Es spricht vieles dafür, daß Jesus tatsächlich diesem letzten Mahl einen eschatologischen Charakter gegeben hat.

Die Erzählungen vom Gebetskampf in Gethsemane und von der Verhaftung lassen sich kaum als historischer Bericht interpretieren. Gewiß ist anzunehmen, daß die Jünger bei der Verhaftung fliehen und Jesus allein lassen. Die Notiz Mk 14,51 f., daß ein unbekannter Jüngling sein Gewand hinterlassen habe, als auch er festgenommen werden sollte, ist oft als die Spur eines Augenzeugenberichtes gewertet worden. Aber auch diese Spur führt über die Tatsache der Verhaftung Jesu und der Zerschlagung des Jüngerkreises nicht hinaus.

Der nun folgende Bericht über das *Verhör Jesu vor dem Hohen Rat* ist von den Evangelisten als Christusbekenntnis gestaltet. »Das Verhör, das die Behörde mit Jesus anstellte, ist, so scheint es, von keinem Augenzeugen der christlichen Gemeinde berichtet worden.«[14] Der Historiker wird hier nun mit einer ganzen Reihe von Problemen konfrontiert, die vor allem in den Bereich der Geschichte des Judentums jener Zeit führen. So ist z. B. unklar, ob das Synhedrium in der Zeit Jesu das Recht hatte, Todesurteile zu fällen und zu vollstrecken. Die Frage, die hier nicht eingehend erörtert werden kann, wird heute vielfach bejaht,[15] ist aber nicht sicher zu beantworten. Damit ist aber die andere Frage nach der Historizität des Verhörs Jesu vor dem Synhedrium gegeben (Mk 14,53 ff.). Denn die Tatsache, daß Jesus von Pilatus zum Tode verurteilt und von den Römern hingerichtet wurde, ist nicht zu leugnen. Daß Pilatus nicht nur eine Bestätigung des jüdischen Urteils gab, geht aus der Passionsgeschichte eindeutig hervor. Eine doppelte Gerichtsverhandlung ist höchst unwahrscheinlich. Damit wird die Verhandlung vor dem Synhedrium, die ja ohnehin nicht den Vorschriften des entsprechenden Mischnatraktates entspricht, historisch fragwürdig. Wenn man nun – im Anschluß an Paul Winter[16] – zwischen primärer und sekundärer Tradition (und redaktionellen Zutaten) in den Passionsberichten unterscheiden will, so wird man einige Angaben zu den primären Überlieferungen rechnen müssen. So ist die Verhaftung Jesu am Ölberg wohl ebenso eine historische Tatsache wie ein kurzes Verhör im Palast des Hohenpriesters. Weiter scheint doch festzustehen, daß das Synhedrium kein Urteil gesprochen, sondern Jesus an den römischen Prokurator Pilatus übergeben hat. Denn die Verhandlung vor Pilatus, so sehr sie in der Tradition dann ausgeschmückt worden ist (vgl. vor allem Joh 18,33 ff.), gehört zu dem ältesten Gut der Überlieferung und spiegelt die Tatsache der Untersuchung durch den Römer wider. Die Szene vor Herodes Antipas (Lk 23,6 ff.) gehört wohl nicht zu der ältesten Tradition. Das Todesurteil durch Pilatus und die Hinrichtung durch die Römer, wohl einschließlich der Inschrift mit dem Grund des Urteils (wobei der Wortlaut fraglich sein mag), sind historische Fakten.

Kann man nun über diese wenigen unbezweifelbaren Tatsachen hinaus etwas über die *Gründe für Verhaftung und Hinrichtung Jesu,* über den unmittelbaren Anlaß und den Anteil der Juden oder der Römer an diesen Ereignissen sagen?

Zunächst ist festzustellen, daß die Verurteilung Jesu durch den römischen Statthalter erfolgt ist, daß aber ›die Juden‹ in irgendeiner Weise an den Vorgängen beteiligt waren. Es mag in den Passionsberichten im einzelnen vieles verzeichnet sein. Aber man kann nicht die Römer allein für den Tod Jesu verantwortlich machen, auch wenn sie das Urteil gesprochen und vollstreckt haben. Damit soll – das sei betont – nicht etwa der in der Geschichte der Kirche oft erhobene üble und zu so schauerlichen Konsequenzen führende Vorwurf, die Juden seien die ›Gottesmörder‹, wieder aufgenommen werden. Es geht hier lediglich um den historischen Tatbestand, und der läßt sich nur so beschreiben: Jesus ist von den Römern verurteilt und hingerichtet worden, wobei die jüdische Obrigkeit in irgendeiner Weise mitgewirkt hat.

Was hat aber die Feindschaft der jüdischen Oberen hervorgerufen? Nun, die Antwort auf diese Frage ist durch die Darstellung der Verkündigung Jesu eigentlich schon gegeben. Seine Predigt und sein Anspruch, in Vollmacht Gottes Willen zu verkünden, hat die Feindschaft vieler Gruppen hervorgerufen. Sowohl die gesetzestreuen Gruppen (wie die Pharisäer) als auch die national gesinnten Kreise mußten Jesu Predigt als einen Angriff auf ihre Anschauungen empfinden. Dazu kam, daß er durch sein Erscheinen in Jerusalem Unruhe erregte und die politisch führenden Kreise befürchten mußten, daß wieder einmal ein Heißsporn das allgemeine politische Klima verschlechterte. Was nun den Anstoß gab, wer die Beseitigung Jesu in die Wege leitete und wie die Dinge im einzelnen sich entwickelten, können wir nicht sagen. Aber daß der Anstoß zur Verurteilung Jesu von den Juden ausgegangen ist, ergibt sich aus seiner Verkündigung. Für die Römer war diese Angelegenheit wahrscheinlich ohnehin nichts anderes als einer der üblichen kleinen Krawalle in dem unruhigen Land, die man möglichst schnell durch ein paar Todesurteile erledigte. Verständnis für die Sache Jesu konnte man von ihnen kaum erwarten.

Der *Tod Jesu* ist in den Evangelien verschieden dargestellt. Die ›letzten Worte‹ Jesu weichen voneinander ab und die begleitenden Zeichen sind nicht einheitlich berichtet. Alle Berichte der Evangelien sind von der Absicht geprägt, den Hörern und Lesern Jesu Tod als in Gottes Willen begründet darzustellen.

Als Jesus bereits nach sechs Stunden stirbt, wird er nach Mk 15,42ff. par. auf Bitten des Josef von Arimathia in einem Felsengrab beigesetzt. Zwei Frauen, Maria Magdalene und Maria ›des Jose‹, werden als Zeuginnen genannt. Das spricht für das Alter dieses Berichtes.
Sepultura mortem ratam fecit – das Grab macht den Tod gültig.[17] So hat Bengel die Bedeutung der Grablegung Jesu zusammenfassend gedeutet. In der Tat schien mit diesem Begräbnis Leben und Werk Jesu von Nazareth an das Ende gekommen zu sein. Der von vielen verehrte und von manchen doch wohl als Retter und Messias angesehene Prophet und Lehrer war gescheitert und lag im Grab. Die Jünger haben sich offenbar gleich zerstreut, zum Teil werden sie in der Menge der Festpilger untergetaucht sein, zum Teil haben sie sich in ihre Heimat Galiläa zurückbegeben.
»Was nach der Kreuzigung Jesu geschieht, ist für die historische Darstellung nicht mehr die Geschichte Jesu, sondern die Geschichte seiner Nachwirkung« (Conzelmann[18]). In der Tat kommt der Historiker, der Leben und Werk Jesu darstellen will, hier zum Schluß. Daß das Leben Jesu seine bis heute reichende Nachwirkung gehabt hat, kann nicht bestritten werden. Das ist dann als Geschichte des Christentums zu beschreiben. Aber nun ist deutlich, daß unsere Quellen, vor allem die Evangelien, nicht nur von einer Nachwirkung des Lebens Jesu ausgehen, sondern doch einerseits den Absolutheitsanspruch, den Jesus in seiner Verkündigung erhoben hat, als zeitlos, d.h. als unabhängig von seinem irdischen Weg ansehen. Andererseits geht die gesamte urchristliche Tradition davon aus, daß Jesus nicht im Tode geblieben, sondern auferstanden ist, daß also die Zeitlosigkeit des Anspruchs seiner Verkündigung nicht nur aus deren Wahrheit und Vollmacht sich ergibt, sondern auch in der Identität des auferstandenen und erhöhten Herrn mit dem irdischen Jesus ihren Grund hat.
Nun sind das an sich Fragen, die über den Bereich der Geschichtswissenschaft hinausgehen. Der Historiker wird sich aber ihnen stellen müssen, weil er ja vor dem Phänomen steht, daß das Kreuz Jesu das totale Ende zu sein schien, daß aber kurze Zeit später die Jünger sich erneut zusammenfanden und diesen gekreuzigten Jesus als den Auferstandenen und als das Heil der Welt verkündeten. Ist die in dieser Verkündigung behauptete Kontinuität, die nach Meinung der Urgemeinde durch die Ostereignisse bestätigt worden ist, ein theologisches Postulat oder steht dahinter ein geschichtlicher Vorgang? Damit ist dann die Frage gestellt: Was kann über die Ereignisse nach dem Tod Jesu gesagt werden?

4. *Kapitel*

Die Entstehung der ersten Gemeinde

Der Kreuzestod Jesu schien, wie schon gesagt, für die Jünger das Ende aller Hoffnungen zu sein. Es gehört nun zu den überraschendsten Phänomenen in der Geschichte, daß das Kreuz doch nicht das Ende war. Die zerstreuten Jünger sammelten sich in kurzer Zeit wieder und verkündeten: dieser Jesus, der am Kreuz gestorben ist, lebt. Er ist auferstanden, wir haben ihn gesehen, und er wird wiederkommen. In diesem Glauben haben die Jünger nicht nur in ihrem kleinen Kreis gelebt, sondern sie haben ihn weitergetragen. Damit beginnt der Gang der Botschaft von Jesus in die Welt.

Was ist nun in jenen Tagen geschehen? Was ist es mit der *Auferstehung Jesu von den Toten?* Es ist gerade über diese Frage seit den ersten Jahrzehnten der Kirchengeschichte immer wieder geredet, geschrieben, nachgedacht und phantasiert worden. Das soll hier nicht dargestellt werden. Nur das sei vorweg betont: wenn wir die Quellen daraufhin befragen, ob aus ihnen sich der Ablauf der Ereignisse, die wir als die Ostereignisse bezeichnen, herausarbeiten läßt, so ist damit nicht beabsichtigt, die Auferstehung Jesu historisch zu »beweisen«. Auch das hat man oft versucht (zuerst wohl die in Mk 16, 1–18 vorliegende Tradition). Aber die von den ersten Christen als Auferstehung bezeugte und verkündete Gottestat entzieht sich den Kategorien, die der Geschichtswissenschaft zur Verfügung stehen. Andererseits ist aufweisbar, daß die ersten Zeugen bekannt haben: Jesus ist auferstanden, und wir haben ihn gesehen. Das ist ein Tatbestand, den der Historiker ernst zu nehmen hat. Seine Aufgabe kann es daher nur sein, die Quellen daraufhin zu befragen, ob sich Anhaltspunkte dafür finden, welche Ereignisse zu diesem Glauben der ersten Zeugen geführt haben. Dabei wird er sich von Apologetik ebenso fernzuhalten haben wie von phantastischen Konstruktionen, die in den Quellen keinen Anhalt haben. Es sei noch hinzugefügt, daß der Glaube nicht darauf angewiesen ist, historische Tatsachen zu erfinden.

Für die Osterereignisse haben wir als Quellen die Auferstehungsberichte der Evangelien und die alte Formel, die Paulus in 1. Kor 15 überliefert hat. Diese Formel ist wohl der älteste und wichtigste Text für unsere Frage. Mit diesem Text wird man beginnen müssen, auch wenn er »in dem, was er historisch mitteilt, ebenso erfreulich exakt, wie betrübend knapp« ist (von Campenhausen[1]). Das *15. Kapitel des 1. Korintherbriefes* behandelt eine Frage, die Paulus aufgrund einer ihm zugekommenen Nachricht aufnehmen mußte. Es hat offenbar in Korinth Leute gegeben, die die Auferstehungspredigt des Paulus ablehnten und behaupteten, es gäbe keine Auferstehung von den Toten (1. Kor 15,12). Wer nun auch die Gegner des Paulus gewesen sein mögen (vgl. dazu unten S. 147ff.), der Apostel muß gegen sie die Gewißheit und die Hoffnung der Auferstehung verteidigen. In dem ersten Abschnitt des Kapitels (v. 1–11) stellt er die Botschaft von der Auferstehung als die Grundlage der Gemeinde heraus, und zwar vor allem dadurch, daß er sich auf das Evangelium beruft, das er empfangen und weitergegeben hat und durch das die Gemeinde gläubig geworden und gerettet ist. Dabei bezieht er sich auf eine Überlieferung, die er formelhaft wiederholt und die für unseren Zusammenhang wichtig ist. Um nun festzustellen, welchen Umfang die dem Paulus überlieferte Formel hat und wie sie zu verstehen ist, muß man das ganze Stück sich ansehen:

1Ich lasse euch aber, Brüder, das Evangelium wissen, das ich euch verkün-
det habe, das ihr auch angenommen habt, in dem ihr auch steht, 2durch das
ihr auch gerettet werdet, mit welchem Wortlaut ich euch das Evangelium
gepredigt habe, wenn ihr es festgehalten habt, es sei denn, ihr seid unüber-
legt gläubig geworden. 3Denn ich habe euch vor allem überliefert, was ich
auch übernommen habe, daß Christus gestorben ist für unsere Sünden nach
den Schriften, 4und daß er begraben wurde, und daß er auferweckt worden
ist am dritten Tage nach den Schriften, 5und daß er erschienen ist dem
Kephas, dann den Zwölfen, 6dann erschien er mehr als 500 Brüdern auf
einmal, von denen die meisten bis heute am Leben sind, einige aber sind
entschlafen. 7Dann erschien er dem Jakobus, dann allen Aposteln. 8Zuletzt
aber von allen erschien er auch mir – wie der Fehlgeburt. 9Denn ich bin der
letzte der Apostel, der ich nicht würdig bin, ein Apostel genannt zu
werden, weil ich die Gemeinde Gottes verfolgt habe. 10Durch Gottes
Gnade aber bin ich, was ich bin, und seine Gnade, die er mir erwiesen hat,
ist nicht vergeblich gewesen, sondern überreichlich mehr als sie alle habe
ich mich gemüht, nicht ich aber, sondern die Gnade Gottes, die mit mir ist.
11Ob ich es nun bin, oder ob jene es sind: So verkünden wir und so habt ihr
geglaubt.

In den Versen 1–2 erinnert Paulus einleitend an das Evangelium, das in v. 3–7 dann in formelhafter Gestalt als Überlieferung charakterisiert wird. Inhaltlich geht es um die grundlegende Botschaft von der Auferstehung Jesu. In v. 8–11 geht Paulus auf sein Apostelamt ein, das als ein Gnadenerweis Gottes verstanden ist,

womit wohl klargestellt werden soll, daß dieses Amt einzig und allein durch die Auferstehungspredigt bestimmt ist.
Aber diese Gliederung der Perikope löst noch nicht das für unsere Frage wichtige Problem: Was ist in diesen Versen alte Formel, und was ist von Paulus formuliert?
Die Einleitung (v. 1–2), die natürlich von Paulus formuliert ist, erinnert an den Wortlaut der Botschaft, die Paulus den Korinthern gepredigt hat. Das ist zu beachten, weil dadurch schon angezeigt ist, daß die folgenden Verse Wiederholung einer Formel sind, also festgeprägte (vorpaulinische) Tradition.
Diese Formel wird in den folgenden Versen zitiert. Man wird annehmen dürfen, daß sie in ihrem Grundbestand auf eine aramäische Form zurückgeht. Das wird durch mancherlei Beobachtungen (v. a. am Sprachgebrauch) nahegelegt. Der Kern, den Paulus übernommen und weitergegeben hat, umfaßte die Aussage:

Christus ist gestorben nach den Schriften und wurde begraben;
er ist auferweckt nach den Schriften und wurde gesehen.

Man wird aber noch hinzufügen müssen, daß die Aussagen, der Tod Christi sei *für unsere Sünden* geschehen und die Erscheinungen des Auferstandenen seien *am dritten Tage vor Kephas und den Zwölfen* erfolgt, ebenfalls zu dem alten Bestand gehört haben. Der dritte Tag wird noch erörtert werden, wie auch die christologischen Anschauungen, die hinter dieser Formel sichtbar werden, weiter unten in anderem Zusammenhang zu behandeln sind. Hier sei nur festgestellt, daß aus den folgenden Versen 6–8, die Paulus hinzufügt, hervorgeht, daß es um eine chronologische Reihenfolge der Auferstehungszeugen geht, daß also nach der Aussage dieser alten Formel Petrus und die Zwölf die ersten und grundlegenden Christuserscheinungen gehabt haben. Über Zeit und Ort dieser Christophanien wird allerdings nichts gesagt. Man könnte natürlich vermuten, daß die Erscheinung vor Petrus eng an den ›3. Tag‹ herangerückt werden muß. Aber das ist fraglich, es sei denn, man legt das ›Erwecktwerden‹ und das ›Erscheinen‹ vor Petrus zusammen. Auch über das zeitliche Verhältnis der Christophanie vor Petrus zu denen vor den Zwölf wird in der Formel nichts gesagt.
Über die in v. 6f. von Paulus hinzugefügten Erscheinungen des Auferstandenen läßt sich nichts Näheres sagen. Man hat die Erscheinung vor den über 500 Brüdern mit der Pfingstgeschichte (Apg 2) zusammenbringen wollen, was aber falsch ist. Paulus spricht hier nicht von dem Wunder der Geistbegabung, sondern zählt kontrollierbare (»von denen die meisten noch leben«) Zeugen auf. Ob Petrus oder die Zwölf zu diesen 500 gehört haben, läßt sich

nicht sagen. Über den Ort dieser Christophanien erfahren wir nichts.

Es folgen bei Paulus die Erscheinungen vor Jakobus und vor allen Aposteln. Ob mit dieser Aussage festgestellt werden soll, daß Jakobus nicht zu den 500 und auch nicht zu den Aposteln gehört hat, und ob weiter diese Erscheinung mit seiner Bekehrung identisch gewesen ist, entzieht sich unserer Kenntnis. Wir wissen nur, daß er seinem Bruder Jesus zu dessen Lebzeiten fernstand (s. o. S. 57), daß er aber offenbar sehr früh die Leitung der Gemeinde in Jerusalem übernommen hat (s. u. S. 163). Ob die Erscheinung des Auferstandenen vor Jakobus in Jerusalem oder in Galiläa stattfand, ist nicht zu sagen.

Was Paulus unter »allen Aposteln« versteht, bleibt völlig im dunkeln. Es könnte sein, daß es sich um eine Berufungserscheinung handelt, da ja ›Apostel‹ in früher Zeit einen nicht ganz kleinen Kreis von Missionaren bezeichnet. Ob damit der Übergang der Christusverkündigung von Galiläa nach Jerusalem verbunden war, ist höchst unsicher, da ja die Voraussetzung einer solchen Annahme, daß nämlich die entscheidenden Christophanien in Galiläa stattgefunden hätten, unbewiesen ist.

Als letzten Zeugen der Auferstehung nennt Paulus sich selbst. Das ist nun für das Verständnis des ganzen Textes (und auch der ursprünglichen Formel) wichtig. Paulus nennt sich den letzten (und unwürdigen, aber das braucht hier nicht erörtert zu werden) Apostel, der den Herrn gesehen hat. Er legt also der Christophanie vor Damaskus insofern heilsgeschichtliche Bedeutung bei, als sie die Reihe der Zeugen, auf deren einhelligem Zeugnis der Glaube der Gemeinde ruht (v. 11), abschließt.

Welchen Sinn haben nun diese Verse und was ergeben sie für unsere Fragestellung? Insbesondere muß gefragt werden, ob hier die Auferstehung Jesu Christi als objektiv feststellbares historisches Faktum glaubhaft gemacht (also ›bewiesen‹) werden soll oder ob es lediglich um eine Aufzählung der Zeugen geht. Nun ist zunächst festzustellen, daß Paulus gerade in der Erweiterung der alten Formel, in der nur Petrus und die Zwölf genannt waren, historisch argumentiert, indem er eine Aufzählung von tatsächlich geschehenen Christophanien gibt. Auch der Bezug auf die Schrift ist in dem Sinn beweisend, daß das Geschehen, so wie es abgelaufen ist, von Gott vorhergesagt, also gewollt war.

Es geht also in der Formel wie in der paulinischen Erweiterung um die Aufzählung von Ereignissen, die nach Aussage der Gemeinde, in der die Formel entstanden ist, wie der des Paulus tatsächlich sich ereignet haben. Allerdings sind alle Ereignisse, von denen gesprochen wird, Christophanien. Von den näheren Umständen des Erwecktwerdens, des Auferstehens oder der Erhöhung Jesu ist nicht die Rede. Das ist auch verständlich. Denn Paulus will hier die Glaubenswahrheit der Auferstehung als eine von allen Aposteln und Zeugen bestätigte historische Wahrheit darstellen, will aber andererseits keinen Bericht über Einzelheiten geben, da er ja – wie aus anderen Stellen, z. B. 1. Kor 15,50 hervorgeht – die Auferstehung Jesu sonst nicht als ein Geschehen ansieht, das mit dem Geschehen in der Sinnenwelt vergleichbar ist. Aber trotzdem ist das, wovon Paulus und die Zeugen vor ihm sprechen, ein geschichtliches Ereignis in dem Sinn, daß das göttliche Handeln an die Geschichte der Welt gebunden wird, eben in der Gestalt der Zeugen. Daß es aber geschichtliches Ereignis ist, bleibt unfaßbar und ist letztlich nur dem Glauben zugänglich. So ergibt sich aus den betrachteten Versen eigentlich nur, daß die früheste Gemeinde und auch Paulus die Tatsache der Christophanien bezeugen und diese als den Beweis für die geschehene Auferweckung Jesu von den Toten verkünden, womit für sie die Grundlage allen christlichen Glaubens gelegt ist.

Wenn wir nun die *Berichte der Evangelien über die Osterereignisse* betrachten, so werden wir mit anderen Problemen konfrontiert als bei der Erörterung der Formel in 1. Kor 15. Es ist heute wohl anerkannt, daß in Mk 16,1–8 der älteste Bericht der Evangelien über die Osterereignisse vorliegt und daß Matthäus und Lukas diesen Bericht als Quelle benutzt und weiterentwickelt haben. Die in einem Teil der Überlieferung auf v. 8 folgenden Verse (Mk 16,9–20) werden allgemein als sekundäre Hinzufügung angesehen. Zunächst sei der Text zitiert:

1Und als der Sabbat vorüber war, kauften Maria von Magdala und Maria, die Tochter des Jakobus, und Salome Spezereien, um hinzugehen und ihn zu
salben. 2Und ganz früh am ersten Tage der Woche kamen sie zum Grabe,
als die Sonne aufging. 3Und sie sprachen zueinander: Wer wird uns den
Stein von der Tür des Grabes wälzen? 4Und als sie aufblickten, sahen sie,
daß der Stein abgewälzt war – er war nämlich sehr groß. 5Und als sie in das
Grab hineingingen, da sahen sie einen Jüngling zur Rechten sitzen, gekleidet in weißes Gewand, und sie erschraken. 6Er aber sprach zu ihnen:
Erschrecket nicht; Jesus sucht ihr, den Nazarener, den gekreuzigten. Er ist auferweckt, er ist nicht hier. Siehe, da ist die Stätte, wo sie ihn hinlegten.
7Aber gehet hin und sagt seinen Jüngern und Petrus: er zieht euch voraus
nach Galiläa; dort werdet ihr ihn sehen, wie er euch gesagt hat. 8Und sie
gingen hinaus und flohen von dem Grabe, denn es hatte sie Zittern und Entsetzen erfaßt. Und sie sagten niemandem etwas, denn sie fürchteten sich.

Der Text bietet erhebliche Schwierigkeiten. Zunächst ist festzustellen, daß er nicht die völlige Zerstreuung der Jünger nach dem Tode Jesu und ihre Flucht nach Galiläa voraussetzt, sich also mit Mk 14,27 stößt. Von galiläischen Erscheinungen hören wir bei Mk überhaupt nichts, auch wenn sie 16,7 angedeutet sein können. Jedenfalls setzt aber der ganze Abschnitt voraus, daß die Jünger noch in Jerusalem sind. Die Frauen werden zu Beginn vorgestellt, wobei gegenüber 15,40 und 15,47 gewisse Abweichungen feststellbar sind. Das wird dadurch zu erklären sein, daß in 16,1–8 eine ursprünglich selbständige Tradition vorliegt.

Auffallend ist, daß die Frauen die Absicht haben, Jesu Leichnam zu salben. Das ist durch keine Nachricht als Sitte in Palästina belegt und angesichts der klimatischen Verhältnisse auch kaum sinnvoll. Die Erklärung Lk 23,56 durch die Sabbatvorschriften ist wenig hilfreich. Daß den Frauen erst auf dem Wege einfällt, daß das Grab durch einen großen Stein verschlossen ist, wird man ebenfalls als merkwürdig empfinden. Alle diese Beobachtungen weisen doch darauf hin, daß die Verse 1–4 eine spätere Erzählung sind, die den Zusammenhang zwischen der Grablegung Jesu und dem eigentlichen Kern der Erzählung herstellen sollte. Dieser Kern liegt in 16,5–8 vor. Im Mittelpunkt steht der Jüngling in weißen Kleidern, d. h. ein Engel, der den Frauen eine Botschaft und einen Befehl übermittelt. Es ist zu beachten, daß nicht Jesus selbst erscheint, sondern ein Engel. Das weist darauf hin, daß hier eine andere Tradition als 1. Kor 15 vorliegt. Man wird vermuten dürfen, daß auch eine andere Intention hier zur Geltung kommt, die – wie das erste Engelwort zeigt – als apologetisch zu charakterisieren ist. Daß die Frauen den gekreuzigten Jesus suchten, war ja nicht der Sinn ihres Weges zum Grabe. Der Satz ist vielmehr an die gerichtet, die den Gekreuzigten suchen, aber nichts von der Auferstehung wissen wollen.

Die Auferstehung wird mit einem Wort erwähnt: er ist auferweckt. Hier – und nur hier – wird eine Verbindung mit der Formel 1. Kor 15 sichtbar. Aber es ist eine Verbindung, die in dem einen Wort besteht. Während aber in 1. Kor 15,4 dieses Wort durch das Zeugnis derer beglaubigt wird, die den Herrn gesehen haben, wird in Mk 16,5ff. ein anderer Beweis geführt: »Er ist nicht hier, sehet den Ort, wo sie ihn hingelegt haben« – sagt der Engel. Dabei wird nicht näher erläutert, wann und wie die Auferstehung erfolgt ist, sondern der Engel begnügt sich mit dem Hinweis auf das leere Grab. Dieser Botschaft folgt der Befehl, den Jüngern und Petrus zu sagen, daß Jesus ihnen nach Galiläa vorausziehen würde. Dieser Befehl setzt natürlich voraus, daß die Jünger in Jerusalem versammelt und für die Frauen leicht erreichbar sind. Er schließt weiter in sich die Aufforderung an die Jünger, sich sofort nach Galiläa zu begeben. Auffallend ist, daß der Engel nicht wiederholt, daß Jesus auferstanden sei, sondern sich damit begnügt, unter Bezugnahme auf Mk 14,28, die Jünger nach Galiläa zu weisen. Galiläa wird damit als der Ort der Christophanien genannt, wovon ja in 1. Kor 15 nicht die Rede war.

Die Reaktion der Frauen (v. 8) ist auffallend. Denn sie benehmen sich anders, als man es bei derartigen Erzählungen von Erscheinungen gewohnt ist: Sie fliehen in Furcht und Zittern und sagen niemandem etwas. Dieser Vers läuft doch auf die Meinung hinaus: die Frauen haben das leere Grab gesehen, der Engel hat ihnen den Befehl gegeben, die Jünger nach Galiläa zu schicken; sie haben diesem Auftrag aber nicht gehorcht, sondern haben das, was sie gesehen und erfahren haben, für sich behalten. Man hat vermutet, daß mit dieser Aussage motiviert werden soll, warum die Erzählung vom leeren Grab später auftaucht als die Berichte von den Christophanien, die ja – wie 1. Kor 15 zeigt – zu der ältesten Traditionsschicht gehören. Nun, das wird man nicht sicher behaupten können. Immerhin lassen sich gewisse apologetische Motive nicht von vornherein ausschließen. Das ist bei der Berichterstattung von Mt und Lk noch deutlicher zu beobachten. Beide Evangelien bauen ja den übernommenen und umgestalteten Mk-Bericht in einen weiteren Erzählungszusammenhang ein, d. h., sie erweitern den Mk-Bericht durch Traditionen, die sie zusätzlich übernommen haben.

So hat Mt nach der Grablegung die Versiegelung des Grabes durch die ›Hohenpriester und Pharisäer‹ berichtet (Mt 27,62–66), wodurch ein Leichendiebstahl der Jünger verhindert werden soll. Die apologetische Tendenz dabei ist deutlich: das Grab war fest verschlossen und bewacht, ein Betrug durch die Jünger Jesu also ausgeschlossen.

Auch in dem eigentlichen Auferstehungsbericht werden ähnliche Tendenzen sichtbar (vgl. die Parallelen zu Mk 16,1–8). So fügt Mt 28,2–3 eine Schilderung der Begleitumstände (ein Engel wälzt den Stein von dem Eingang des Grabes weg) hinzu. Mt 28,9–10 wird dann noch eine Begegnung des Auferstandenen mit den Frauen angehängt. Gerade diese beiden Verse zeigen das Bemühen, den markinischen Bericht vom leeren Grab mit den Berichten über die Christophanien zu verbinden. Damit stellt Mt doch wohl die Verbindung her zu der Tradition, die 1. Kor 15 vorliegt, auch wenn dort die Frauen nicht vorkommen.

Lk hat manche kleineren Züge des Berichtes geändert, hat aber vor allem am Schluß (Lk 24,9ff.) dann eine andere Darstellung geboten: die Frauen gehen vom Grabe weg und berichten den Elfen (!) und allen übrigen, was geschehen ist, finden aber keinen Glauben. In Lk 24,12 (ein Vers, der textkritisch lange umstritten war, aber doch wohl zum Lukastext gehört) wird dann noch erzählt, daß Petrus zum Grab läuft, dort aber nur die Leichenbinden vorfindet und voller Staunen zurückkehrt. Man kann auch hier eine gewisse Apologetik feststellen.

Mt und Lk haben dann noch jeweils eigene ›Nachgeschichten‹ (Mt 28,11–20; Lk 24,13–53), die aber für unsere Frage nach dem historischen Ablauf kaum etwas austragen. Aber läßt sich aus den bisherigen Überlegungen überhaupt etwas zu dem *Ablauf der Ereignisse* sagen?

Man hat versucht, das Geschehen folgendermaßen zu rekonstruieren[2]: Nach der Verhaftung und Hinrichtung Jesu blieben die Jünger ratlos und niedergeschlagen in Jerusalem. Bald nach der Kreuzigung, wahrscheinlich am dritten Tage, haben Frauen aus dem Anhängerkreis Jesu das leere Grab entdeckt, ohne daß darauf schon Christophanien erfolgten. Die Nachricht von dieser Entdekkung hat unter den Jüngern Unruhe erregt. Petrus hat das leere Grab als Unterpfand der erfolgten Auferstehung angesehen und seine Gefährten entsprechend beeinflußt. Daraufhin sind die Jünger unter Führung des Petrus nach Galiläa gezogen in der Hoffnung, Jesus dort zu sehen. Dort sind dann die Erscheinungen erfolgt, von denen 1. Kor 15 (und auch die Evangelien) sprechen, erst vor Petrus, dann vor den Zwölf, dann vor 500 Brüdern, vor Jakobus und vor allen Aposteln. Diese Christophanien werden schnell aufeinander gefolgt sein. Ob die beiden letzten schon in Jerusalem stattgefunden haben, bleibt unklar. Fest steht allerdings, daß die Jünger bald in die heilige Stadt zurückgekehrt sind, wohl um den Auferstandenen vor allem Volk zu proklamieren. Aus der Apostelgeschichte kann man jedenfalls schließen, daß Petrus und die Zwölf sowie Jakobus und weitere Jünger sich kurze Zeit nach den Ereignissen in Galiläa in Jerusalem befinden. Die Erscheinung vor Paulus ist viel später erfolgt. Ob es noch weitere Christophanien außer den in 1. Kor 15 und in den Evangelien berichteten gegeben hat, ist sehr zweifelhaft. Was nun den Anstoß zu der ganzen Entwicklung gegeben hat, vermögen wir nicht mehr festzustellen. Denn die Frage nach dem Verbleib des Leichnams Jesu läßt sich mit historischen Mitteln nicht mehr beantworten. Die Urchristenheit hat in dem Bekenntnis zur Auferstehung Jesu die ausreichende Antwort auf diese Frage gesehen.

Ist diese Rekonstruktion der Ereignisse, wie sie H. von Campenhausen vorgetragen hat, wirklich haltbar? Nun, es bleiben einige Bedenken, die kurz erörtert werden müssen. Zunächst ist es methodisch fragwürdig, die alte Formel 1. Kor 15 und die Berichte der Evangelien zu kombinieren. Keine der Christophanien von 1. Kor 15 wird in den Evangelien berichtet, abgesehen von der einen vor Petrus, die Lk 24,34 bei der Rückkehr der Jünger von Emmaus nach Jerusalem kurz erwähnt wird. Das wird man doch so zu erklären haben, daß die Christophanien von 1. Kor 15 tatsächlich das erste waren, was sich ereignet hat, und daß diese Erscheinungen dann den Anstoß für spätere und einleuchtendere Berichte gaben. Man kann in den apokryphen Evangelien des 2. Jahrhunderts sehr deutlich sehen, wie sich gerade an diesem Punkt die Tradition weiter entfaltet hat.

Weiter ist das *Problem des dritten Tages* hier zu nennen. Diese Zeitangabe begegnet ja auch 1. Kor 15,4, bezeichnet dort aber doch offensichtlich das Datum der Auferstehung und nicht das des Bekanntwerdens des leeren Grabes. Man kann also nicht die Entdeckung des leeren Grabes mit dem »am dritten Tage« in Verbindung bringen, sondern muß die Erscheinungen vor Petrus (und anderen?) mit diesem Datum zusammensehen. Dabei bleibt ein gewisser Zweifel bestehen, ob es sich überhaupt um eine verwertbare Angabe handelt, da aus Mt 12,40 (Jonas) auch geschlossen werden kann, daß der ›dritte Tag‹ aus dem Schriftbeweis gefolgert ist.

Es ist nicht zu bestreiten, daß der *Bericht vom leeren Grab* eine sehr alte Tradition ist. Aber das ist doch die Frage, ob dieser Bericht nicht auf einem theologischen Postulat beruht, d. h., daß die Christophanien nicht anders verstanden werden konnten als der Beweis für die tatsächlich erfolgte Auferstehung Jesu von den Toten (also als Folge des jüdischen Auferstehungsglaubens). Von hier aus kann man sogar sagen, daß die Vorstellung vom leeren Grab in der Formel 1. Kor 15 vorausgesetzt ist. Ausgeschlossen ist sie dadurch jedenfalls nicht. Aber damit ist nichts über die Bildung der beiden Traditionen (Mk 16 und 1. Kor 15) und deren zeitliche Reihenfolge gesagt. Die Quellen lassen eigentlich nur den Schluß zu, daß den Christophanien die Priorität zukommt und die Tradition von der Entdeckung des leeren Grabes einer späteren Phase zugehört.

Das wird auch nahegelegt durch einige alte Formeln, die in den Paulusbriefen aufbewahrt sind. So heißt es Rm 10,9: »Wenn du mit dem Munde bekennst: Herr ist Jesus, und mit deinem Herzen glaubst, daß Gott ihn von den Toten auferweckt hat, wirst du gerettet werden.« Das heißt doch: das Grundbekenntnis des Christen besteht in der Anerkennung der Tatsache, daß Gott Jesus auferweckt hat, ohne daß das ›Wie‹ eine Rolle spielt. Ähnlich ist 1. Thess 4,14 als das Bekenntnis zu der Tatsache der von Gott bewirkten Auferstehung Jesu anzusehen. Auch hier haftet das Interesse nicht an den näheren Umständen der Auferstehung. Auch Rm 14,1 könnte man hier anführen. Vor allem muß noch einmal auf die 1. Kor 15 aufbewahrte Formel verwiesen werden, die doch die älteste zusammenfassende Aussage der grundlegenden Tatsache christlichen Glaubens ist. Hier wird das Faktum, daß Jesus gestorben ist, begraben wurde und auferstand, beglaubigt durch den Hinweis auf die Schrift und durch den Nachweis der Zeugen von Erscheinungen des Auferstandenen, aber nicht durch den Hinweis auf das leere Grab. Daraus geht doch hervor, daß für Paulus und die Gemeinde vor ihm der ganze Glaube an Christi Auferstehung in der Anerkennung der Tatsache bestand, daß Jesus nicht im Tod geblieben sei, aber nicht in der Anerkennung der Modalitäten, unter denen sich diese Gottestat vollzog. Auch die sehr alte Formel Rm 1,3f. könnte hier noch herangezogen werden, an der ja deutlich wird, daß die Auferstehung Jesu als Erhöhung zu Gott verstanden ist und alle Einzelheiten dieses Ereignisses beiseite gelassen werden.

Alle diese Texte zeigen, daß die ursprünglichen Aussagen sich darauf beschränkten, die Tatsache der Auferstehung festzuhalten, ohne sich auf die näheren Umstände einzulassen. Die Berichte in den Evangelien sind von daher als das Bemühen zu verstehen, in einer späteren Situation diesen Glauben anschaulich zu machen und zu verteidigen.

Es bleibt nun noch die *Frage der Lokalisierung der ersten Erscheinungen* zu erörtern. Fanden sie in Galiläa oder in Jerusalem statt? Es ist schon darauf hingewiesen worden, daß die Formel 1 Kor 15 über Zeit und Ort nichts aussagt. In Mk 16 wird nur von den Ereignissen am leeren Grab, d.h. in Jerusalem, berichtet, allerdings mit der Weisung, den Jüngern zu sagen, daß der Auferstandene ihnen nach Galiläa vorausziehen werde. Diese Weisung läßt sich, wenn man den markinischen Bericht einer späteren Traditionsstufe zuweist, nur so verstehen, daß die ersten Christophanien tatsächlich in Galiläa stattgefunden haben. Allerdings bleibt dabei eine Schwierigkeit: Von einer Flucht der Jünger nach Galiläa ist bei Mk nicht die Rede. Die drei Tage wären für eine solche Flucht (ca. 130 bis 150 km) auch kaum ausreichend.

In Mt 28 wird, wie gezeigt, der markinische Bericht übernommen, also auch der Hinweis des Engels, daß Jesus in Galiläa sich sehen lassen will. Aber dann ist die Begegnung der Frauen mit dem

Auferstandenen angehängt (Mt 28,9–10), also eine Jerusalemer Christophanie, die allerdings mit der wiederholten Weisung, die Jünger sollten nach Galiläa ziehen, endet. Erst Mt 28,16–20 ist dann Galiläa eindeutig als Ort der Erscheinung und des Missionsbefehls genannt.

Bei Lk ist von Galiläa überhaupt nicht die Rede. Lk hat das ganze Geschehen an Jerusalem gebunden (vgl. auch Apg 1,4). So gestaltet er Mk 16,7 um: »Er ist nicht hier, er ist auferstanden; gedenket dessen, was er euch gesagt hat, als er noch in Galiläa war« (Lk 24, 6).

Man wird aus dieser Übersicht den Schluß ziehen dürfen, daß es wirklich verschiedene Traditionen hinsichtlich des Ortes der Christophanien gab. Einerseits ist die Vermutung nicht von der Hand zu weisen, daß die ersten Erscheinungen, von denen 1. Kor 15 berichtet wird, in Jerusalem stattgefunden haben. Allerdings hängt diese Vermutung mit dem etwas fragwürdigen ›am dritten Tag‹ zusammen, auch wenn man an diesem Punkt vielleicht nicht so skeptisch sein muß, wie es oft der Fall ist.

Andererseits spielt Galiläa im Zusammenhang der Christophanien in der synoptischen Tradition eine erhebliche Rolle. Damit ist allerdings Jerusalem nicht völlig ausgeschlossen. Nun hat man vielfach diesen Tatbestand so gedeutet, daß die Jünger nach Jesu Tod nach Galiläa geflohen seien und nach den ersten Christophanien dann nach Jerusalem zurückgekehrt seien. Aber das läßt sich aus unseren Texten nicht erheben. »Traditionsgeschichtlich dürfte den Jerusalemer Berichten ein Prae zukommen; die erste Erscheinung (die vor Petrus) wird nicht von dieser Stadt zu trennen sein« (Conzelmann[3]). Das geht auch daraus hervor, daß Petrus von Anfang an die führende Gestalt der Gemeinde in Jerusalem war und diese Stellung darauf zurückzuführen ist, daß ihm der Auferstandene als erstem erschienen ist. Ein hin und her reisender Petrus ist aber kaum anzunehmen. Allerdings kann man nicht übersehen, daß es offensichtlich auch in Galiläa Christophanien gegeben hat. Die Aussagen der synoptischen Tradition lassen sich nur so erklären. Es ist anzunehmen, daß die Predigt Jesu in seiner galiläischen Periode nicht ohne jede Folgen geblieben ist. Man kann sich kaum vorstellen, daß der Kreis, der sich in dieser Zeit um Jesus gebildet hatte, sich völlig aufgelöst hat. Dann aber waren Christophanien in Galiläa durchaus möglich. Ob die Christengemeinde in Damaskus, die Paulus verfolgen will, von dieser galiläischen Urgemeinde aus gegründet worden ist, läßt sich nicht feststellen. Ebenso bleibt der Zusammenhang zwischen diesen galiläischen Christen und den Hellenisten (Apg 6ff.) eine völlig unbeweisbare Hypothese.

Kurzum: Galiläa ist aus der ältesten Geschichte des Christentums nicht hinwegzudenken. Aber alle weiteren Aussagen verbieten sich angesichts der Quellen. Sie bleiben bestenfalls einleuchtende Hypothesen. Man sollte aber auf solche Hypothesen nicht weitere Vermutungen gründen (z. B. über die verschiedenen Christologien der jerusalemischen und der galiläischen Urgemeinden). Das führt meist in das Reich der Phantasie.

Was ist nun das *Fazit* dieser etwas mühsamen Musterung der Quellen und Traditionen? Wie ist es zu der Bildung der ersten Gemeinde oder Gemeinden gekommen?

Nun, es ist nicht viel, was hier sicher zu sagen ist. Vor allem läßt sich nicht beschreiben, was eigentlich den Anstoß für die Ereignisse gegeben hat. Denn es ist kaum möglich, hinter unsere Berichte, die ja Glaubenszeugnisse sind, zurückzufragen oder mit Hilfe der Psychologie die Dinge erhellen zu wollen. Ob die Jünger für die Erscheinungen des Auferstandenen psychologisch besonders disponiert waren oder nicht, läßt sich nicht sagen. Man hat den Eindruck, daß sie es nicht waren. Aber die Fragestellung führt nicht weiter.

Es bleibt festzuhalten, daß nach der ältesten Tradition (1. Kor 15) die Christophanien das waren, was am Anfang steht. Der Historiker wird sich damit zufriedengeben müssen, daß das Zeugnis derer, die den Auferstandenen gesehen haben, den Beginn der Kirche darstellt. Er wird weiter feststellen, daß es in Jerusalem und auch in Galiläa tatsächlich solche Erscheinungen gegeben hat, die die Jünger Jesu nur als Beweis dafür ansehen konnten, daß Gott Jesus nicht im Tode gelassen hat, was sie nicht anders als Auferweckung und Erhöhung verstehen konnten. Was zwischen dem Kreuz und den Erscheinungen des Auferstandenen geschehen ist, entzieht sich dem Zugriff des Historikers.

Ist damit die These bestätigt, daß der Glaube der Jünger den Anfang der Kirche bedeutet? Nun, das wäre wohl eine zu simple Aussage. Gewiß, der Glaube an die Auferstehung Jesu – und dieser steht ja tatsächlich am Anfang der christlichen Kirche – ist an das Zeugnis der ersten Zeugen des Auferstandenen gewiesen. Aber so wie der urchristliche Glaube auf den historischen Jesus zurückweist und ohne ihn nicht vorstellbar ist, so ist er auch nicht denkbar ohne die Annahme, daß tatsächlich etwas geschehen ist, was den Glauben der Jünger weckte. Gewiß, es ist historisch nicht beschreibbar, was der Glaube als Gottes Tat ansah und ansieht. Aber man darf die Entstehung der ersten Gemeinde wohl kaum allein durch einen Glaubensakt der Jünger erklären.

Die Jerusalemer Gemeinde

Die Osterereignisse führten zu einer erneuten Sammlung der Jünger Jesu, auch wenn wir im einzelnen nicht sagen können, wie sich das vollzog. Es ist klar, daß dabei die Erfahrung der Jünger, d. h. ihr Glaube an den Auferstandenen, bestimmendes Moment war. Diese Erfahrung wurde von ihnen als Gottes Tat verstanden, zugleich aber auch als Auftrag begriffen, diese Heilstat Gottes anderen Menschen zu verkünden.

Ohne Zweifel hat sich diese Gemeinschaft zunächst als eine Gruppe innerhalb des Judentums verstanden. Aber in der Verkündigung von Kreuz und Auferstehung Jesu als Heilstat Gottes war von vornherein der Gegensatz zur jüdischen Gemeinschaft angelegt.

Es ist nun allerdings nicht einfach, das *Selbstverständnis dieser ersten Christengemeinde* zu beschreiben, da es keine direkten Zeugnisse dieser Gruppe gibt. Wir sind auch hier auf Rückschlüsse aus den Paulusbriefen, den synoptischen Evangelien und der Apg angewiesen. Zu beachten ist, daß diese Frage nach dem eigenen Verständnis dieser Gruppe nicht zu trennen ist von ihrem Glauben und ihrer Verkündigung. Selbstverständnis und äußere Geschichte hängen engstens mit der Christologie zusammen (vgl. dazu unten Kap. 7).

Paulus bezeichnet die Christen vielfach als die ›Heiligen‹ und setzt diese Bezeichnung oft in Verbindung mit der Vorstellung des Berufenseins. Die Korinther werden von dem Apostel als die »berufenen Heiligen« angesprochen (1. Kor 1,2). Der Gedanke der Berufung oder der Erwählung ist der jüdischen Apokalyptik geläufig. In der kleinen Apokalypse Mk 13 wird dreimal von den ›Auserwählten‹ gesprochen, die in den endzeitlichen Trübsalen und Anfechtungen besonders gefährdet sind, aber gerettet werden (Mk 13,20.22.27). Mt 22,14 heißt es: »Viele sind berufen, wenige aber sind auserwählt.«

Man kann aus derartigen Aussagen erschließen, daß die jerusalemische Gemeinde sich als die auserwählte Gemeinde der Endzeit verstand, als der heilige Rest, der in den Schrecken der Endzeit bewahrt wird. Sie hat dieses Verständnis ihrer eigenen Existenz aus der jüdischen Apokalyptik übernommen, wie sie auch die Bezeichnung Jesu als ›Menschensohn‹ aus diesem Bereich sich zu eigen

machte (vgl. u. Kap. 7). Jedenfalls paßt die Vorstellung von den ›auserwählten und berufenen Heiligen‹ genau zu der ältesten Schicht der Christologie, der Menschensohnvorstellung.
Auch die Bezeichnung der Christen als ›Heilige‹ läßt sich nicht aus hellenistischen Vorstellungen ableiten, hat vielmehr ihre Analogie im jüdischen Bereich. In den Oden Salomos, im Henochbuch und in den Qumrantexten finden sich mancherlei Beispiele dafür. Wenn die erste Gemeinde in Jerusalem, die in Jesus den ›Menschensohn‹ verehrte, sich als ›Heilige‹ bezeichnete, so griff sie damit einen jüdisch-apokalyptischen Begriff auf und brachte damit zum Ausdruck, daß sie sich als heilige Gemeinschaft der Endzeit betrachtete. Paulus setzt speziell für die Gemeinde in Jerusalem diese Bezeichnung voraus. Rm 15,25f. schreibt er: »Jetzt aber reise ich nach Jerusalem im Dienst für die Heiligen. Denn Macedonien und Achaia haben beschlossen, eine Sammlung für die Armen unter den Heiligen in Jerusalem zu veranstalten«. (Auf die hier erwähnte Kollekte wird später einzugehen sein, vgl. u. S. 150.) Paulus nimmt jedenfalls mit besonderer Betonung eine Selbstaussage der jerusalemischen Christen auf, die ebenso wie die Vorstellung von der ›Erwählung‹ Ausdruck für eine eschatologische Grundhaltung dieser Gemeinde ist. Dadurch, daß er gerade diese Bezeichnung auch auf seine Gemeinden übertrug, wenn nun auch mit einer Modifizierung ihres Inhalts, hat er dafür gesorgt, daß dieser Begriff in der Kirchengeschichte eine erhebliche Rolle spielte (›Gemeinschaft der Heiligen‹).
Aus der eben zitierten Stelle Rm 15,25f. hat man weiter geschlossen, daß die Gemeinde in Jerusalem sich als ›die Armen‹ bezeichnet habe und auch damit einen eschatologisch-apokalyptischen Titel sich beilegte (›Ebionim‹)[1]. Nun ist es sicher richtig, daß im Judentum seit der Zeit der Psalmen die Bezeichnung ›die Armen‹ synonym mit ›die Frommen‹ gebraucht wurde. Aber die Aussage des Paulus Rm 15,25f. (und Gal 2,10) ist keine für die Annahme einer Rezeption dieser jüdischen Vorstellung in der Urgemeinde ausreichende Basis. Die Kollekte, die dem Paulus bei dem Apostelkonvent auferlegt war, sollte einem Teil der Jerusalemer Gemeinde, eben den wirklich Armen zugute kommen. Daß sie zugleich die Einheit der Kirche dokumentieren sollte, wird uns noch beschäftigen.
Nun gibt es eine Bezeichnung der Kirche, die seit dem 1. Jahrhundert vorherrschend und im griechischen und lateinischen Bereich bis heute üblich ist: *ecclesia*. Die Frage ist, ob dieser Begriff, der dem Paulus völlig geläufig ist, bis in die Anfangszeiten in Jerusalem zurückreicht und was er inhaltlich besagt.
Ohne Zweifel ist der griechische Begriff zunächst nicht gebraucht worden, sondern stellt die Übersetzung eines hebräischen oder ara-

mäischen Äquivalents dar. Man ist heute wohl weithin darin einig, daß diese Bezeichnung zurückgeht auf das hebräische *qahal* (aram. *q'hala*) *Jahwe,* d.h. Versammlung, Volksgemeinde Gottes. Wenn die in Jerusalem sich wieder sammelnden Jesusanhänger diesen Namen als Selbstbezeichnung sich beigelegt haben, dann haben sie damit die Vorstellung des von Gott erwählten und berufenen Volkes aufgegriffen. Das entspricht der erwähnten, aus der apokalyptischen Tradition entnommenen Vorstellung vom heiligen Rest der Endzeit.

Die Übersetzung des hebräischen/aramäischen Begriffs in das griechische ecclesia könnte bereits in hellenistisch-judenchristlichen Kreisen in Jerusalem erfolgt sein. Man hat dabei nicht den Begriff ›Synagoge‹ gewählt. Das könnte mit den sich bereits abzeichnenden Kontroversen mit der Synagoge (vgl. Apg 6,9) zusammenhängen, läßt sich aber auch aus der Bindung der Synagoge an das mosaische Gesetz erklären, die man in diesen Kreisen nicht mehr aufrechterhalten wollte[2].

In der synoptischen Tradition begegnet der Begriff ecclesia nur Mt 16,18 und 18,17. Andererseits wird außerhalb der Synoptiker verhältnismäßig selten der Begriff ›Herrschaft Gottes‹ gebraucht, der doch im Zentrum der Predigt Jesu stand. Man hat gemeint, den Sachverhalt so deuten zu können, daß an Stelle der von Jesus verkündeten Gottesherrschaft sich die Kirche konstituiert habe[3]. Aber das ist eine falsche Deutung. Vielmehr hat die Gemeinde in Jerusalem von dem ›Menschensohn‹ tatsächlich die Aufrichtung der Gottesherrschaft erwartet, wie ja die Sammlung der Jesusworte über die Herrschaft Gottes zeigt. Sie hat aber diesen Begriff ›Reich Gottes‹ nicht auf ihre Gemeinschaft anwenden können, da sie diese Herrschaft als eine zukünftige, mit dem wiederkommenden ›Menschensohn‹ verbundene Größe erhoffte. In dieser Hoffnung, die durch den Auferstehungsglauben aus ihrer reinen Zukünftigkeit herausgelöst wurde, hat sie sich selbst als die Gemeinschaft verstanden, in der die Verheißungen Gottes sich erfüllen werden, ja schon erfüllt sind. Das hat sie dadurch zum Ausdruck gebracht, daß sie sich selbst als die ›Volksversammlung Gottes‹ und als die ›erwählten Heiligen‹ bezeichnete.

Es ist nicht ganz einfach, genauere Angaben über *die äußere Entwicklung, die Organisation, das Leben und Wirken* der ersten Gemeinde in Jerusalem zu machen. Aber einzelne Punkte dieser Frühgeschichte des Christentums lassen sich durchaus herausarbeiten. Man darf dabei sicher nicht die ersten fünf Kapitel der Apg nur nacherzählen. Aber Lukas hat sich doch wohl um Nachrichten bemüht, und so ist es legitim, die von ihm verarbeiteten Traditionen daraufhin zu befragen, ob und welche historischen Daten dahinter stehen.

Die ersten fünf Kapitel der Apg, in denen der Verfasser ein Bild von der Urkirche zeichnet, sind von der Vorstellung bestimmt, daß diese Gemeinde in Jerusalem die Keimzelle der Kirche war, von der alle Aktivitäten der Mission ausgingen. Für Lukas existiert am Anfang nur eine Gemeinde, die aus den elf Jüngern bestand, zu denen sich »die Frauen, Maria, die Mutter Jesu, und seine Brüder« gesellten (Apg 1,14). Diese Gruppe verharrt ›einmütig‹ im Gebet. Der Leser erfährt nicht, ob es etwa noch andere Gruppen von Jesusjüngern gegeben hat.

Welche Ereignisse hinter der Erzählung von der *Himmelfahrt Christi* stehen, läßt sich nicht sagen (Apg 1,1–12). Sie läßt sich kaum mit anderen urchristlichen Aussagen vereinen, nach denen der Herr bei seiner Auferstehung zu Gott erhöht ist. Andererseits wird gerade hier deutlich, wie sehr man auf die theologischen Absichten des Lukas achten muß, wenn man nicht den Sinn seiner Darstellung verfehlen will. Er will dem Leser einschärfen, daß der auferstandene Herr am Anfang der Kirche steht und daß die Erwartung des baldigen Endes der Welt zu modifizieren ist.

Ähnlich ist die *Nachwahl des Matthias* (Apg 1,15–26) zu beurteilen. Hier will Lukas vor allem deutlich machen, wie ein Apostel aussieht (v. 21f.). Ob Lukas einen Bericht über die Wahl eines Matthias zum Apostel als Tradition überkommen hat, ist nicht zu beweisen, aber durchaus möglich. Um eine Ersatzwahl für Judas kann es sich aber nicht gehandelt haben, da die ›Zwölf‹ eine nachösterliche Gruppe waren.

Die *Pfingstgeschichte* (Apg 2,1–13) und die angehängte Predigt des Petrus (Apg 2,14–36) werden ebenfalls mißverstanden, wenn man in diesen Texten Berichte über historische Ereignisse sucht. Es geht auch hier vor allem um theologische Aussagen: »Daß der Geist, der in der christlichen Gemeinde lebt und sie treibt und regiert, nicht aus ihrer eigenen Innerlichkeit stammt, sondern von Gott kommt, daß er uns durch Jesus Christus vermittelt wird, und daß er die Grenzen der Länder und Völker überwindet«[4].

Es ist kaum anzunehmen, daß Lukas die Pfingstgeschichte ›erfunden‹ hat. Aber mit welchen Traditionen dabei gearbeitet hat, läßt sich kaum sagen. Die Predigt des Petrus ist, wie alle Predigten der Apg, lukanische Komposition.

Mit dieser Beurteilung der Pfingstgeschichte ist natürlich nicht gesagt, daß es im Urchristentum nicht Erscheinungen gegeben hat, die man als ›Wirkungen des Geistes‹ bezeichnen kann. Die Briefe des Paulus nach Korinth bezeugen solche Phänomene. Aber für

Apg 2 läßt sich der historische Tatbestand nicht mehr ermitteln. In Apg 2,42–47 bietet Lukas eine kurze, verallgemeinernde und zusammenfassende Schilderung des heiligen Lebens der ersten Gemeinde. Man bezeichnet diese Art der Zustandsschilderungen als Summarien (vgl. Apg 4,32–37; 5,12–16; 5,42). In diesen kurzen Stücken wird das pragmatische Bestreben des Lukas deutlich, das in Einzelgeschichten Berichtete als Spezialfall des nun geschilderten Zuständlichen erscheinen zu lassen. Es soll damit das Typische herausgestellt werden.

Man hat oft versucht, aus diesen Texten ältere Quellen herauszuarbeiten, was aber nicht gelingen kann, da Lukas hier die Feder führt. Andererseits wird man aber zu fragen haben, ob ältere Nachrichten verarbeitet sind. Das gilt insbesondere für die Behauptung der *Gütergemeinschaft in der Urgemeinde.* Dieser Zug in der Schilderung der Apg ist äußerst wirksam gewesen und im Lauf der Kirchengeschichte immer wieder als Vorbild benutzt oder mißbraucht worden.

Apg 2,42–47:

42Sie verharrten aber in der Lehre der Apostel und in der Gemeinschaft, im Brechen des Brotes und in Gebeten. 43Und es kam über jede Seele Furcht; und viele Wunder und Zeichen geschahen durch die Apostel. 44Alle Gläubigen aber waren zusammen und hatten alles gemeinsam; 45und sie verkauften die Güter und die Habe und verteilten sie unter alle, je nachdem einer es nötig hatte. 46Und täglich verharrten sie einmütig im Tempel, und sie brachen das Brot in den Häusern und nahmen die Speise zu sich mit Frohlocken und in Lauterkeit des Herzens, 47lobten Gott und hatten Gunst bei dem ganzen Volk. Der Herr aber tat täglich solche hinzu, die gerettet wurden.

In diesen Versen, die in der Komposition der Apg das Bindeglied zwischen der Pfingstgeschichte und der Heilung des Lahmen (3,1–11) darstellen, wird in eindrucksvoller Weise geschildert, wie die Gemeinde an der Lehre der Apostel, am Brotbrechen und am Gebet festhielt und welchen Eindruck das hervorrief. Wunder und gemeinsamer Besitz gehören wie der tägliche Gottesdienst im Tempel und gemeinsame Mahlzeiten in den Häusern zu dem Bild des heiligen Anfangs. Die Folge dieses Lebens der Gemeinde ist tägliches Wachstum.

Die Angaben sind nun aber so allgemein gehalten, daß man historisch damit wenig anfangen kann. Gewiß wird die Gemeinde in Jerusalem am Gebet festgehalten, mit den Aposteln enge Verbindung gehabt und das ›Brot gebrochen‹, d. h. das Abendmahl gefeiert haben. Ein Teil dieser Gemeinde wird auch den Tempel besucht haben, weil man sich ja als Glied des jüdischen Volkes verstand. Aber das alles ist von Lukas zu einem Idealbild, das als Vorbild Vorbild wirken soll, gestaltet.

Wie steht es mit der Gütergemeinschaft? Um diese Frage zu beantworten, muß man das andere Summarium, Apg 4,32–37 hinzunehmen.

Apg 4,32–37:

32Die Menge der Gläubigen aber war ein Herz und eine Seele; und auch nicht einer sagte, daß etwas von seinem Besitz sein eigen sei, sondern alles war ihnen gemeinsam. 33Und mit großer Kraft legten die Apostel das Zeugnis von der Auferstehung des Herrn Jesus ab, und große Gnade war auf ihnen allen. 34Denn es war auch kein Bedürftiger unter ihnen; alle nämlich, welche Besitzer von Grundstücken oder Häusern waren, veräußerten (diese), brachten den Erlös des Verkauften 35und legten ihn den Aposteln zu Füßen; man teilte aber jedem aus, je nachdem er es nötig hatte.36 Joseph aber, von den Aposteln Barnabas genannt (das heißt übersetzt: Sohn des Trostes), ein Levit, aus Cypern gebürtig, 37der einen Acker hatte, veräußerte (ihn), brachte das Geld und legte es den Aposteln zu Füßen.

Zunächst wird in diesen Versen die Einheit der Gemeinde betont, die sich bis in den gemeinsamen Besitz erstreckt (v. 32). Dann wird das Zeugnis der Apostel von der Auferstehung Jesu herausgehoben (v. 33). Daran schließt sich die Schilderung vom Verkauf von Äckern und Häusern durch Gemeindeglieder. Der Erlös wird den Aposteln gebracht, die ihn für die Fürsorge verwenden (v. 34f.). Abschließend wird der konkrete Einzelfall des Barnabas erzählt (v. 36f.).

Sowohl in diesem Summarium wie in Apg 2,42–47 bedient sich Lukas offenbar griechischer Schlagwörter (»alles gemeinsam« 2,44; 4,32. »eine Seele« 4,32). In 4,34 verbindet er damit eine alttestamentliche Reminiszenz (Deut 15,4). D.h. Lukas verbindet in diesem Bild der Urgemeinde populäre griechische Ideale und alttestamentliche Verheißungen. Das ist wohl für das Christentum, aus dem er stammt, charakteristisch, kaum aber für die Urgemeinde in Jerusalem.

Wichtig ist nun die *Barnabas-Notiz* in v. 36f. Auf die Namensgebung durch die Apostel kann hier nicht näher eingegangen werden. Wahrscheinlich ist dem Verfasser der Apg hier ein Versehen unterlaufen: der Name stammt aus der Liste Apg 13,1, wo ein Menachem begegnet. Dieser Name ist als ›Sohn des Trostes‹ übersetzt worden. Lukas hat diesen Menachem mit Barnabas verwechselt.

Die Angabe, Barnabas sei Levit gewesen, läßt sich nicht kontrollieren. Seine Herkunft aus Cypern dagegen ist gut möglich. Nach Apg 13,4ff. zieht er nach der Aussendung durch die Gemeinde in Antiochien mit Paulus nach Cypern. Dabei fällt auf, daß er in der alten Liste Apg 13,1 vor Paulus an erster Stelle genannt wird.

Für Lukas ist Barnabas als Bindeglied zwischen der Urgemeinde und Paulus wichtig (9,27). Diese Funktion läßt sich nicht bestätigen. Aber es geht aus den mancherlei Hinweisen im ersten Teil der Apg hervor, daß dieser Mann in der frühen Missionsgeschichte, vor allem in und von Antiochien aus, eine bedeutende Rolle gespielt hat. Paulus hat mit ihm bis zur Trennung (15,39) zusammengearbeitet. Aber das gehört in einen anderen Zusammenhang, in dem dann auch die Angaben des Paulus (vor allem im Gal) auszuwerten sind. Hier ist nur festzuhalten, daß Barnabas offensichtlich zu den führenden Männern der Frühzeit gehört hat. Man kann vermuten, daß er schon in der Jerusalemer Urgemeinde eine gewisse Bedeutung hatte. Lukas hat ja wohl die Notiz über die Schenkung des Barnabas (Apg 4,36f.) überkommen. Sie wird eine besondere Tat dieses Mannes richtig wiedergegeben haben.

Lukas hat nun allerdings diese Tat eines einzelnen Gemeindegliedes in beiden Summarien verallgemeinert und eine Gütergemeinschaft konstruiert, die es so nicht gegeben hat. Alle Versuche, durch Parallelen aus den Qumrantexten diese ›Gütergemeinschaft‹ als historisch zu erweisen, führen in die Irre[5].

Von einem urchristlichen ›Liebeskommunismus‹ sollte man nicht sprechen. Denn von einem gemeinschaftlichen Besitz aller Produktionsmittel (die in dieser Gemeinschaft ohnehin nur in bescheidenem Maß vorhanden waren) und einer Aufgabe *aller* Besitzrechte kann nicht die Rede sein. Auch ein Bezug auf die Bezeichnung ›die Armen‹ (s. o. S. 87) hilft nicht weiter. Denn die Armut eines Teils der Urgemeinde hängt wohl kaum mit einer angeblichen Besitzaufgabe zusammen.

Zusammenfassend muß festgestellt werden:

Lukas hat, ausgehend von einer ihm überkommenen Nachricht über eine Schenkung des Barnabas, in den beiden Summarien ein verallgemeinerndes Idealbild der Urgemeinde entworfen, in dem sich griechische Schlagwörter, alttestamentliche Reminiszenzen und die bei ihm auch sonst zu beobachtende Tendenz der Ablehnung des irdischen Besitzes (vgl. Lk 16,19ff.) verbinden.

Es sei noch bemerkt, daß die zwischen den beiden behandelten Summarien stehenden Erzählungen von der Heilung des Lahmen (Apg 3,1–10), von dem durch die Petrusrede (3,11–26) ausgelösten ersten Konflikt mit der jüdischen Behörde (4,1–22) und von der Reaktion der Gemeinde auf die Freilassung von Petrus und Johannes (4,23–31) keine Anhaltspunkte für Jerusalemer Tradition bieten. Gewiß hat Lukas hier manches ältere Material verarbeitet, benutzt auch, vor allem in der Rede des Petrus, alte Formeln und Titulaturen, die er wohl aus liturgischer Tradition übernommen hat. Aber historische Nachrichten über das Leben der Urgemeinde lassen sich diesen Texten kaum entnehmen. Das Ziel des Lukas ist ja auch ein anderes. Es soll dem Leser mit diesen Berichten eingeschärft werden, was in 4,10–12 und in 4,19 in prägnanten Formeln zusammengefaßt ist: »Es ist in keinem andern das Heil« als in Jesus Christus; und: Man muß Gott mehr gehorchen als den Menschen.

Im Anschluß an den Bericht über das Leben der Gemeinde in 4,32–37 berichtet Lukas nun über den Fall von Ananias und Saphira (5,1–11). Es ist nicht zu bezweifeln, daß er auch hier überkommene Tradition verarbeitet. Aber geht diese auf die Jerusalemer Gemeinde zurück?

Man hat gemeint, daß der erste Todesfall in der Urgemeinde der Anlaß für diese Erzählung gewesen sei. Da diese Gemeinde die Wiederkunft Christi noch zu Lebzeiten erwartete, konnte ein Todesfall nur als Strafe für eine schwere Sünde angesehen werden. Für diese Deutung gibt es aber keinen Anhaltspunkt im Text. Andere Exegeten meinen, daß hier herausgestellt werden soll, wie ein geisterfüllter Christ einen Sünder durchschaut und ein solcher Sünder dann einfach zusammenbricht. Dabei wird vorausgesetzt, daß die ursprüngliche Erzählung nur die Verse 1–6 (oder 1–5) umfaßt habe.[6]

Im Mittelpunkt der Erzählung steht Petrus, und man wird von da aus fragen müssen, ob es sich nicht um eine jener Apostellegenden handelt, wie wir sie aus den späteren apokryphen Apostelakten in reicher Fülle kennen. D.h. die eigentliche Absicht dieser Verse ist es wohl, die Macht des Petrus eindrucksvoll darzustellen. Das aber weist eher auf hellenistisches Milieu als auf die Jerusalemer Urgemeinde.

Diese Annahme wird unterstrichen durch das anschließende Summarium (5,12–16), in dem von der Wunderkraft der Apostel und speziell des Petrus die Rede ist. Es muß dabei beachtet werden, daß für Lukas in den ersten Kapiteln der Apg Petrus zwar der Sprecher der Apostel ist, daß aber die Gemeinde unter der Leitung des Gremiums der Apostel steht (2,42; 4,35; 5,2.12.18). Weiter ist zu bemerken, daß es im frühen Christentum einen Apostelbegriff gab, nach dem Zeichen und Wunder zu dem Wesen eines Apostels als eines geisterfüllten Gottesboten gehörten. Paulus muß sich 2 Kor 12,12 gegen eine solche Anschauung zur Wehr setzen. Aber es ist anzunehmen, daß derartige Vorstellungen sich erst im hellenistischen Bereich, aus dem ja auch Lukas stammt, gebildet haben und nicht in der Jerusalemer Urgemeinde.

Das Summarium 5,12–16 leitet über zu dem Verhör der Apostel

durch die jüdischen Behörden, der Gamalielrede und der Bestrafung der Apostel (5,17–42). Auch hier wird eine kritische Analyse feststellen müssen, daß der Bericht sich nicht als Grundlage für eine Rekonstruktion der Geschichte der Urgemeinde eignet. Wenn die Sadduzäer als die eigentlichen Gegner der Christen erscheinen, so widerspricht das den Aussagen der Evangelien, wonach die Pharisäer die Gegner waren. In der Rede des Gamaliels werden Theudas und Judas der Galiläer chronologisch falsch eingeordnet, die Rede ist also eine Komposition des Lukas, der mit seiner Darstellung erbaulich und paränetisch wirken will. Zugleich macht der Verfasser der Apg mit diesem Abschnitt nun auch klar, daß die Lage der Gemeinde in Jerusalem nach und nach unhaltbar wird, der Fortgang aus der heiligen Stadt also nicht mehr zu vermeiden ist. Die Juden sind dabei das Werkzeug Gottes.

Das *Ergebnis dieser Durchsicht* der ersten Kapitel der Apg unter dem Gesichtspunkt historisch verwertbarer Nachrichten ist nicht sehr groß. Es gibt in diesen Texten nur ein paar kleine Splitter alter, historisch verwertbarer Traditionen. Dazu gehört die Notiz über Barnabas, vielleicht auch die Wahl des Matthias. Die Petrusgeschichten gehören einer späteren Stufe der Tradition an. Die Summarien sind keine tragfähige Basis für eine Darstellung der Geschichte der Urgemeinde.

Die Gründe für dieses wenig befriedigende Ergebnis sind klar. Einerseits muß immer wieder betont werden, daß die Apg keine Geschichtsdarstellung im Sinn der Neuzeit sein will. Vielmehr will Lukas mit seinem Werk theologisch und kerygmatisch wirken. Andererseits hat er auch von dieser Frühzeit kaum Nachrichten überkommen. Denn diese Gemeinde in Jerusalem war eine kleine Gruppe von frommen Menschen, die sich im Glauben an den auferstandenen Herrn zusammenfanden und ein stilles und frommes Leben führten. »Es war eine bescheidene Existenz, und nichts außer der sieghaften Überzeugung der Gläubigen verriet, daß von dieser Schar eine die Welt umwandelnde Bewegung ausgehen, daß diese Gemeinde das Zentrum der Kirche werden sollte«[7].

In der Tat steht diese Gruppe, von der wir so wenig wissen, ja von der wir nicht einmal genau wissen, ob es sich um eine einheitliche, in sich geschlossene Gemeinschaft gehandelt hat (vgl. Kap. 6), am Anfang der Geschichte der Kirche.

Man braucht sich nun aber mit diesem schmalen Ergebnis noch nicht zufrieden zu geben, sondern kann zu einigen Fragen der Geschichte des Urchristentums in den ersten Jahren noch etwas mehr sagen. Einerseits ist es möglich, aus später begegnenden Einrichtungen und Vorstellungen, die nicht in der Zeit, in der sie erstmals belegt sind, entstanden sein können, Rückschlüsse auf die Anfänge in Jerusalem zu ziehen. Andererseits ist es möglich, sich an den theologischen Grundvorstellungen dieser Gemeinde zu orientieren, über die wir doch etwas mehr als über die äußere Geschichte sagen können (vgl Kap. 7). Auch daraus läßt sich manche Folgerung für das Leben und Wirken dieser Gemeinde erheben. Gewiß bleibt auch hier vieles hypothetisch. Aber es handelt sich um Hypothesen, die einen hohen Grad von Wahrscheinlichkeit haben.

»Die Taufe auf den Namen Christi ist das im Urchristentum vorherrschende Sakrament, anscheinend von Anbeginn der Kirche an geübt«[8]. An dieser Feststellung ist richtig, daß das *Sakrament der Taufe* wirklich bis in die früheste Zeit zurückreicht. Ob diese Taufe auf den Namen Jesu oder von Anbeginn in trinitarischer Form vollzogen ist, kann hier nicht erörtert werden. Es spricht manches dafür, daß die Taufe ›im Namen Jesu‹ nicht nachweisbar ist.[9]

Jesus hat sich von Johannes taufen lassen, aber eine Taufe zu Lebzeiten Jesu oder irgendein anderer Aufnahmeritus für die Jünger ist aus der synoptischen Tradition nicht zu erheben. Paulus setzt die Taufe aller Christen als selbstverständlich voraus. 1. Kor 12,13 sagt er: »Wir sind alle in einem Geist zu einem Leib getauft.« Das betonte ›Wir‹ läßt sich doch nur so verstehen, daß der Apostel selbst auch getauft ist (vgl. Apg 9,18 und 22,16), auch wenn er in seinem Bericht Gal 1 seine Taufe nicht erwähnt.

Es ist sehr unwahrscheinlich, daß Paulus vor seiner Taufe, die doch wohl in Damaskus erfolgt ist, nicht eine Unterrichtung über den Sinn dieser Handlung erfahren haben sollte. Nur wissen wir über die Gemeinde von Damaskus und ihre Theologie nichts. Andererseits lassen sich aus den Aussagen des Paulus über die Taufe Motive erheben, die nicht genuin paulinisch, sondern allgemein christlich sind. Allerdings ist dabei schwer zu unterscheiden, welche dieser Motive in der Taufdeutung aus dem hellenistischen Christentum, von dem Paulus erheblich geprägt worden ist, und welche etwa aus der frühesten Gemeinde stammen. Man wird annehmen dürfen, daß die Reinigung von Sünden (vgl. 1. Kor 6,11) und auch die Nennung des Namens Christi (vgl. 1. Kor 1,13; damit ist nicht gegeben, daß die Taufe auf den Namen Christi erfolgte, s.o.) zur ältesten Taufe gehört haben, während die Verbindung der Taufe mit Tod und Auferstehung Christi wohl erst im hellenistischen Bereich vollzogen ist[10].

Wie man nun auch die Verteilung der Motive auf die verschiedenen Stufen der Entwicklung vornehmen mag: nicht zu bestreiten ist wohl, daß die Jerusalemer Gemeinde in Anknüpfung an die Johannestaufe diesen Ritus bereits geübt hat. Der Sinn wird gewesen sein, daß durch die Taufe der Gläubige in die eschatologische Gemeinde der Endzeit aufgenommen wurde.

Auch für die *Abendmahlsfeier der Frühzeit* sind die Nachrichten sehr fragmentarisch. Paulus hat auch hier an eine ihm überlieferte Tradition angeknüpft. Das wird 1. Kor 11,23 sehr deutlich von ihm ausgesprochen: »Denn ich habe vom Herrn empfangen, was ich euch auch überliefert habe . . .« (es folgen die Einsetzungsworte). Damit hat Paulus den Einsetzungsbericht, der schon eine gewisse liturgische Form gewonnen hatte, als eine Tradition bezeichnet, deren Urheber der Herr ist. Es ist mehr als wahrscheinlich, daß der Apostel diese Tradition nach seiner Bekehrung in Damaskus kennengelernt hat. Das bedeutet weiter, daß die Eucharistiefeier mit den Deuteworten im ersten Jahrzehnt im griechisch-sprachigen Raum – sei es nun Damaskus oder Antiochien – begangen wurde.

Es ist nun unvorstellbar, daß eine derartig zentrale Handlung im Leben der Gemeinde erst in den Christengruppen außerhalb Jerusalems aufgekommen sei. Dagegen spricht unter anderem das ›für euch‹ bei dem Brotwort, das der Aussage in der Glaubensformel 1. Kor 15,3 entspricht, nach der Christus für unsere Sünden gestorben ist (vgl. u. S. 119). Auch der Bezug auf das letzte Mahl Jesu mit seinen Jüngern ist kaum eine spätere Erscheinung. Vielmehr ist anzunehmen, daß die Tradition vom letzten Mahl Jesu (vielleicht zusammen mit der Erinnerung an die gemeinsamen Mahlzeiten mit dem irdischen Jesus) in der Urgemeinde fortgewirkt hat, nun verbunden mit den Vorstellungen von dem kommenden Messiasmahl. Wieweit gerade diese letztere Vorstellung schon bei dem letzten Mahl Jesu mitgespielt hat, läßt sich nicht sicher sagen (vgl. o. S. 70).

Wie dieses Herrenmahl in der frühesten Zeit gefeiert wurde und welche Deutung (»Verkündigung des Todes Jesu« 1. Kor 11,26; der erneuerte Bund?) damit in dieser Phase verbunden war, läßt sich im einzelnen nicht mehr feststellen. Nur das kann man behaupten: eine christliche Gemeinde ohne Feier des Herrenmahls hat es nie gegeben.

Auch in der Frage der *Ämter und der Kirchenordnung* läßt sich aus der fragmentarischen Überlieferung nur wenig Sicheres erheben. Allerdings ist auch hier die Verkündigung und die theologische Reflexion der Urgemeinde eine Hilfe zur Auswertung der Splitter historischer Nachrichten, die uns überkommen sind. Die Gruppe von christusgläubigen Juden, die sich als das ›Volk Gottes der Endzeit‹ verstand, ist zunächst im Rahmen des Judentums geblieben. Die Spannungen zwischen ›Hebräern‹ und ›Hellenisten‹, aber auch die Auseinandersetzungen zwischen Paulus und den ›Judaisten‹ deuten darauf hin, daß am Anfang in Jerusalem eine Gruppe vorhanden war, die trotz ihres eigenen Selbstverständnisses und trotz ihres Glaubens an Christus sich als Teil des Judentums ansah. Daß diese Gruppe vielleicht den apokalyptischen Kreisen näher stand als anderen, geht aus den wenigen Zeugnissen, die wir haben, hervor.

Von ihrer apokalyptisch-eschatologischen Grundeinstellung her wird auch die *Institution der ›Zwölf‹* zu verstehen sein (vgl. o. S. 61).

1. Kor 15,5 zeigt, daß man die ›Zwölf‹ von den ›Aposteln‹ unterscheiden muß, auch wenn beide Institutionen der nachösterlichen Zeit angehören. Die ›Zwölf‹, die als Auferstehungszeugen anzusehen sind, gehören zu dem eschatologisch geprägten Kreis (12 Richter der Stämme Israels), während die ›Apostel‹ doch wohl zu einer Phase gehören, in der der Gedanke der Mission schon in irgendeiner Weise auftaucht. Jedenfalls scheint der Begriff Apostel = Gesandter darauf hinzudeuten. Von einer ›Kirchenleitung‹ sollte man bei beiden Gremien nicht reden. Denn einerseits gab es in dieser Gruppe nicht viel zu leiten und andererseits würde damit ein juristischer Akzent gesetzt, der zumindest für die ›Zwölf‹ unangemessen ist.

Es ist allerdings nicht zu bestreiten, daß einige Mitglieder dieser Gruppen besondere Autorität besaßen. Das gilt vor allem für *Petrus*. Es ist allerdings nicht ganz einfach, sich ein Bild von diesem Mann zu machen[11]. Aber daß er zu den führenden Gestalten der Frühzeit gehört hat, läßt sich nicht leugnen. Diese Position beruht offensichtlich vor allem darauf, daß er, der schon zu Lebzeiten Jesu zu dem engsten Jüngerkreis gehört hat, der erste war, dem der Auferstandene erschien (1. Kor 15,5). In der von Paulus zitierten Formel wird die Erscheinung des Auferstandenen vor den ›Zwölf‹ der vor Petrus nebengeordnet. Daraus kann man wohl schließen, daß beide Christophanien eng zusammengehören und die für die Konstituierung der Gemeinde wesentliche Tatsache waren. Dann aber wird man, auch unter Berücksichtigung von Mt 16,17ff., Petrus als das Haupt des Kreises der ›Zwölf‹ bezeichnen können. Dafür spricht auch, daß in den erhaltenen Namenslisten der ›Zwölf‹ (Mk 3,16ff.; Mt 10,1ff.; Lk 6,14ff.; Apg 1,13), die ja untereinander differieren, Petrus immer an erster Stelle steht. Es sei noch bemerkt, daß diese Gruppe der ›Zwölf‹ nicht mit Galiläa in Verbindung zu bringen ist, sondern zu Jerusalem gehört hat.

Es ist anzunehmen, daß die ›Zwölf‹ nicht lange als Autorität in der

Gemeinde gewirkt haben, daß aber andererseits die Stellung des Petrus durch das Zurücktreten dieser Gruppe nicht berührt worden ist. Paulus kennt jedenfalls diese Gruppe der Zwölf nicht als eine Institution, die in der Zeit seines ersten Jerusalembesuches noch an der Spitze der Gemeinde stand. Er zitiert sie lediglich in der alten Formel 1. Kor 15,5. Sein Besuch ›nach drei Jahren‹ gilt Petrus, »einen anderen der Apostel habe ich aber nicht gesehen, außer Jakobus, den Bruder des Herrn« (Gal 1,19). D.h. doch wohl, daß die ›Zwölf‹ inzwischen durch einen anderen Kreis abgelöst waren, nämlich die ›Apostel‹. Auch hier scheint Petrus wieder der führende Mann gewesen zu sein, wie das Pauluszitat zeigt. Neben ihm wird aber bereits Jakobus, der Bruder Jesu genannt. Dieser Jakobus ist nach 1. Kor 15,7 durch eine Christophanie zum Glauben an Jesus als dem Messias bekehrt worden – man muß es bei ihm so ausdrücken –, hat aber nicht zu den ›Zwölf‹ gehört. Paulus scheint ihn zu den ›Aposteln‹ zu rechnen.
Es läßt sich nicht mehr sagen, was zu der *Bildung des Kreises der ›Apostel‹* geführt hat. Man kann mit der Möglichkeit rechnen, daß es sich zunächst auch um Zeugen der Auferstehung handelte. Allerdings kann dabei auch ein zeitlicher Abstand zu den Erscheinungen vor Petrus, den ›Zwölf‹ und Jakobus bedeutsam sein. Es ist weiter möglich, aber nicht beweisbar, daß die Bezeichnung ›Apostel‹ bereits auf missionarische Tätigkeit zielt. Wenn dem so wäre, dann könnte man weiter vermuten, daß dieser Kreis nicht aus jüdisch-apokalyptischem Milieu stammte, vielmehr zu einer Gruppe gehörte, die sich dann als ›Hellenisten‹ von den ›Hebräern‹ getrennt hat (Apg 6,1). Allerdings ist diese Hypothese mit dem Problem des Verhältnisses der beiden Größen ›Apostel‹ und ›die Sieben‹ zueinander belastet (vgl. u. S. 103). Auffallend ist, daß nach dem Bericht des Paulus (Gal 1) Petrus zuerst das Haupt der ›Zwölf‹, dann aber auch führendes Glied des Kreises der ›Apostel‹ war. Ein Grund dafür läßt sich nicht angeben. Auch die Vermutung eines Wandels seiner theologischen Einsicht (Erkenntnis der Notwendigkeit einer Mission außerhalb Jerusalems?) läßt sich nicht beweisen.
Die Sache wird dadurch noch undurchsichtiger, daß derselbe Petrus von Paulus bei dem Bericht über den Apostelkonvent als eine der ›Säulen‹ – neben Jakobus und Johannes – erwähnt wird (Gal 2,9). Er steht dabei an zweiter Stelle. Der Bericht des Paulus läßt eigentlich nur den Schluß zu, daß die ›Säulen‹ (ob das nun eine offizielle Bezeichnung war oder bildlich zu verstehen ist) in der Zeit seines Aufenthaltes in Jerusalem die Gemeinde leiteten, also an die Stelle der ›Zwölf‹ bzw. der ›Apostel‹ getreten waren. Die

führende Stellung hat dabei wohl Jakobus inne. Petrus scheint nicht lange danach Jerusalem verlassen zu haben, wovon später zu reden sein wird.
Man kann also annehmen, daß in den Anfangszeiten der Gemeinde in Jerusalem die ›Zwölf‹ das repräsentative Gremium dieser sicher sehr kleinen Gemeinschaft waren. Dieses Gremium ist dann bald durch ein anderes, die ›Apostel‹, ersetzt oder ergänzt worden. Ob die ›Apostel‹ zu den ›Hellenisten‹ gehört haben, bleibt fraglich. Wenn das so wäre, dann hätte sich der judenchristliche Kreis um Jakobus in den ›Säulen‹ eine neue Autorität gegeben.
Diese sich in wenigen Jahren abspielende Entwicklung ist nicht mit großen Kämpfen verbunden gewesen. Gewiß hat es Spannungen gegeben, die in theologischen Unterschieden beruhten. Aber die Einheit der Kirche blieb erhalten.
Die theologischen Unterschiede haben offenbar früh zu einer Verselbständigung des Kreises geführt, der Apg 6,1 als ›Hellenisten‹ bezeichnet wird. Damit waren dann auch Änderungen in der Leitung der Gemeinde verbunden. Inwieweit dabei Vorbilder der jüdischen Gemeindeverfassung eine Rolle spielten, läßt sich kaum sagen. Für Jakobus und seinen Kreis kann man das wohl annehmen, auch wenn für die Frühzeit keine Belege vorliegen.
Zum Abschluß sei gesagt: Auch wenn in der Geschichte dieser Jerusalemer Urgemeinde vieles dunkel bleibt, so ist ihre Bedeutung doch sehr hoch einzuschätzen. Diese Gemeinde ist in der Tat die Keimzelle der Kirche geworden, auch wenn es an anderen Stellen (etwa Damaskus) Gruppen gegeben hat, die sich aufgrund des Auferstehungszeugnisses im Glauben an Jesus Christus zusammengefunden haben. Aber über diese Gruppen wissen wir fast nichts. Vor allem wird dadurch die Bedeutung Jerusalems nicht in Frage gestellt.
Insbesondere ist festzuhalten, daß zwar der Kreis um Jakobus in ein strenges Judenchristentum einmündet, daß aber andererseits aus dieser Urgemeinde jene Gruppe der ›Hellenisten‹ hervorgegangen ist, die nun dem Evangelium den Weg in die Welt gebahnt hat. Dabei haben diese ›Hellenisten‹ nicht nur Taufe und Abendmahl als die Kernstücke christlichen Gemeindelebens von der Urgemeinde übernommen, sondern sie haben auch die erste Sammlung von Jesusworten, die in Jerusalem gesammelt worden sind, mit in die Welt hinausgetragen.

Hebräer und Hellenisten

Es ist bisher von der Gemeinde von Jesusjüngern in Jerusalem gesprochen worden, die sich nach Ostern unter der Leitung der ›Zwölf‹ und des Petrus im Glauben an den Auferstandenen und in dem Bewußtsein, das ausgewählte Volk Gottes der Endzeit zu sein, zusammenfand. Man darf sich keine übertriebenen Vorstellungen von der Größe dieser Gemeinschaft machen. Es war eine kleine Gruppe, die ihren Glauben an den auferstandenen Jesus und den wiederkommenden ›Menschensohn‹ innerhalb des Judentums verkündete und nach den Weisungen dieses Jesus lebte. Irgenwelche Zahlenangaben lassen sich nicht machen. Immerhin sei darauf verwiesen, daß nach Apg 6,2 die Apostel die Gemeinde zusammenrufen, diese also offensichtlich in einem Raum Platz hat.
Lukas nennt diese Gruppe ›Hebräer‹ (Apg 6,1). Aber ihre Sprache war das bei den Juden jener Zeit übliche Aramäische. Allerdings darf man das nicht zu einseitig sehen. Bei vielen Bewohnern Palästinas kann man eine gewisse Zweisprachigkeit voraussetzen, vor allem in den stärker hellenisierten Gebieten wie Galiläa oder in den Küstenstädten.
Die Sprachenfrage, auf die schon hingewiesen wurde (s. o. S. 15), ist deshalb so wichtig, weil alle Zeugnisse aus der Anfangszeit des Christentums in griechischer Sprache überliefert sind, man aber bei einigen Texten eine aramäische Vorform vermuten kann und zum Teil sogar muß. Die älteste Schicht der Überlieferung ist zumeist ursprünglich aramäisch verfaßt, ehe sie ins Griechische übersetzt ist. Bei der Wiedergewinnung des aramäischen Textes spielt der Begriff der Semitismen eine erhebliche Rolle. Aber selbst wenn man Anhaltspunkte für eine semitische Färbung des griechischen Textes zu finden meint (z. B. die passivische Formulierung in der alten Formel 1. Kor 15,1 ff.), so ist damit eine aramäische Urform noch nicht erwiesen. »Die Argumentation, Semitismen wiesen auf palästinensische und damit alte Tradition, ist in beiderlei Hinsicht nicht stringent (Semitismen sind im ganzen vorderen Orient möglich und können auch durch das hellenistische Judentum vermittelt sein; da sich die semitisch sprechende Gemeinde weiterentwickelte, können ihre Aussagen unter Umständen später sein als die der griechischen).«[1]

Das heißt nun aber, daß die Aufteilung des Traditionsstoffes auf die aramäisch sprechende und die griechisch sprechende Gemeinde der frühesten Zeit nicht von sprachlichen Gesichtspunkten aus vorgenommen werden kann. Diese können nur als zusätzliche Beweisgründe angeführt werden, wenn man aufgrund anderer Beobachtungen, vor allem theologischer Art, Texte einer bestimmten Phase der Geschichte des Urchristentums zuzuweisen geneigt ist.

Eine solche Zuweisung ist sicher oft nur hypothetisch möglich. Aber die immer mehr sich spezialisierende neutestamentliche Arbeit der letzten Jahrzehnte hat doch zumindest gezeigt, daß man innerhalb des palästinensischen Christentums der Anfangszeit differenzieren muß. Es hat dort neben den weitgehend aramäisch sprechenden und apokalyptisch bestimmten Judenchristen schon früh ein hellenistisches Judenchristentum gegeben.

Diese Größe ›hellenistisches Judenchristentum‹ wird man dann feststellen können, wenn »die hellenistische Herkunft zwar deutlich hervortritt, aber noch eine so starke Bindung an alte jüdische Vorstellungen erkennbar ist, daß dies nicht einfach dem ›hellenistischen Christentum‹, worunter in der Regel das vom Judentum weitgehend gelöste und durch heidnische Herkunft bestimmte Frühchristentum verstanden wird, zugeordnet werden kann«[2].

Über die theologischen Unterschiede wird später zu reden sein (vgl. u. S. 104). Hier ist auf dieses Problem nur deshalb hingewiesen worden, um auf die Tatsache aufmerksam zu machen, daß es in der frühesten Gemeinde tatsächlich zwei unterschiedliche Gruppen gab, die in der Apg als ›Hebräer‹ und ›Hellenisten‹ bezeichnet werden, und daß diese Gruppen sich auch theologisch unterscheiden. Griechisch sprechende Juden stehen neben den Aramäern, auch wenn beide das Heil in Jesus sahen und diesen Jesus als den Auferstandenen verkündeten.

Über die *Anfänge der ›Hellenisten‹* sind wir nur unzureichend informiert, aber ihre Bedeutung ist so groß, daß man versuchen muß, die wenigen Tatsachen zu erheben, ehe man von den theologischen Fragen redet.

Lukas berichtet in Apg 6,1–7 von den Hellenisten:

[1]In diesen Tagen aber, als sich die Zahl der Jünger mehrte, entstand ein Murren der Hellenisten gegen die Hebräer, weil ihre Witwen bei der täglichen Versorgung übersehen wurden. [2]Da beriefen die Zwölf die Menge der Jünger und sagten: Es ist nicht recht, daß wir das Wort Gottes vernachlässigen und bei den Tischen Dienst tun. [3]Sehet euch aber, Brüder, nach sieben Männern aus eurer Mitte um, mit gutem Zeugnis, voll Geist und Weisheit, die wir für diesen Dienst einsetzen können; [4]wir aber wollen

beim Gebet und beim Dienst des Wortes verharren. [5]Und es gefiel der ganzen Menge das Wort, und sie wählten Stephanus, einen Mann voll Glauben und heiligen Geistes, und Philippus und Prochorus und Nikanor und Timon und Parmenas und Nikolaus, einen Proselyten aus Antiochien. [6]Diese stellten sie vor die Apostel, und nachdem sie gebetet hatten, legten sie ihnen die Hände auf. [7]Und das Wort Gottes wuchs, und die Zahl der Jünger nahm in Jerusalem sehr zu, und eine große Menge von Priestern wurde dem Glauben gehorsam.

Diese Verse gehören zu den wichtigsten Texten für die Geschichte des Urchristentums, sind nun aber auch von erheblichen Schwierigkeiten belastet. Zunächst ist darauf zu verweisen, daß auch hier der Verfasser der Apg die Feder führt, d. h., daß auch dieser Teil der Apg im Gesamtzusammenhang des Werkes des Lukas zu betrachten ist. Die Funktion dieser Perikope ist es, den Übergang zum Martyrium des Stephanus und damit zu dem weiteren Weg der Verkündigung des Evangeliums in Judäa umd Samaria vorzubereiten.
Der Text scheint klar und verständlich zu sein: Es entsteht in der Gemeinde zwischen zwei Gruppen ein Streit wegen einer Frage aus dem Bereich der Fürsorge, der Witwenversorgung. Die ›Zwölf‹, die übrigens nur hier in der Apg so genannt werden, greifen ein und sorgen durch eine Gemeindeversammlung dafür, daß sieben Männer gewählt werden, die offensichtlich als Armenpfleger tätig sein sollen. Denn die ›Apostel‹ betonen nachdrücklich, daß sie diesen Bereich nicht wahrnehmen wollen. Sie müssen sich auf Gebet und ›Dienst des Wortes‹ konzentrieren. Die Gewählten werden von den Aposteln feierlich ordiniert. Die Abschlußbemerkung unterstreicht erneut das Wachstum der Gemeinde und fügt noch die merkwürdige Notiz über die Bekehrung einer größeren Anzahl von Priestern hinzu.
Bei einer genaueren *Analyse der Perikope* tauchen nun allerdings einige Fragen auf. Zunächst überrascht, daß in der von Lukas bisher als Einheit geschilderten Gemeinde plötzlich zwei Gruppen vorhanden sind, die verschieden bezeichnet werden und die miteinander Streit bekommen. Wer diese ohne weitere Erklärung hier eingeführten ›Hellenisten‹ waren und woher sie kommen, wird nicht gesagt. Die Bezeichnung soll besagen, daß es sich um griechisch sprechende Juden handelt. Es legt sich nahe, an hellenisierte Diasporajuden zu denken, die sich zu Jesus bekannten.
Es fällt weiter auf, daß in der Gemeinde, in der alle ›alles gemeinsam‹ besaßen, Schwierigkeiten in der Witwenversorgung auftreten. Noch auffallender ist, daß zur Behebung der Mißstände die ›Zwölf‹ sieben Männer, die nach ihrem Namen zu urteilen aus dem Kreis

der ›Hellenisten‹ stammen, zu Armenpflegern wählen lassen, offenbar – nach Meinung des Lukas – für die ganze Gemeinde. Man könnte annehmen, daß dann unter den ›Hebräern‹ Unwillen laut geworden wäre.

Die Antwort auf diese und weitere Fragen muß davon ausgehen, daß Lukas hier eine sehr alte Tradition verarbeitet hat. Diese wird in der Liste (v. 5) faßbar, die, wie gesagt, darauf hindeutet, daß es sich um eine Gruppe von in Jerusalem ansässigen hellenistischen Diasporajuden handelt. Lediglich von Nikolaus wird gesagt, daß er ein antiochenischer Proselyt gewesen sei.

Es ist anzunehmen, daß die Liste wirklich aus Jerusalem stammt und dem Verfasser der Apg mit einer Ortsnotiz zugekommen ist. Ob die Erzählung von dem Murren der ›Hellenisten‹ gegen die ›Hebräer‹ schon mit der Liste verbunden war oder ob das eine sekundäre Erweiterung der Tradition ist, läßt sich nicht sagen. Aber es ist durchaus möglich, daß die Erzählung schon vor Lukas beide Teile enthielt.

Die sieben Männer, die in der Liste genannt werden, haben an sich nichts mit der Armenpflege zu tun. Über zwei Angehörige dieses Kreises, nämlich Stephanus und Philippus, wird im weiteren Verlauf der Apg noch berichtet. Aus diesen Berichten geht hervor, daß sie ›Diener des Wortes‹, wie Petrus von den Aposteln sagt, waren, d. h., sie waren Evangelisten oder Apostel (zu Stephanus vgl. Apg 6–8; zu Philippus vgl. Apg 8,26–40; 21,8). Selbstverständlich ist damit nicht ausgeschlossen, daß diese Männer sich auch um Wohltätigkeit und Armenpflege gekümmert haben. Aber sie waren nicht besonders dafür bestimmt.

Man kann noch einen Schritt weiter gehen. Diese sieben waren, wie die ›Zwölf‹ für die ›Hebräer‹, die Spitze oder die Leitung einer jüdisch-hellenistischen Gruppe von Jesusanhängern in Jerusalem. Die Zahl Sieben könnte darauf hindeuten, daß diese Gruppe sich in Analogie zur Synagogenverfassung ein solches Kollegium zur Leitung erwählt hat. Andererseits ist aber nicht auszuschließen, daß Lukas lediglich diese sieben Namen gekannt hat, die Zahl also zufällig ist. Aber die erstere Annahme legt sich doch nahe, vor allem wenn man überzeugt ist, daß dem Verfasser der Apg nicht nur die Liste von Namen überkommen ist, sondern auch damit verbundene Nachrichten über einen Streit.

Der von Lukas berichtete ärgerliche Streit paßt eigentlich nicht zu dem Bild, das er in den vorhergehenden Kapiteln der Apg von der Gemeinde der ›ersten Liebe‹ gezeichnet hat. Aber gerade deshalb wird man diesem Bericht besondere Bedeutung zumessen. Die erste Gemeinde in Jerusalem war keine in sich geschlossene Einheit, bestand vielmehr aus zwei Gruppen, die sich nicht nur durch ihre Sprache unterschieden. Dabei wird man sich die Gruppe der ›Hellenisten‹ nicht unbedingt als einen homogenen Kreis vorzustellen haben. Es ist durchaus möglich, daß sich in Jerusalem ansässige Juden, die ohnehin aus verschiedenen Teilen der Welt gekommen waren, mit galiläischen Jesusanhängern zusammengefunden haben. Es ist weiter möglich, daß in der Kritik am Judentum, wie Stephanus sie geäußert hat, nicht nur die Ablehnung des Tempeldienstes eine Rolle gespielt hat, sondern auch bereits die Frage des Gesetzes und seiner Gültigkeit auftauchte. Diese Kritik aber wird wohl nicht von allen Angehörigen dieses Kreises einheitlich vertreten sein (vgl. die Stellung des Barnabas in Antiochien: Gal 2,13). Man kann dabei vermuten, daß die Stellung Jesu zum Gesetz bei den galiläischen ›Hellenisten‹ nachgewirkt hat.[3] Aber das ist eine unbeweisbare Annahme.

Es ist unwahrscheinlich, daß der Streit in Jerusalem an der Frage der Witwenversorgung aufgebrochen sein sollte. Vielmehr stehen dahinter tiefere Differenzen. Zum einen wird man vermuten dürfen, daß die ›Hebräer‹ stärker von der Apokalyptik beeinflußt waren als die ›Hellenisten‹, die von der griechisch sprechenden Synagoge herkamen (was die Apokalyptik nicht ausschließt, ihr aber einen anderen Stellenwert zuweist). Zum andern gab es wohl auch in der Interpretation der Person und des Werks Jesu Unterschiede, die sich noch in den Traditionsschichten nachweisen lassen.

Schließlich ist zu fragen, ob nicht auch die Stellung zum Judentum verschieden war. Natürlich ist es kaum vorstellbar, daß die ›Hellenisten‹ in Jerusalem bereits daran gedacht haben sollten, unbeschnittene Heiden in die Kirche aufzunehmen. Das Problem wird dort gar nicht aufgetaucht sein. Aber die Frage, ob die Evangeliumspredigt sich auf Israel beschränken kann, ob also die Gemeinde weiterhin eine Gruppe innerhalb des Judentums bleiben soll, ist früh gestellt worden (vgl. die verschiedenen Aussagen Jesu in der synoptischen Tradition, dazu o. S. 63f.). Es könnte also sehr gut sein, daß die ›Hellenisten‹ sehr bald die Weltgeltung der Botschaft von dem Auferstandenen erkannt haben. Wir können das nicht beweisen. Aber die Tatsache, daß dieser Kreis es war, der mit der Heidenmission begann, spricht für diese Vermutung. Es braucht kaum betont zu werden, daß damit die Frage nach der Gültigkeit des mosaischen Gesetzes gegeben war.

Von hier aus wird man noch einmal die Funktion der sieben gewählten Männer betrachten. Es spricht sehr viel dafür, daß sie nicht nur die Repräsentanten des Kreises der ›Hellenisten‹ waren, sondern auch ›Apostel‹, d. h. Sendboten, Missionare. Petrus hat sich ja, wie gesagt, zu einem bestimmten Zeitpunkt an die Spitze der ›Apostel‹ gestellt und hat damit wohl versucht, die Einheit der Gemeinde zu bewahren. Aber das hat nicht gehindert, daß dieser Kreis dann zerschlagen wurde und Jerusalem verlassen mußte. Auffallend ist, daß die Juden offensichtlich die beiden Gruppen unterschiedlich behandelt haben (vgl. Apg 8,1). Auch das spricht für die skizzierte Besonderheit der ›Hellenisten‹.

Die Verfolgung dieser Gruppe und die Ermordung des Stephanus werden in Apg 6,8–8,3 geschildert. Auch in diesem Abschnitt sind von Lukas ohne Zweifel sehr alte Traditionen benutzt worden. Das wird zunächst schon daran deutlich, daß Stephanus im Mittelpunkt der Erzählung steht, also eine Personaltradition verarbeitet wird. Von ihm wird in 6,8–7,1 berichtet, daß er mit Leuten aus der Synagoge disputierte. Es handelt sich dabei um Diasporajuden, die aus verschiedenen Gegenden stammen (6,9). Diese werden in der Disputation von Stephanus überwunden und stiften daher Leute an, gegen Stephanus auszusagen. Stephanus wird vor den Hohenrat geschleppt. Man wird diesen Teil der Erzählung als Bestandteil einer alten Martyriumserzählung anzusehen haben.

Auch der Bericht über das Ende des Stephanus (Apg 7,54–60), der von Lukas in starker Anlehnung an die Passion Jesu gestaltet ist (vgl. 8,59f.), zeigt Elemente einer alten Überlieferung. So will Lukas die Steinigung des Stephanus als eine ordnungsgemäße Hinrichtung aufgrund der Verhandlung vor dem Hohenrat verstanden wissen. Aber die Erzählung zeigt viele Momente, die auf einen Akt von Lynchjustiz zu deuten sind. Sie werden ein Bestandteil der alten Martyriumserzählung sein. Daß Saulus bei diesem Ereignis und der sich anschließenden Verfolgung eine große Rolle gespielt habe (7,58; 8,1–3), widerspricht allerdings allem, was wir aus den Briefen des Apostels wissen (vgl. u. S. 136).

In den Versen 8,1–3, die auch auf älteren Nachrichten beruhen, wird deutlich, daß die Verfolgung, die im Tod des Stephanus kulminiert, allein den ›Hellenisten‹ galt und daß diese daraufhin Jerusalem verlassen haben, während die ›Apostel‹, d. h. die ›Hebräer‹, unberührt blieben.

Nun hat Lukas in Apg 7,2–53 eine große Rede des Stephanus eingeschaltet, die dem Verständnis mancherlei Schwierigkeiten bietet und in der Forschung auch umstritten ist.[4]

Auffallend ist zunächst die fehlende Beziehung der Rede zu Anklage und Martyrium des Stephanus. Das läßt sich wohl dadurch am besten erklären, daß der Verfasser der Apg die Rede hier eingeschaltet hat, um bestimmte theologische Gedanken zum Ausdruck zu bringen. Er hat sich dabei älteren Materials bedient. Zugrunde liegt, wie die Verwandtschaft mit dem Hebräerbrief und anderen Texten zeigt, eine hellenistisch-jüdische Geschichtspredigt, wobei die Zugehörigkeit des Angriffs auf den Tempel (7,44–50) zu der Vorlage fraglich bleibt.

Das wichtigste Problem ist, ob Lukas diese Rede, in der es um die Geschichte Israels geht, bereits in Verbindung mit der Person und dem Werk des Stephanus überkommen hat. Wenn sich eine solche Verbindung nachweisen ließe, dann wäre damit die Möglichkeit eröffnet, diese Rede als Zeugnis für die Theologie des Stephanus und seines Kreises auszuwerten.

Es hat nicht an Versuchen gefehlt, den Text in diesem Sinn zu verstehen und aus ihm die Grundlinien der Vorstellungen der ›Hellenisten‹ zu erheben.[5] So fragwürdig es ist, aus nur einem Text die theologischen Anschauungen einer Gruppe zu erarbeiten, vor allem wenn bei diesem Text Tradition und Redaktion nur schwer zu unterscheiden sind, so haben derartige Versuche, aus der Stephanusrede Apg 7,2–53 die Vorstellungen dieses Mannes und seiner Gruppe zu erheben, doch eines deutlich werden lassen: diese Rede gehört in einen größeren Zusammenhang und enthält viele Elemente, die auch sonst im hellenistischen Judentum begegnen.

Lukas will durch die Übernahme dieses Textes in sein Buch klarmachen, daß Israel zwar das Volk der Patriarchen, des Mose und der Propheten ist, daß es aber zugleich das Volk ist, das immer zum Götzendienst und zum Prophetenmord bereit ist. (Die Eingliederung in die Stephanusgeschichte soll besagen, daß auch dieser Mord in den Rahmen der Heils- und Unheilsgeschichte Israels gehört.)

Kann Stephanus, können die ›Hellenisten‹ so geredet haben? Nun ist klar, daß diese Rede keine stenographische Wiedergabe der Ansprache des Stephanus ist. Aber da eine derartige kritische Sicht des Judentums, seiner Geschichte und seines Kultus auch sonst belegbar ist, ist es durchaus möglich, daß diese jesusgläubigen hellenistischen Diasporajuden in diesen Gedanken zu Hause waren. Man kann nicht ausschließen, daß sie in diesem Sinn »Worte gegen diesen heiligen Ort und das Gesetz« (6,13) geredet haben. Es ist anzunehmen, daß sie sich dabei auf Jesus berufen haben (6,14).

Zusammenfassend ist zu sagen:

Die ›Hellenisten‹ in Jerusalem sind als eine zweite Gruppe von Jesusjüngern nach Ostern neben den ›Hebräern‹ anzusehen. Beide Gruppen haben ihre Repräsentanten gehabt, die ›Hebräer‹ die ›Zwölf‹, die ›Hellenisten‹ die ›Sieben‹ oder die ›Apostel‹. Es ist nicht mehr festzustellen, wann die Gruppe der ›Hellenisten‹ entstanden ist. Aber es ist zu vermuten, daß auch sie auf Auferstehungserscheinungen, sei es in Jerusalem, sei es in Galiläa, zurückgeht.

Der Unterschied zwischen beiden Gruppen ist von Anfang an theologisch bestimmt. Die Herkunft der Angehörigen dieser beiden Gruppen aus verschiedenem Milieu hat von vornherein auch eine unterschiedliche Interpretation des Lebens und der Bedeutung Jesu Christi bewirkt. Aber auch die Stellung zum Judentum und vor allem zum Gesetz dürfte wohl unterschiedlich gewesen sein.

Andererseits ist anzunehmen, daß beide Gruppen sich bemüht haben, die Einheit und die Gemeinschaft zu bewahren. Petrus spielt dabei offensichtlich eine wichtige Rolle. Der bedeutendste Repräsentant der ›Hellenisten‹ war Stephanus. Sein Martyrium, von dem dem Verfasser der Apg ein Bericht vorlag, ging auf seine Kritik am Tempel und vielleicht auch am Gesetz zurück. Von seiner jüdisch-hellenistischen Herkunft aus hat er das pharisäische und sadduzäische Judentum angegriffen und diesen Angriff, der durch seinen Glauben an Jesus motiviert war, mit seinem Leben bezahlt. Zugleich ist damit der Gegensatz zwischen den ›Hellenisten‹ und den ›Hebräern‹, also der apokalyptisch bestimmten Gruppe von Judenchristen, signalisiert.

Der Tod des Stephanus scheint nicht durch ein geordnetes Gerichtsverfahren herbeigeführt zu sein, sondern war eher ein Akt der Lynchjustiz. Das erklärt auch, warum die ›Apostel‹, d. h. die ›Zwölf‹, in dieser Phase unangefochten bleiben. Die Stellung des Petrus scheint allerdings durch die Vorgänge berührt zu sein. Denn er erscheint bei dem Apostelkonvent an zweiter Stelle hinter Jakobus, der nun bis zu seinem Tode im Jahr 62 die Führung der Jerusalemer Gemeinde übernimmt. Damit aber wird diese Gemeinde zu einer streng judenchristlichen Gruppe. Paulus sagt Gal 1,22: »Ich war aber den Gemeinden Judäas persönlich unbekannt.« Damit ist klar, daß er sich nicht an der Verfolgung des Stephanuskreises beteiligt hat. Wohl aber hat er die christliche Gemeinde in Damaskus verfolgt. Wie es zu dieser christlichen Gemeinde in Damaskus gekommen ist, wissen wir nicht. Ein Zusammenhang mit den ›Hellenisten‹ in Jerusalem ist kaum anzunehmen. Es könnte sein, daß Erscheinungen des Auferstandenen in Galiläa zu der Bildung einer kleinen Gemeinschaft von christusgläubigen Juden in der Synagoge in Damaskus, das immerhin ca. 300 km von Jerusalem entfernt ist, geführt hat. Aber unsere Quellen versagen hier völlig. Nur das ist deutlich, daß die ›Hebräer‹ und die ›Hellenisten‹ in Jerusalem nicht die einzigen Gruppen der Frühzeit waren.

Die Bedeutung der Ereignisse, die mit dem Namen des Stephanus verbunden sind, wird durch diese Feststellung nicht gemindert. Die Gruppe der ›Hellenisten‹ hat offensichtlich die Auseinandersetzung mit dem hellenistischen Judentum in der Synagoge begonnen und damit die Trennung vom Judentum vorangetrieben. Das führte dann weiter zu der Mission unter Nichtjuden, wovon noch zu reden sein wird (vgl. u. Kap. 8).

Zunächst haben sich auch diese Christen als Gruppe innerhalb des Judentums, aber eben als das wahre Israel verstanden und sich in der Synagoge für ihren Glauben eingesetzt. Das gilt auch für die Christen in Damaskus. Jedenfalls ist die Aktion des Paulus nur so verständlich.

Aber mit der Kritik an Gesetz und Tempel ist nicht nur der Unterschied zu den ›Zwölf‹ markiert, sondern auch die Trennung von der Synagoge vorbereitet.

Es ist das Verdienst des Stephanus und seines Kreises, daß die Gemeinschaft der Jesusjünger nicht eine jüdische Sekte wie viele andere wurde. Ob diese ›Hellenisten‹ damit nicht dem universalen Anspruch Jesu gerechter wurden als die ›Hebräer‹? Diese Frage läßt sich wohl nicht beantworten. Ebenso wissen wir nicht, ob in diesem Kreis bereits die Worte Jesu in die griechische Sprache übersetzt worden sind. Es spricht viel dafür, daß eine Übersetzung tatsächlich in dieser frühen Phase des Christentums erfolgt ist.

»Große Strecken, ja die größte Strecke und der größte Teil des Raumes des Urchristentums bleiben für uns verborgen.«[6] Das gilt auch für die Geschichte des Stephanuskreises, vor allem in seinen Anfängen. Aber die Bedeutung dieser Vorgänge tritt doch klar zutage: Das Ausscheiden dieser Gruppe aus der Jerusalemer Gemeinde markiert einen neuen Abschnitt in der Geschichte der Kirche. Dieser neue Abschnitt, der durch die Gründung von Gemeinden außerhalb Jerusalems gekennzeichnet ist, ist von dem Bewußtsein der ›Hellenisten‹ bestimmt, das neue Volk Gottes zu sein. Da dieses Selbstverständnis auch den Jerusalemer Judenchristen zu eigen blieb, erhielt sich die Verbindung zwischen den neuen Gemeinden und Jerusalem und hat bis zum jüdischen Krieg – trotz mancher Krisen – Bestand gehabt. Die Trennung der ›Hellenisten‹ von Jerusalem war keine Kirchenspaltung, wie die weitere Geschichte erweist. Sie war der erste Schritt auf dem Weg des Evangeliums in die Welt.

7. Kapitel

Das Christuszeugnis der palästinensischen Gemeinde

Jeder Versuch, die früheste Geschichte des Christentums zu erfassen, muß von der Tatsache ausgehen, daß die am Anfang stehenden Christophanien Menschen unterschiedlicher Herkunft zum Glauben an den Auferstandenen und zur Bildung einer neuen Gemeinschaft gebracht haben. Die in 1. Kor 15,1ff. aufgezählten Erscheinungen sind sicher nicht auf einmal erfolgt, können aber zeitlich auch nicht zu weit auseinander gelegen haben. Damit ist aber die geschilderte Gruppierung in den Anfangszeiten angelegt. Denn die Ostereignisse sind von denen, die sie erlebt haben, unterschiedlich verstanden und interpretiert worden. Die Osterzeugen haben das, was sie erfahren haben, mit den ihnen geläufigen Begriffen und Vorstellungen auszudrücken und weiterzugeben versucht. Das betrifft vor allem den Kern ihres Glaubens: die Person und das Werk Jesu Christi.

Wenn man es nun unternimmt, das Christuszeugnis dieser ersten Gemeinde darzustellen, so wird man dabei sicher die Differenzen zwischen verschiedenen Titeln und Aussagen, die auf die Gruppierungen in dem ersten Jahrzehnt zurückgehen, klar herausarbeiten müssen. Man wird aber andererseits nicht übersehen dürfen, daß die Einheit der christlichen Gemeinschaft trotz der Kontroverse mit den ›Hellenisten‹ und trotz des Streites um die Arbeit des Paulus, nicht aufgegeben wurde. Diese Einheit bestand vor allem darin, daß alle Christen, zu welcher Gruppe sie auch gehören mochten, in Jesus das Heil gefunden hatten und in ihm der Rettung gewiß waren.

Es kommt hinzu, daß die Differenzierung der uns überkommenen Aussagen und die Aufteilung der Zeugnisse auf die Gruppen der Anfangszeit sicher ein notwendiger Schritt auf dem Weg zum Verständnis der Geschichte des Urchristentum ist. Es ist aber dabei zu berücksichtigen, daß die Begriffe und Vorstellungen, die wir heute nach ihrer religionsgeschichtlichen Herkunft scharf von einander trennen, in jener Zeit sich nicht gegenseitig so ausschlossen, wie wir anzunehmen geneigt sind. Es ist weiter zu beachten, daß diese ersten Versuche, Person, Werk und Bedeutung Jesu Christi in Begriffen zu erfassen und auszusagen, sich nicht in einer theologischen Fakultät vollzogen, sondern in einer kleinen Gemeinschaft

von Menschen, die vom Glauben an Gottes Tat in Christus ergriffen und bewegt waren. Das sollte man bei aller notwendigen Feinarbeit an den Texten nicht übersehen.
In diesem Zusammenhang sei noch einmal auf die schon erörterte (s. o. S. 100) Sprachenfrage hingewiesen. Sprachliche Indizien in einem Text können nicht unbedingt für sein Alter und seine Zugehörigkeit zu einer bestimmten Traditionsschicht ausgewertet werden. Man hat nun oft gemeint, daß man das überlieferte Traditionsgut mit Hilfe der christologischen Titel ordnen und den verschiedenen Gruppen der Frühzeit zuweisen könnte (also: Menschensohn=aramäische Urgemeinde; Messias=hellenistisch-judenchristliche Gemeinde usw.). Aber das ist wohl nicht richtig. Denn einerseits sind die Titel, die man auf Christus anwandte, in der Urchristenheit nicht so ›lupenrein‹ gebraucht, wie wir es gern hätten. Andererseits sind im Lauf der Traditionsgeschichte sicher auch Vermischungen und Änderungen vorgenommen, die es beinahe unmöglich machen, nur von den christologischen Titeln auszugehen. Vielmehr müssen auch andere Gesichtspunkte berücksichtigt werden.
Man kann sich diese *Grundsatzprobleme* an einem besonders eindrucksvollen und wichtigen Beispiel klarmachen, an einem Text, der weithin als eine von Paulus übernommene ältere Formel angesehen wird.

Rm 1,1–4:

1Paulus, Sklave Christi Jesu, berufener Apostel, auserwählt für das Evangelium Gottes, 2das er voraus verheißen hat durch seine Propheten in den heiligen Schriften, 3(das da handelt) von seinem Sohn, der geboren ist aus dem Samen Davids nach dem Fleisch, 4der bestellt wurde zum Sohn Gottes in Macht nach dem Geist der Heiligung seit der Auferstehung von den Toten, Jesu Christi, unseres Herrn.

In diesen Versen begegnet einiges, was als unpaulinische Begrifflichkeit anzusprechen ist, auch wenn Paulus die ihm überkommene Formel in das Präskript des Römerbriefes eingearbeitet und dadurch in seinem Sinn interpretiert hat. Es spricht viel dafür, daß die hier aufgenommene Formel zweigliedrig war:

(Jesus Christus) a) geboren aus dem Samen Davids/nach dem Fleisch,
b) eingesetzt zum Sohn Gottes (in Macht)/nach dem Geist der Heiligung seit der Auferstehung von den Toten.

Ob es sich bei diesen Zeilen um Teile einer Bekenntnisformel oder um einen Text für einen anderen Zweck handelt, ist nicht zu sagen. Wichtiger als diese formale Frage ist der Inhalt. Im ersten Glied wird Jesus als Nachkomme Davids bezeichnet und d. h. als Messias. Das zweite Glied sagt aus, daß Jesus seit der Auferstehung Gottes Sohn ist. Damit ist keine messianische Aussage auf Jesus übertragen, vielmehr wird festgestellt, daß Jesus von Gott in eine neue Stellung eingesetzt ist, womit die erste Aussage überboten wird. Es geht dabei nur um die Auferstehung. Vom Kreuzestod Jesu ist nicht die Rede.

Der Text besagt also, daß Jesus in einem Rechtsakt durch die Auferstehung zum Gottessohn adoptiert worden ist. Vorher war er Davidssohn. Von einer Präexistenz ist nicht die Rede, wie auch von der Heilsbedeutung der Auferstehung für die Menschen nicht gesprochen wird.

Die Frage ist nun, woher diese Formel, die Paulus hier aufnimmt, stammt. Das erste Glied konnte sicher nur in einer Gemeinde aufkommen, in der alttestamentlich-jüdische Tradition lebendig war. Mit dem Begriff ›Samen Davids‹ wird die Verheißung des Messias aus dem Hause Davids aufgenommen, und es wird festgestellt, daß die alte Hoffnung in Jesus ihre Erfüllung gefunden hat. Damit ist natürlich noch nicht entschieden, ob diese Aussage auf die ›Hebräer‹ oder die ›Hellenisten‹ (um die Unterscheidung von Apg 6,1 aufzunehmen) zurückgeht. Nur der jüdische Hintergrund des Textes ist klar.

Das zweite Glied ist schwieriger einzuordnen. Man könnte vom Begriff ›Sohn Gottes‹ her auf hellenistische Einflüsse schließen. Aber es liegt hier eigentlich gar nicht die hellenistische Vorstellung von einem Gottessohn vor, sondern eher die von einer Inthronisation, die auch im Judentum begegnet (vgl. z. B. Psalm 2). Es fällt allerdings auf, daß Jesus gewissermaßen in zwei Stufen mit Würde und Rang ausgestattet wird. Das aber ist nicht jüdischer Vorstellung entsprechend. Vielmehr zeigt sich daran, daß es in dieser christlichen Formel darum geht, sich zu dem erhöhten ›Sohn Gottes‹, der als Jesus von Nazareth ›nach dem Fleisch‹ aus dem Geschlecht Davids war, zu bekennen.

Nun weist die Verbindung von ›Same Davids‹ und ›Sohn Gottes‹ auf eine Gruppe hin, die sowohl jüdisches wie hellenistisches Gedankengut benutzte, um ihren Glauben an Jesus zum Ausdruck zu bringen. Man darf also vermuten, daß dieser Text in einer hellenistisch-judenchristlichen Gemeinde entstanden ist. Damit ist allerdings noch nichts über Alter und Herkunftsort gesagt. Aber es spricht doch einiges dafür, daß diese altertümliche und wenig theologische Reflexion verratende Aussage in die früheste Schicht der Überlieferungsgeschichte gehört. Man wird sie also – wenn auch mit einem gewissen Vorbehalt – der hellenistisch-judenchristlichen Gemeinde der Anfangszeit zuweisen können.

An diesem Beispiel sollten die Schwierigkeiten aufgewiesen werden, die sich einer exakten Zuweisung des Traditionsgutes an bestimmte Gruppen im Urchristentum entgegenstellen. Oft wird man über Wahrscheinlichkeiten nicht hinauskommen. Zu beachten ist aber immer dabei, daß es sich bei urchristlichen Aussagen über Jesus Christus nicht in erster Linie um theologische Axiome handelt, sondern um Ausdruck des Glaubens an den Jesus, in dem die Verheißungen erfüllt sind, und der das Heil gebracht hat. So konnte man Formulierungen und Begriffe aus der jüdischen Messianologie, aus der Apokalyptik und aus hellenistisch-jüdischer Theologie aufnehmen, auf ihn anwenden und sie auch miteinander verbinden. Aber alle diese vorgegebenen Begriffe und Vorstellungen wurden auf Jesus angewandt in dem Bewußtsein, daß sie in ihm erfüllt und durch seine Auferstehung bestätigt seien.

Ohne Zweifel war von Anfang an der *Kreuzestod Jesu* ein besonderes Ärgernis, das man irgendwie erklären mußte. Es gibt im Lukasevangelium eine Perikope, in der deutlich wird, wie man dieses Problem zu bewältigen versuchte: Lk 24,13–35. Auf dem Weg nach Emmaus begegnet der Auferstandene zwei Jüngern, die ihm von ihrer Enttäuschung über das, was in Jerusalem geschehen ist, berichten. »Wir aber hofften, er sei es, der Israel erlösen sollte« (Lk 24,21). Jesus antwortet ihnen: »Mußte Christus nicht dieses leiden und in seine Herrlichkeit eingehen?« (v. 26). Lukas fährt fort: »Und er begann bei Moses und allen Propheten und legte ihnen in allen Schriften aus, was über ihn gesagt war« (Lk 24,27). Nun kann man diese Perikope, die ja lukanisches Sondergut ist, nicht ohne weiteres für die älteste Zeit auswerten. Aber auch wenn Lukas hier den Schriftbeweis seiner Zeit vor Augen hat, so kann man doch annehmen, daß bereits in frühester Zeit in ähnlicher Weise versucht worden ist, das durch das Kreuz Christi gestellte Problem zu bewältigen. Dafür spricht die Betonung des ›Müssen‹ im Blick auf das Leiden Christi. Denn damit wird ja eine Vorstellung aufgenommen, die in der Apokalyptik beheimatet ist (vgl. z. B. Dan 2,28; Mk 13,10; Mt 24,6; ApocJoh 1,1) und die eng mit deren Determinismus zusammenhängt.[1] Mit diesem Gedanken des ›Müssens‹ hat die Gemeinde die Heilsnotwendigkeit der Passion Christi gedeutet, auch wenn durch den Auferstehungsglauben die aus der Apokalyptik übernommene Anschauung umgewandelt wurde.

Diese Vorstellung, daß das Leiden Christi im göttlichen Heilsplan vorherbestimmt war, ist der Ansatzpunkt zum *Schriftbeweis* geworden. Schon in der Apokalyptik läßt sich dieser Zusammenhang aufweisen. Wann und wo dieser Schriftbeweis erstmalig aufgekommen ist, läßt sich nicht feststellen. Die Passionsgeschichte ist in ihren verschiedenen Ausprägungen durchzogen von alttestamentlichen Bezügen (vgl. o. S. 69). In der Formel 1. Kor 15 werden Tod und Auferstehung Jesu als ›nach den Schriften‹ geschehen ausgesagt, was doch wohl darauf hindeutet, daß bereits in der palästinensischen Urgemeinde (d. h. bei ›Hebräern‹ und ›Hellenisten‹) das Schicksal und der Weg Jesu Christi ›nach der Schrift‹ gedeutet wurden. Es ist, nach den verschiedenen Arten der Schriftauslegung im Judentum anzunehmen, daß auch im Urchristentum unterschiedliche Weisen der Exegese praktiziert wurden. Die späteren Unterschiede innerhalb christlicher Auslegung des Alten Testaments bestätigen diese Annahme (vgl. 1. Kor 10,1 ff. mit Apg 7,2 ff.).

Bestimmte Schriftstellen scheinen früh besondere Bedeutung erlangt zu haben, ohne daß wir über Zeit und Ort der Benutzung dieser Texte etwas aussagen können. Zu diesen für den Schriftbeweis offensichtlich früh benutzten Stellen wird man Dan 7, Psalm 110 und Jes 53 zu rechnen haben. Diese Rezeption des Alten Testaments beginnt jedenfalls sehr früh. Sie setzt übrigens eine umfassende Kenntnis der Schrift voraus und ist sicher nicht nur als Festhalten an jüdischem Erbgut zu verstehen.

Dieser Vorgang ist als ein Prozeß mit Wechselwirkung zu bezeichnen. Einerseits hat man den überkommenen Schriftbeweis auf Christus angewandt und hat dann daraus christologische Aussagen entwickelt (vor allem im Zusammenhang mit der Menschensohnvorstellung); andererseits haben bestimmte christologische Vorstellungen, die sich sehr früh gebildet hatten, den Schriftbeweis nach sich gezogen (z. B.: Leiden ›für uns‹ – Jes 53). Das ist im einzelnen schwer aufzuzeigen, muß aber deshalb beachtet werden, weil dadurch unterstrichen wird, daß das Christuszeugnis der frühen Gemeinden kein theoretisches, am Schreibtisch erdachtes System ist, sondern sich im Vollzug von Verkündigung und Mission entfaltet hat.

Zwischen dem Selbstverständnis der frühen Christenheit, von dem schon die Rede war (s. o. S. 86), und den christologischen Aussagen besteht ebenfalls eine Wechselwirkung. Bestimmte Aussagen über Jesus Christus ziehen solche über die Gemeinde nach sich und umgekehrt. Das ist nun deshalb wichtig, weil manche Deutungen der Menschensohn-Christologie, die der ältesten Schicht der Tradition zuzuweisen ist, dazu verführen, die Urgemeinde als eine rein apokalyptische Gemeinschaft anzusehen, die sich lediglich in der Verehrung Jesu vom Judentum unterschieden hat. Das hat dann zu der Behauptung geführt, daß die Apokalyptik die Mutter aller christlichen Theologie sei. Aber damit werden die Tatsachen völlig verzeichnet. Denn wenn auch die Apokalyptik zum Teil das Arsenal war, aus dem die frühe Gemeinde ihre Begrifflichkeit übernahm, so war diese Gemeinschaft in erster Linie bestimmt durch den Glauben an Gottes Tat in Christus. Gewiß, sie hat sich eschatologisch verstanden, d.h. sich als Gottes Volk, das in der Endzeit gerettet wird, angesehen. Aber dieses Selbstverständnis ist von der Christologie her bestimmt. Das ist kein *prae* einer Lehre, sondern das *prae* einer Erfahrung. Man weiß in dieser Gemeinde, daß Gott in Christus »seine Verheißungen eingelöst und sein Wort wahrgemacht«[2] hat, aber nicht in einem kosmischen Drama, sondern in Tod und Auferstehung Jesu Christi. Damit ist die jüdische Heilserwartung, insbesondere die apokalyptische Hoffnung umgewandelt, ja zerbrochen. Daß dann durch die Aufnahme apokalyptischer Begriffe überlieferte Vorstellungen sich sekundär mit der Christologie verbinden, ist ein Hinweis auf die Wechselwirkung, die auch hier vorliegt. Der Vorrang des Osterglaubens wird dadurch nicht in Frage gestellt.

Unter Berücksichtigung dieser Gesichtspunkte kann man nun auch *die christologischen Hoheitstitel* (Menschensohn, Messias usw.) untersuchen und von ihnen aus das Christuszeugnis dieser ältesten Gemeinden zu erfassen versuchen.

Es ist kaum zu bestreiten, daß die Bezeichnung Jesu als ›*Menschensohn*‹ die älteste Stufe der Christologie kennzeichnet. Dieser Begriff (aramäisch *bar-'aenaš*, bzw. *bar-naša*) ist in dem Danielbuch c.7, auch im aethiopischen Henoch und im 4. Esrabuch eine Gestalt der Endzeit, die in verschiedener Weise mit dem letzten Gericht in Verbindung gesetzt wird.

Die religionsgeschichtlichen Probleme, die mit dieser Gestalt zusammenhängen, sind sehr umstritten. Sie brauchen hier nicht erörtert zu werden. Auch die Frage, ob Jesus sich selbst als ›Menschensohn‹ bezeichnet hat, wird verschieden beantwortet. Es sei hier dazu nur bemerkt, daß die oben gegebene Darstellung der Verkündigung Jesu (s. o. S. 63 ff.) der Annahme widerspricht, die Menschensohnworte in der synoptischen Tradition seien Worte des irdischen Jesus. Die Unvereinbarkeit von Reich-Gottes-Predigt mit der Vorstellung vom ›Menschensohn‹ zeigt, daß dieser Titel nicht in die Lebzeiten Jesu zurückreicht[3].

Eine genaue Analyse der synoptischen Tradition, in der der Menschensohn-Titel vorwiegend belegt ist (dazu kommen zwölf Stellen bei Joh und eine in Apg), führt zu dem Schluß, daß dieses Prädikat in der aramäisch sprechenden Urgemeinde (und/oder bei den Hellenisten?) gebraucht worden ist. Eine genaue Aussage ist nicht möglich, da das vorliegende Quellenmaterial darauf hinzuweisen scheint, daß die Menschensohn-Christologie in beiden Gruppen vertreten worden ist, eine Differenzierung aufgrund des Titels allein also nicht erfolgen kann. Auch wenn die meisten Menschensohnworte in der Spruchquelle Q überliefert sind, so ist damit doch nicht erwiesen, daß diese Titulatur nur in einer Gruppe gebraucht worden ist. Allerdings zeigt die religionsgeschichtliche Herkunft des Begriffs, daß er von gebürtigen Juden auf Jesus übertragen wurde.

Es ist nun keineswegs so, daß mit der Übertragung dieses Titels auf Jesus auch gleich ein ausgefeiltes christologisches System entstanden wäre. Vielmehr haben die vielfältigen Arbeiten an diesem Problem gezeigt, daß die Menschensohn-Vorstellung in der frühen Kirche eine gewisse Entwicklung durchgemacht hat. Die von R. Bultmann vorgeschlagene Gliederung der Menschensohnworte in drei Gruppen[4] wird nicht ausreichend sein, um den Traditionsprozeß aufzuhellen, kann höchstens als erste Hilfe dienen.

Es geht um folgende Gruppierung:

a) Worte, die vom kommenden Menschensohn sprechen;
b) Worte, die den leidenden und auferstehenden Menschensohn zum Inhalt haben;
c) Worte, in denen vom gegenwärtig wirkenden Menschensohn die Rede ist.

Diese Einteilung mag hilfreich sein. Nur ist damit nicht gesagt, daß lediglich eine Gruppe (für Bultmann z. B. a) zu der ältesten Traditionsschicht gehört. Vielmehr ist offenbar sehr früh zu der ältesten Anschauung, daß der mit Jesus identifizierte Menschensohn der kommende Richter ist, die Deutung des Leidens und Sterbens – als schriftgemäß – hinzugetreten. Es entzieht sich unserer Kenntnis, auf welcher Stufe sich diese Verbindung vollzogen hat. Aber wenn man den Ansatz zum Schriftbeweis so früh ansetzt, wie es oben geschehen ist, dann kann die Verbindung von Menschensohn und Leidensaussage nicht sehr viel später erfolgt sein.

Es muß dabei auch berücksichtigt werden, daß die Menschensohn-Christologie nur kurze Zeit das Feld beherrschte, man also nicht mit sehr langen Entwicklungsprozessen rechnen kann. Sie ist offenbar sehr früh – mit dem Übergang des Evangeliums in heidenchristliche Gemeinden? – durch andere Vorstellungen abgelöst und ergänzt worden. Aber durch die sehr frühe Fixierung der Tradition der ›Worte Jesu‹ blieb diese Menschensohn-Christologie erhalten, auch wenn sie immer wieder umgedeutet wurde. Was besagte es nun inhaltlich, wenn Jesus als der Menschensohn bezeichnet und verkündet wurde?

Der Menschensohn ist keine Messiasgestalt im herkömmlichen Sinn der jüdischen Messiasvorstellungen. Die christliche Gemeinde, die diesen Titel auf Jesus übertrug, erwartete das Erscheinen dieser Heilsgestalt nicht in dem Sinn, daß sie von ihr die Wiederaufrichtung des Reiches Israel erhoffte (auch Mt 19,28 spricht nicht gegen diese Auffassung). Man kann auch den Menschensohn nicht als eine rein transzendente Gestalt bezeichnen (etwa im Gegensatz zu dem Messias der Psalmen Salomos). Gewiß thront der Menschensohn zur Rechten der Kraft Gottes (Mk 14,62 par.), und die Gemeinde wartet auf sein Erscheinen auf den Wolken des Himmels zum Gericht. Dieses Erscheinen erfolgt plötzlich und überraschend wie der Blitz (Mt 24,26f.). Man kann sich nicht vorbereiten auf dieses Erscheinen, kann auch nicht vorhersagen: hier ist er oder dort. Er kommt wie ein Dieb in der Nacht, unvorhergesehen und ohne sich anzukündigen (Lk 12,39f. par.).
Aber diese Aussagen müssen insofern eingeschränkt werden, als sich die Gemeinde, die diese Worte tradiert hat, berufen weiß, den kommenden Richter, d.h. den Menschensohn zu verkünden, und auch überzeugt ist, daß sich am Glauben an diesen Menschensohn das Urteil entscheiden wird (Lk 12,8 par.). Sie erwartet sogar noch mehr: das Kommen des Menschensohnes wird erfolgen, ehe noch alle Menschen in Israel vor die Entscheidung gestellt sind. Die Jünger Jesu werden mit ihrer Predigt in den Städten Israels nicht fertig werden, bis der Menschensohn kommt (Mt 10,23).
Dem scheint zu widersprechen, wenn es Mk 13,26f. heißt: »Dann wird man sehen den Menschensohn kommen mit viel Macht und Herrlichkeit; und dann wird er die Engel aussenden und die Erwählten aus den vier Winden sammeln, vom Ende der Erde bis zum Ende des Himmels.« Aber es liegt hier nur ein scheinbarer Widerspruch vor. Denn einerseits ist Mk 13 ein apokalyptisches Traditionsstück, an dem man gut aufzeigen kann, wie sich apokalyptisches Traditionsmaterial aufgrund der Rezeption des Menschensohntitels ankristallisiert hat. Andererseits ist die Aussendung der Engel, um die Auserwählten zu sammeln, ein Teil des Gerichts, während Mt 10,23 von der Tätigkeit der Jünger vor dem Erscheinen des Menschensohnes, d.h. vor Beginn des Gerichts, spricht. Die Haltung zu dem verkündeten Menschensohn wird jedenfalls das Kriterium für das Urteil im Gericht sein (vgl. Lk 18,8).
Auch die Aussage, daß der Menschensohn Macht habe, Sünden zu vergeben (Mk 2,1–12), ist in die Vorstellung vom kommenden Gericht einzuordnen: der Menschensohn ist der Richter, und er kann – wie im Fall des Gelähmten – auch die Strafe erlassen.
Es ist durchaus möglich, daß mit der Menschensohn-Vorstellung

auch eine bestimmte Sicht des Gesetzes verbunden war. Aus Mt 5,17–20.23f. kann man schließen, daß in dieser Gemeinde das alte Gesetz verbindlich geblieben war und auch das Zeremonialgesetz als gültig angesehen wurde. Allerdings muß hier auf Mk 2,23–28 hingewiesen werden. Wenn es Mk 2,28 heißt: »Somit ist der Sohn des Menschen Herr auch über den Sabbat«, so ist damit doch gesagt, daß die Auslegung des Gesetzes vom Menschensohn bestimmt wird. Das aber paßt nicht ganz zu den rein futurischen Aussagen. Damit stellt sich die Frage, ob nicht die Worte vom gegenwärtig wirkenden Menschensohn zu der frühesten Christologie gehört haben.

Das ist energisch bestritten worden[5], vor allem unter Bezugnahme darauf, daß in der Spruchquelle Q, in der ja die futurischen Menschensohnworte begegnen, kein Osterbericht enthalten sei. Das ist richtig, besagt aber natürlich nicht, daß in der Gemeinde, in der Q entstanden ist, der Osterglaube fehlte. Dieser aber ist wohl der Faktor, der zu einem Nebeneinander von Aussagen über das ›Kommen‹ des Menschensohnes und sein gegenwärtiges Wirken geführt hat. Gewiß wird man den futurischen Charakter der Menschensohn-Vorstellung im Urchristentum nicht verharmlosen dürfen, wird aber doch bedenken müssen, daß es sich nicht um eine durchdachte Schuldogmatik handelt. Daher ist es naheliegend, daß auch die Aussagen über das gegenwärtige Wirken des Menschensohnes (Sündenvergebung, Gesetzesauslegung) von Anfang an dazu gehörten.

Schwieriger sind die Worte zu beurteilen, in denen vom Leiden und Sterben des Menschensohnes die Rede ist (z.B. Mk 8,31 par.; Mk 9,31 par.; Mk 14,41). Man hat diese ›Dahingabe-Worte‹ oft als recht späte Bildungen angesehen. Aber eine genaue Untersuchung dieser Logien führt zu dem Schluß, daß die Aussage: »Der Menschensohn wird in die Hände der Menschen ausgeliefert« (Mk 9,31) den Anfang der Tradition vom leidenden Menschensohn darstellt[6]. Diese einfache, aus der Apokalyptik nicht ableitbare Aussage ist eine radikale Interpretation des Todes Jesu, die vielleicht mit dem schon erörterten Gedanken der ›Notwendigkeit‹ zusammenhängt. Dann aber wird man sie zeitlich nicht zu scharf von den anderen Aspekten der Menschensohn-Christologie trennen können.

Man wird bei der Erörterung des Problems der Menschensohn-Christologie deren komplexen Charakter immer beachten müssen. Verständlich ist diese Vorstellung nur, wenn man sie in den Gesamtzusammenhang urchristlichen Glaubens einordnet. Insbesondere ist zu beachten, daß die Übernahme des Menschensohntitels durch eine Gemeinschaft erfolgte, die keine jüdische Sekte mehr war, sondern Gemeinde Jesu Christi sein wollte.

Wie kam die Gemeinde des Anfangs dazu, Jesus als den Menschensohn zu bezeichnen? Zunächst ist zu betonen, daß diese Deutung der Person Jesu engstens mit dem Osterglauben zusammenhängt. Die Auferstehung Jesu wurde von den Jüngern als Anbruch der Endzeit verstanden, Jesus war für sie der Erstling der Endzeit. Aber er war auch der, mit dem sie zu seinen Lebzeiten zusammengewesen waren und dessen Worte sie sammelten und weitergaben. Der Entscheidungscharakter der Person und der Verkündigung Jesu war mit seinem Tod nicht dahin, sondern war durch die Auferstehung bestätigt. Diese Überzeugung mußte aber personal ausgedrückt werden, d. h. die Person Jesu mußte so bezeichnet und beschrieben werden, daß seine Würde und seine Vollmacht klar zum Ausdruck kamen.

Der Titel Menschensohn war für diesen Zweck geeignet, weil er die eschatologische Richter- und Retterfunktion zum Ausdruck brachte. Aber auch wenn dieser Begriff aus der jüdischen Apokalyptik entnommen war, so war der Rahmen dieser Vorstellung damit zerbrochen. Denn nach urchristlicher Anschauung ist dieser Richter und Retter als Ausleger des Gesetzes gegenwärtig. Jedenfalls kann man annehmen, daß sehr früh die futurischen Aussagen über den Menschensohn durch die über sein gegenwärtiges Wirken ergänzt wurden. Ob der Stephanuskreis in dieser Frage eine Bedeutung hatte, kann man vermuten, aber nicht beweisen. Die Menschensohn-Christologie ist zwar der beherrschende, aber nicht der einzige Versuch der frühesten Christenheit gewesen, die Bedeutung von Person und Werk Jesu Christi begrifflich zu erfassen und auszusagen.

Neben der Aussage, Jesus sei der Menschensohn, steht die andere, er sei der *Messias*. Dieser alte Titel muß noch im aramäischen Bereich auf Jesus übertragen worden sein. Denn die griechische Übersetzung ›Christus‹, ›der Gesalbte‹, taucht von Anfang an auf und wird sehr bald zum Eigennamen, da man seine ursprüngliche Bedeutung nicht mehr kannte.

Auch der Titel ›Messias‹ hat seine lange Vorgeschichte im Judentum. Zu beachten ist, daß es zur Zeit des Urchristentums keine einheitliche jüdische Messias-Dogmatik gegeben hat, vielmehr recht unterschiedliche Vorstellungen sich mit diesem Titel verbanden. Man kann nur allgemein formulieren: Messias ist in dieser Zeit die Bezeichnung für eine endzeitliche Heilsgestalt, die zum Teil als politischer Retter, zum Teil als religiöser Erlöser erwartet wurde[7]. Besonders volkstümlich war wohl die Hoffnung auf einen endzeitlichen König aus Davids Haus, der das Reich Israel wieder herstellen würde.

Jesus hat sich selbst natürlich nicht als politischen Messias verstanden. Aber auch die anderen Aspekte der messianischen Hoffnung lassen sich mit der Verkündigung Jesu kaum vereinbaren, so daß man wohl annehmen muß, daß der irdische Jesus sich für seine Person dieses Titels nicht bedient hat (trotz Mk 8,27ff. par.; vgl. o. S. 65). Vielmehr hat wohl erst die nachösterliche Gemeinde diese Bezeichnung aufgenommen und Jesus beigelegt. Aus vorpaulinischen Aussagen, die der Apostel in seinen Briefen verwendet, läßt sich erschließen, daß das recht früh geschehen ist. Es geht vor allem um eine alte Glaubensformel (auch Pistisformel oder Credo genannt[8]), die ursprünglich wohl so gelautet hat:

»Christus ist für uns gestorben« (Rm 5,8)
und »Gott hat ihn von den Toten auferweckt« (Rm 10,9).

Es braucht hier nicht erörtert zu werden, ob die beiden Teile der Formel ursprünglich gesondert umliefen oder von vornherein zusammengehörten (was angesichts des Subjektwechsels unwahrscheinlich ist), wie auch nicht alle Stellen, in denen man die Benutzung dieser Formel vermuten kann, behandelt werden müssen. Hier genügt der Hinweis, daß der Titel ›Christus‹ seinen ›Haftpunkt‹ in der Aussage hat: Jesu Tod ist für uns geschehen. Eine wohl früh vorgenommene Erweiterung ist dann: »für unsere Sünden« (1. Kor 15,3).

Nun ist nachzuweisen, daß eine derartige Aussage nicht in den Schichten der synoptischen Tradition begegnet, die mit großer Wahrscheinlichkeit der aramäischen Urgemeinde zuzuweisen sind. Jedenfalls hat sie sich nicht in der Spruchquelle niedergeschlagen. Das besagt nicht, daß es in dieser Gruppe keine Aussagen über den Sühnecharakter des Todes Jesu gegeben hat. Aber sie waren nicht mit dem Messiastitel verbunden (vgl. 1. Kor 11,24; Mk 14,24). Man kann daher vermuten, daß die aramäisch sprechenden Christen bekannt haben: Gott hat Jesus auferweckt und ihn zum Menschensohn eingesetzt. In der griechisch sprechenden Gemeinde ist dann die Deutung des Todes Christi als Heilsgeschehen ›für uns‹ hinzugefügt. Daß dieser Tod als schriftgemäß angesehen wurde, ist schon erörtert worden.

Diese Überlegungen, die auf den traditionsgeschichtlichen Arbeiten der neueren Zeit beruhen, führen sicher nicht zu unumstößlichen Ergebnissen. Aber sie passen doch zu dem Gesamtbild, das wir von der frühesten Zeit erarbeiten können. Man darf natürlich nicht meinen, daß es damals große theologische Systeme waren, die gegeneinander standen. Vielmehr haben kleine Gruppen, die aus verschiedenem Milieu stammten, versucht, ihren Glauben an den

Auferstandenen mit ihnen geläufigen Titeln und Begriffen auszudrücken. Menschensohn und Messias gehören in unterschiedliche Bereiche der jüdischen Religionsgeschichte. Aber im Urchristentum sind sie offensichtlich miteinander verbunden. Das konnte nur geschehen, weil es nicht um Menschensohn oder Messias im herkömmlichen Sinn ging, sondern um Gottes Heilstat in Jesus.
Auf einen weiteren christologischen Titel muß noch kurz eingegangen werden, auch wenn man vielfach angenommen hat, er sei erst im hellenistischen Heidenchristentum auf Jesus übertragen worden: *der Herr (griechisch: Kyrios).* Nun ist es richtig, daß eine bestimmte Ausformung der Vorstellung von dem Herr-Sein Christi, nämlich die von Christus als dem Weltherrn (Kosmoskrator), sich erst in einer späteren Phase des Urchristentums belegen läßt (vgl. z. B. Phil 2,11).
Aber 1. Kor 16,22 begegnet die Formel ›*Maranatha*‹. Es heißt dort am Schluß des 1. Kor: »Wenn jemand den Herrn nicht liebt, so sei er verflucht! Maranatha. Die Gnade des Herrn sei mit euch.«
Paulus benutzt hier eine alte Formel, die der Gemeinde so bekannt gewesen sein muß, daß er sie nicht zu übersetzen brauchte. Diese Formel begegnet auch in der Abendmahlsliturgie der Didache (c. 10,6; diese Kirchenordnung stammt aus Syrien vom Ende des 1. Jahrhunderts) und in der Offenbarung (Apoc Joh 22,20), hier allerdings in griechischer Sprache: »Komm Herr Jesu!.« Diese griechische Übersetzung ist deshalb wichtig, weil damit der Sinn dieser Worte, der an sich verschieden gedeutet werden kann (perfektisch oder praesentisch), klar ist: es ist ein eschatologischer Bittruf, der in die Liturgie des Herrenmahls gehört und mit dem um die Wiederkunft Christi gebeten wird. Jedenfalls spricht viel dafür, daß das Herrenmahl der ursprüngliche ›Sitz im Leben‹ dieser Formel war. Daß es sich um einen Gebetsruf der aramäisch sprechenden Gemeinde handelt, dürfte wohl nicht zu bestreiten sein.
Mit der Feststellung, daß Jesus in der Urgemeinde bei der Feier des Herrenmahls als Herr (aram. *Mara*) angerufen wurde, ist die Frage noch nicht geklärt, ob die Akklamation Jesu als des Herrn, wie sie im hellenistischen Bereich begegnet, in die Frühzeit zurückreicht. Diese Frage muß verneint werden. Denn es geht hier um zwei verschiedene Vorstellungen.
Auf den Sinn der hellenistisch-christlichen Verehrung des Kyrios und ihre theologischen Aspekte wird später einzugehen sein. Hier ist nur festzustellen, daß das Wort Mara (Herr) nach Ausweis vieler Zeugnisse im profanen wie im theologischen Bereich auf Autoritäten angewandt und als Höflichkeitsanrede gebraucht wurde. Vielfach scheint es sich dabei um richterliche Autoritäten gehandelt zu

haben, die so angeredet worden sind. Als Gottesbezeichnung oder -anrede ist das Wort nur selten belegt[9].

Die alte aramäische Formel ›Maranatha‹ zeigt, daß man die Bezeichnung Mara (Herr) auf Jesus übertragen hat. Das hängt mit der Menschensohn-Christologie zusammen. Denn eine Anrede Jesu im Gebet mit dem Titel Menschensohn würde, soweit wir den aramäischen Sprachgebrauch übersehen, bedeuten: »o Mensch, o Menschenkind.« Damit würde natürlich der Sinn der Titulatur verfehlt. Die Bezeichnung Jesu als Menschensohn mußte also, wenn eine Anrede im Gottesdienst oder im Prophetenspruch erforderlich war, durch einen Titel ergänzt werden, der zu der Menschensohn-Vorstellung paßte. Mari (mein Herr) oder Marana (unser Herr) legten sich nahe, weil damit auch die richterliche Autorität des Menschensohns zum Ausdruck gebracht werden konnte. Beide Bezeichnungen, Menschensohn und Mara, gehören zusammen und sind nicht etwa Ausdruck verschiedener theologischer Konzeptionen. Daß in einer späteren Phase sich an die Bezeichnung Jesu als ›Herr‹ andere christologische Vorstellungen angliedern konnten, gehört in einen anderen Zusammenhang.

Mit der Anrede Mari oder Marana ist nicht der Kosmokrator gemeint, der in der Präexistenz göttliche Würde besaß und Gott gleich war, dann Mensch wurde und starb, nach der Auferstehung nun wieder göttliche Ehre beanspruchen darf (vgl. den Christushymnus in Phil 2), sondern es geht um den von Gott durch die Auferstehung zum Menschensohn eingesetzten Jesus, der zum Gericht erwartet wird und um dessen Kommen man betet. Damit ist diesem Christusbild ein Zug der Unterordnung unter Gott zu eigen (in der Dogmengeschichte nennt man eine derartige Christologie Subordinatianismus). Das hängt wohl mit dem strengen jüdischen Monotheismus zusammen, den die Urgemeinde selbstverständlich vertreten hat. Trotz aller hochgespannten Erwartungen und Hoffnungen, die sich mit dem Menschensohn verbanden, hat man den Unterschied zwischen Gott und Menschensohn betont. Der hebräische Gottesname Adonaj ist ja auf Jesus nicht angewandt worden.

Allerdings ist damit nicht gesagt, daß man im Gottesdienst neben Gott nicht auch den ›Herrn‹ anrief. Der Gebetsruf Maranatha zeigt ja, daß man auch insofern nicht mehr jüdische Gemeinde war, als man sich im Gebet auch an Jesus wandte. Man kann auch sagen: die Christologie ist von den Anfangszeiten an das Kennzeichen der Kirche Jesu Christi, die nicht mehr zur Synagoge gehört.

In dem Christuszeugnis der Urgemeinde ist der erste Versuch unternommen, Jesu Leben, Tod und Auferstehung zu verstehen und zu interpretieren. Damit sollte auch die Basis für die Verkündigung der Heilsbotschaft geklärt werden. In diesem ersten Versuch kommen wesentliche Elemente jeglicher Christologie zur Geltung:

a) Der Zusammenhang zwischen dem historischen Jesus und dem Erhöhten ist gewahrt. Denn der Menschensohn wird mit Jesus von Nazareth identifiziert.

b) Der Entscheidungscharakter der Person Jesu und der Botschaft vom kommenden Gericht, in dem die Gemeinde der ›erwählten Heiligen‹ gerettet wird, ist bestimmend. Es geht also nicht um dogmatische Spekulation, sondern um Antwort auf einen Anspruch.

c) Jesu eschatologische Predigt, die man in ersten Sammlungen tradiert hat, wird in der eschatologischen Predigt vom kommenden Menschensohn fortgesetzt. Allerdings ist diese ›Fortsetzung‹ dadurch bestimmt, daß Kreuz und Auferstehung als Zeichen der Zeitenwende, d. h. als Beginn der neuen Zeit Gottes verkündet werden.

d) Das Geschehen ›Jesus Christus‹ ist nicht ein historisches Faktum wie andere Ereignisse dieser Welt, sondern es ist Geschehen ›für uns‹ und hat Sühnecharakter.

e) Die Christologie ist nicht zu trennen von dem Auftrag, dieses Handeln Gottes der Welt zu verkünden und sie dadurch vor die Entscheidung zu stellen.

Auch wenn viele Gesichtspunkte der späteren christologischen Systeme fehlen, so ist das Christuszeugnis der Urgemeinde doch der Ausgangspunkt aller weiteren Christologie.

8. Kapitel

Die Entstehung christlicher Gemeinden außerhalb Jerusalems

Der Weg der christlichen Verkündigung in die Welt hinein ist für die Jahrzehnte bis zur Zerstörung Jerusalems nur an einzelnen Punkten faßbar. Auch hier sind wir auf Kombinationen und Rückschlüsse aus den wenigen Nachrichten angewiesen, die wir haben. Die Apg gibt einige Hinweise auf die sich schnell vollziehende Ausbreitung, wobei man sich allerdings bezüglich des zahlenmäßigen Wachstums sicher keine übertriebenen Vorstellungen machen darf. Andererseits lassen sich einige Stellen der synoptischen Tradition dahingehend auswerten, daß an den dort genannten Orten für die Zeit der Fixierung der Tradition (oder der Abfassung der Evangelien) christliche Gemeinden anzunehmen sind. Schließlich ergibt sich aus den Paulusbriefen nicht nur ein eindrucksvolles Bild von diesem größten Missionar der ersten Jahrzehnte und von seinen Mitarbeitern, sondern es wird auch noch etwas von der Tätigkeit anderer Missionare sichtbar.

Es sei hier zunächst versucht, die *Entwicklung der ersten anderthalb Jahrzehnte,* d.h. die Zeit bis zum Apostelkonvent darzustellen.

Den entscheidenden Schritt aus Jerusalem heraus und damit zugleich auch aus dem engeren Kreis des Judentums heraus haben die vertriebenen Hellenisten, also die geflüchteten Angehörigen des Stephanuskreises, getan. Wenn es Apg 8,4 heißt: »Die Verstreuten nun zogen hindurch, das Wort verkündend«, dann ist damit der Sachverhalt, um den es hier geht, richtig angedeutet, auch wenn der Verfasser der Apg den genauen Ablauf des Geschehens entweder nicht mehr gekannt hat oder aber ihn bewußt in seine Konzeption von der Geschichte der Kirche als einem geradlinigen Prozeß unter der Ägide der Apostel in Jerusalem eingeschmolzen hat. Immerhin ergibt sich aus den folgenden Abschnitten, in denen Lukas alte Traditionen verarbeitet hat, daß einerseits Philippus, einer der Sieben (Apg 6,5), in Samarien, in Azotus, in der Ebene von Saron und in Caesarea gewirkt hat. Andererseits werden von Petrus Wunder in Lydda und Joppe berichtet, ehe dann erzählt wird, wie die Leute des Cornelius ihn nach Caesarea holen, wo nun durch Petrus der erste Heide bekehrt wird. Für alle diese Orte wird man eine Entstehung von christlichen Gemeinden in der frühesten Zeit (nach der Ermordung des Stephanus?) anzunehmen haben. Auf ein paar Einzelheiten muß näher eingegangen werden.

In Apg 8,5–25 wird von der Tätigkeit des *Philippus in Samarien* berichtet. Lukas hat hier offensichtlich drei Dinge zusammengefügt: einmal die Mission des Philippus in der (oder in einer) Stadt Samaria (Samariens). Ob damit Samaria-Sebaste oder Sichem-Neapolis gemeint sein soll, läßt sich nicht sagen. Die Frage ist aber nicht unwichtig. Denn Sichem hatte eine samaritanische (also halbjüdische) Bevölkerung, während Sebaste eine heidnische Stadt war. Wir kommen darauf noch zurück. Diese Mission, die von Wundertaten begleitet ist, hatte nach der Apg großen Erfolg. Dann folgt der Bericht über den Zauberer Simon, der vor Philippus bereits dort tätig war und großen Anhang hatte. Und schließlich reisen Petrus und Johannes aus Jerusalem an, um die von Philippus Bekehrten durch Handauflegung mit dem Heiligen Geist zu begaben und sie so in die Gemeinschaft der Kirche von Jerusalem aufzunehmen. Diesem Teil ist die Erzählung von dem Versuch des Simon, durch Geld die Vollmacht der Apostel zu erwerben, und von der Verdammung des Simon durch Petrus, eingefügt.

Eine genaue Analyse dieses ganzen, von Lukas sehr geschickt und seinen Intentionen entsprechend gestalteten Abschnitts führt den Historiker zu dem Ergebnis, daß Philippus in Samarien mit Erfolg missioniert hat und daß diese Mission auch von Jerusalem aus anerkannt worden ist.

Wen hat nun Philippus eigentlich bekehrt: Samaritaner oder Heiden? Diese Frage ist aufgrund dieses Abschnitts der Apg nicht zu beantworten. Aber man hat wohl mit Recht aus der Begegnung Jesu mit der Samaritanerin Joh 4,1–42, vor allem aus dem Epilog dieser Perikope (Joh 4,31 ff.), geschlossen, daß die Mission in Samarien vom Evangelisten als von Jesus selbst gewollt angesehen wird.[1] Dabei legt es sich nach dem johanneischen Text nahe, an die Christianisierung der Samaritaner zu denken. Gegen diese These von der Mission unter den Samaritanern (also nicht unter den Heiden in Sebaste und an anderen Orten) könnte man die Gestalt des Simon anführen, der ja nur im Bereich der hellenistisch-heidnischen Bevölkerung vorstellbar ist. Aber das ist kein Gegenargument, weil die Gestalt des Simon wohl erst von Lukas mit der Tradition vom Wirken des Philippus zusammengebracht worden ist.

Es ist nicht zu sagen, ob auch das Eingreifen der Jerusalemer Apostel erst sekundär mit der Philippustradition verbunden ist. Die Trennung von Taufe und Geistbegabung (vgl. Apg 8,12 mit

8,17) ist bemerkenswert. Sie widerspricht dem urchristlichen Verständnis von Taufe, die den Geist verleiht. Das deutet auf lukanische Gestaltung: die neu entstandene Gemeinde wird durch die Jerusalemer Gesandten voll in die Gesamtkirche eingegliedert. Aber das besagt natürlich nicht, daß der Verfasser der Apg nicht eine Tradition über das Wirken des Petrus in diesem Zusammenhang benutzt hat. Nur können wir nicht mehr sagen, wie diese Tradition aussah.

Die andere Philippusgeschichte (8,26–40), in der die *Bekehrung eines Mannes aus Äthiopien* (d.h. Nubien) berichtet wird, ist ursprünglich wohl eine Einzellegende gewesen. Sie ist in unserem Zusammenhang wichtig, weil sie zeigt, daß Philippus auch in der Gegend von Gaza, dann in Asdod und in den Küstenstädten der Ebene Saron (vgl. Apg 9,35) bis hin nach Caesarea (8,40; vgl. 21,8f.: Philippus wohnt in Caesarea) gewirkt hat. Näheres läßt sich darüber nicht mehr sagen. Aber es ist ja zu beachten, daß die beiden Petruserzählungen (Heilung des Aeneas in Lydda: 9,32 bis 35; Erweckung der Tabitha vom Tode in Joppe: 9,36–43) voraussetzen, daß in beiden Orten schon Christengemeinden existieren. Das wird eine Folge der Tätigkeit des Philippus gewesen sein. Jedenfalls geht aus alledem hervor, daß die zerstreuten Hellenisten tatsächlich in Palästina Mission getrieben haben. Wichtig ist weiter, daß die neu entstandenen Gemeinden in irgendeiner Weise Kontakt mit Jerusalem gehabt haben. Vielleicht war Petrus dabei der Mittelsmann, was sich nach seiner Rolle in Antiochien nahelegt (vgl. Gal 2,11ff.). Gründer dieser erwähnten Gemeinden war er nicht. Das wäre in der Tradition haftengeblieben.

Dagegen könnte die *Gründung der Gemeinde von Caesarea* durch Petrus erfolgt sein. Jedenfalls scheint das der historische Kern der großen Erzählung von der Bekehrung des Cornelius zu sein (Apg 10,1–48; dazu gehört natürlich auch die Verteidigung dieser Heidenbekehrung durch Petrus in Jerusalem: Apg 11,1–18). Diese Erzählung ist von Lukas ohne Zweifel aufgrund alter Tradition gestaltet. Er hat sie aber mit dem ganzen Gewicht seiner theologischen Konzeption befrachtet, so daß die Trennung von Tradition und lukanischer Komposition hier besonders schwierig ist.[2]

Wie wichtig dem Verfasser der Apg gerade diese Perikope ist, zeigt sich auch daran, daß er in dem Bericht über den Apostelkonvent sowohl Petrus wie auch Jakobus auf diese Bekehrung des Cornelius zurückgreifen läßt (Apg 15,7 und 15,14). Mit seiner großen Komposition will Lukas dem Leser vor allem einprägen, daß Gott die Heidenmission will. Daß der erste Heide, der getauft wird, ein zu den ›Gottesfürchtigen‹, d.h. zu den Sympathisanten der Synagoge

gehöriger römischer Hauptmann ist und daß Petrus diese erste Taufe vollzieht, sind wichtige Nebenmotive. Aber die lukanische Komposition und ihre Intentionen brauchen hier nicht weiter erörtert zu werden. Wichtiger für unseren Zusammenhang ist die Frage, ob man über die von Lukas verarbeitete Tradition und damit über den historischen Kern der Erzählung etwas sagen kann.
Martin Dibelius hat dieser Perikope eine eingehende Analyse gewidmet. Er faßt das Ergebnis zusammen: »Eine Erzählung vom Centurio Cornelius, die in der Gemeinde umlief, berichtete, daß Cornelius durch einen Engel veranlaßt wurde, den Petrus aus Joppe holen zu lassen. Petrus, durch eine Himmelsstimme belehrt, folgt der Einladung; er findet Cornelius und die Seinen versammelt und erlebt, daß sie unter seinen Worten in ekstatisches Zungenreden ausbrechen. Das nimmt er als göttliche Bestätigung ihres Glaubens und zögert nicht, den Cornelius und seine Hausgemeinschaft zu taufen.«[3]
Das wird im großen und ganzen eine richtige Beschreibung des Inhalts der von Lukas verarbeiteten Tradition sein. Allerdings ergibt sich die Schwierigkeit, wie es eigentlich zu einer Aufnahme eines unbeschnittenen Heiden in die christliche Gemeinde durch Petrus vor dem Apostelkonvent kommen konnte. Diese Schwierigkeit läßt sich wohl dadurch beheben, daß man diesen Vorgang nicht zu früh ansetzt, vielleicht sogar erst nach dem Weggang des Petrus aus Jerusalem. Aber das ist nur eine Vermutung. Vieles spricht dafür, daß hinter dem lukanischen Bericht die Gründungslegende der Gemeinde von Caesarea steht, in der Petrus als der Gründer hervorgehoben war. Aber über den Zeitpunkt dieser Gründung kann man kaum etwas sagen.
Es liegen nun auch noch einige weitere Notizen vor, die für die Frage der *Ausbreitung des Christentums in Palästina und Syrien* in dieser Frühzeit herangezogen werden können. So werden Apg 8,1 Judäa und Samarien als die Gegenden genannt, in die sich die zerstreuten Hellenisten begeben haben. Daraus kann man schließen, daß es früh in Judäa Gemeinden gegeben hat, ohne aber nähere Angaben darüber machen zu können.
Paulus begibt sich nach Damaskus (oder lebt dort?), um die Christen in der Synagoge zu verfolgen. Es hat also in den ersten Jahren bereits in Damaskus Christen gegeben, die allerdings noch nicht von der Synagoge getrennt waren. Wie es zu dieser Gruppe gekommen ist, wissen wir nicht. Die ›Hellenisten‹ werden damit nichts zu tun gehabt haben (s. o. S. 100ff.).
In späterem Zusammenhang erwähnt die Apg Gemeinden in Tyrus (21,3), Ptolemais (21,7) und Sidon (27,3). Es ist aber nicht feststell-

bar, wann diese Gemeinden entstanden sind. Es könnte sein, daß sie zu den Gründungen gehörten, die in der frühesten Zeit von Philippus oder anderen ›Hellenisten‹ ins Leben gerufen sind.
Man hat versucht, aus den Angaben der Evangelien Rückschlüsse auf die Verbreitung des Christentums zu ziehen.[4] So zählt Mk 3,7f. die Gegenden auf, aus denen die Menschen zu Jesus kommen: Galiläa, Judäa, Jerusalem, Idumäa, die Gegend jenseits des Jordans, die Gegend von Tyrus und Sidon. Mt 4,24f. nennt Syrien und die Dekapolis. Lukas erwähnt 6,17 die Gegend von Tyrus und Sidon. Das könnte in der Tat auf die Existenz christlicher Gemeinden in diesen Gegenden zur Zeit der Abfassung der Evangelien hinweisen. Aber wie alt diese Gemeinden sind, läßt sich nicht sagen.
Zusammenfassend ist festzustellen: Infolge der Zerstreuung der ›Hellenisten‹ ist es zu einer Verbreitung des christlichen Glaubens in Palästina gekommen. Judäa, Samaria und die Küstenebene sind offenbar früh von der christlichen Botschaft erreicht worden. Von den Trägern dieser Mission ist nur Philippus etwas näher bekannt. Ansonsten liegt diese erste Phase der Missionsgeschichte weithin im dunkeln.
Eine andere Gründung dieser ›Hellenisten‹ ist *Antiochien* gewesen, das nun zu großer Bedeutung aufsteigen sollte. Apg 11,19–26 wird über die Entstehung dieser Gemeinde berichtet. Dazu muß man, um den Sachverhalt richtig zu verstehen, die Liste der »Propheten und Lehrer« in Antiochien Apg 13,1 nehmen. Denn diese Liste ist dem Lukas offenbar überliefert, und er hat daraus das Material für die etwas blasse Skizze in 11,19ff. genommen. Der Abschnitt in c. 11 ist jedenfalls ganz von Lukas gestaltet, und eine ›antiochenische Quelle‹ (Harnack, Jeremias) kann man daraus nicht konstruieren.
Lukas erwähnt zunächst kurz die Mission der vertriebenen ›Hellenisten‹ in Phönizien, Cypern und Antiochien (11,19). Für Antiochien hebt er dann einige Männer besonders hervor, die aus Cypern und der Cyrenaica stammen. Sie haben in Antiochien das Wort »auch zu den Griechen gesprochen« (v. 20; daß die viel bezeugte Lesart »Hellenisten« falsch ist, bedarf keiner Erörterung). Man wird nicht fehl gehen, wenn man hinter dieser allgemeinen Angabe die in 13,1 genannten Symeon, mit dem Beinamen Niger, und Lucius von Cyrene (beide aus der Cyrenaica?) sowie Barnabas (aus Cypern, vgl. 4,36) vermutet. Diese Predigt hat großen Erfolg (11,21), d. h. es kommt zu einer heidenchristlichen Gemeinde, wobei nicht ausgeschlossen ist, daß auch Judenchristen zu dieser Gemeinde gehört haben (vgl. Gal 2,13).

Die Nachricht von dieser Gründung gelangt nach Jerusalem, und daraufhin wird Barnabas, der in 11,24 besonders lobend hervorgehoben wird, nach Antiochien gesandt. Er bestärkt die Gemeinde in ihrem Vorhaben. Ja, er tut noch mehr: er reist nach Tarsus, holt den Paulus nach Antiochien und wirkt mit ihm ein ganzes Jahr zusammen. Lukas fügt noch hinzu, daß in Antiochien die Jünger zuerst ›Christen‹ genannt wurden.
Die Verse 11,22–26, die ja ein für Lukas typisches Übergangsstück sind, enthalten nun allerdings einige Angaben, die sich schlecht mit den Aussagen des Paulus Gal 1 vertragen. Denn Paulus berichtet nichts davon, daß er von Barnabas nach Antiochien geholt sei und dort ein Jahr mit diesem zusammen gewirkt habe. Auch die Sendung des Barnabas aus Jerusalem nach Antiochien scheint eine lukanische Konstruktion zu sein, die mit seinem Gesamtverständnis des Verlaufs der frühen Kirchengeschichte zusammenhängt. Es legt sich vielmehr nahe, in Barnabas, der Apg 13,1 als erster genannt wird, den Gründer der antiochenischen Gemeinde zu sehen. Man wird vermuten dürfen, daß er und die anderen in 13,1 genannten Männer (außer Paulus, der an letzter Stelle steht) zu den vertriebenen Hellenisten gehört haben. Sie haben in Antiochien den wichtigen Schritt zur Heidenmission getan.
Dieser Schritt zu den Heiden ist sicher nicht irgendeinem Zufall oder dem Einfall eines einzelnen zu verdanken, sondern beruht auf einer grundsätzlichen Entscheidung, die möglicherweise im Stephanuskreis in Jerusalem vorbereitet worden ist. Denn dieser Kreis, der aus hellenistischen Juden entstanden ist, scheint das Verhältnis zwischen Israel und den Heiden anders gesehen zu haben als die aramäisch sprechende Gruppe. Die Hellenisierung eines Teiles des Diasporajudentums wirkt hier weiter. Das wird besonders deutlich an der theologischen Entwicklung: aus diesen Gemeinden hat sich eine eigenständige hellenistisch geprägte Theologie – vor und neben Paulus – gebildet (vgl. u. S. 166ff.). Damit ist aber die Bedeutung dieser ersten Missionsgemeinden noch einmal unterstrichen. In ihnen ist das Fundament für eine auch der hellenistischen Welt verständlichen Verkündigung der Heilsbotschaft gelegt.
Auf einen weiteren Punkt sei noch hingewiesen. Die Vertreibung der ›Hellenisten‹ aus Jerusalem, die den Anstoß zu der Missionstätigkeit außerhalb der Stadt gab, war durch eine Kontroverse mit Angehörigen der Synagoge ausgelöst. Zugleich wurden offensichtlich auch Spannungen zwischen den ›Hebräern‹ und den ›Hellenisten‹ sichtbar (vgl. o. S. 106f.). Diese Spannungen sind wohl kaum mit dem Fortgang der einen Gruppe aus Jerusalem beendet gewesen.

Mit der Aufnahme von unbeschnittenen Heiden in die Kirche hat sich das Problem des Verhältnisses zwischen den unterschiedlichen Gruppen wohl eher verschärft, zumindest in den Augen des Jakobus und seiner Anhänger. Aber das hat nicht zur Kirchenspaltung geführt, vielmehr sind auch die Neugründungen von beiden Seiten als Teil der Kirche angesehen worden.

Damit sollen nicht die Angaben des Lukas, nach denen jeweils die Jerusalemer Autoritäten den neuen Gemeinden erst den Charakter der Kirche verliehen haben (Samarien, Caesarea, Antiochien), als den Tatsachen entsprechend deklariert werden. Von einer irgendwie gearteten Jurisdiktion Jerusalems über andere Gemeinden kann nicht die Rede sein. Eine gesamtkirchliche Rechtsstruktur gab es in diesen kleinen Gemeinschaften nicht. Aber der Glaube, zu dem einen Volk Gottes zu gehören, war natürlich auch in den Missionsgemeinden lebendig.

Hier ist noch einmal auf die Notiz des Lukas Apg 11,26 hinzuweisen: »Es geschah aber ..., daß zuerst in Antiochien die Jünger Christen genannt wurden«. Denn diese Bezeichnung, die der Gemeinde von Außenstehenden beigelegt worden sein muß, kennzeichnet sie als etwas Neues und Besonderes neben Juden und Heiden. Eine solche Benennung der ›Christusleute‹ ist nur denkbar, wenn die Gemeinde sich selbst als eine eigenständige Größe außerhalb der Synagoge verstand. Es ist wohl bezeichnend, daß dieser neue Name eben nicht in Jerusalem, sondern in Antiochien aufgekommen ist.

In dem Bild, das die Apg von der frühen Ausbreitung des Christentums zeichnet, treten nur in den ersten Jahren einige andere Missionare außer Paulus auf. Für Lukas gibt es eigentlich nur einen großen und bedeutenden Heidenmissionar, nämlich Paulus. Damit wird aber die Tatsache verdeckt, daß es offensichtlich in der Frühzeit eine große Zahl von Aposteln, Propheten und Missionaren gegeben hat, die die Arbeit der vertriebenen Hellenisten weiterführten und so die Form christlicher Verkündigung, die in entscheidender Weise das Gesicht der Kirche der folgenden Jahrhunderte geprägt hat, in die Welt trugen.

Aus der Existenz einiger Gemeinden, die nicht von Paulus gegründet sind, können wir schließen, daß sie von solchen Missionaren gegründet sind.

Die *Anfänge der christlichen Gemeinde in Ephesus,* der Hauptstadt der Provinz Asia liegen im dunkeln. Nach Apg 16,6 zieht Paulus durch Phrygien und Galatien, da er »vom heiligen Geist gehindert worden war, das Wort in der Asia zu verkünden«. Auch Bithynien ist ihm verschlossen (16,7: »der Geist Jesu ließ es ihnen nicht zu«).

So zieht er nach Troas, wo ihn ein ›Gesicht‹ nach Macedonien ruft (16,9). Paulus folgt diesem Ruf und geht nach Macedonien, womit die Mission nach Europa getragen wird.
Diese Reiseroute ist nun deshalb überraschend, weil es für den Apostel nahegelegen hätte, seine Tätigkeit in den griechischen Städten der kleinasiatischen Küste, z. B. in Ephesus, aufzunehmen. Lukas sagt, daß der Heilige Geist Paulus gehindert habe, d. h. er sieht in diesem Weg direkt nach Macedonien die göttliche Führung. G. Bornkamm hat daraus geschlossen, daß auf dieser Reise Paulus und seine Mitarbeiter den Entschluß gefaßt hätten, in den Westen, ja bis nach Rom vorzustoßen.[5] »Der Welthorizont der paulinischen Mission« werde bereits in dieser Phase des Wirkens des Apostels sichtbar.
Nun ist es sicher richtig, von dem ›Welthorizont‹ zu sprechen, vor allem wenn man die theologische Grundlage dieser paulinischen Sicht berücksichtigt. Aber es bleibt doch fraglich, ob bereits auf dieser Reise durch Kleinasien die Ziele so weit gesteckt waren. Es könnte ja auch einfach so sein, daß in den Bereichen der kleinasiatischen Westküste bereits andere Missionare tätig waren, denen Paulus auswich. Offensichtlich hat er es ja auch sonst vermieden, in Gebieten zu arbeiten, in denen Christus schon verkündet wurde (vgl. Rm 15,20; 2. Kor 10,15f.). Diese Deutung wird nun auch durch eine andere, mit mancherlei Schwierigkeiten belastete Perikope nahegelegt: Apg 18,18–23. In diesen Versen gibt Lukas eine zusammenfassende Notiz über die Reise des Paulus, der von Aquila und Priscilla begleitet wird, von Korinth nach Syrien. »Sie landeten aber in Ephesus, und jene ließ er dort. Er selbst aber ging in die Synagoge und predigte den Juden. Als sie ihn aber baten, längere Zeit zu bleiben, willigte er nicht ein, sondern . . . fuhr von Ephesus ab« (18,19–21). Es schließt sich dann die Notiz über die Reise nach Caesarea, Jerusalem (?) und Antiochien an.
Gewiß ist es nicht verwunderlich, wenn Paulus auf dem Weg nach Syrien über Ephesus segelt. Aber was bedeutet es, wenn Lukas sagt, Paulus habe seine Begleiter in Ephesus gelassen, er selbst aber sei in die Synagoge gegangen? Lag diese nicht in Ephesus? Warum nutzt Paulus nicht die Missionsgelegenheit in der Hauptstadt Asiens, sondern vertröstet die Juden, zu denen er gepredigt hat, auf spätere Zeit?
Diese Anstöße entfallen, wenn man annimmt, daß Lukas hier eine Nachricht über eine Fahrt von Korinth über Ephesus (ohne Aufenthalt dort) nach Caesarea erweitert hat durch die Notiz über den Gang des Paulus in die Synagoge und seine Predigt dort. Er will den Paulus als den ersten Prediger des Evangeliums in Ephesus

verstanden wissen. Das aber entspricht nicht dem tatsächlichen Verlauf der Geschichte.

Vielmehr hat es, wie noch aus der Darstellung des Lukas hervorgeht, vor Paulus eine Gemeinde in Ephesus gegeben. Apg 18,24 bis 28 tritt ein Jude aus Alexandrien, Apollos, auf, der »stark in der Schrift« genau über Jesus lehrte, aber nur die Taufe des Johannes kannte. Aquila und Priscilla hören ihn in der Synagoge und unterweisen ihn genauer. Er reist dann nach Korinth, um dort zu wirken.

In Apg 19,1–7 ist die Rede von den Johannesjüngern, die vom Heiligen Geist nichts wissen und sich auf den Namen des Herrn Jesus taufen lassen. Schließlich wird Apg 19,8f. berichtet, daß Paulus drei Monate in der Synagoge predigte und erst dann die christliche Gemeinde sich von den Juden trennte.

Eine genauere Analyse dieser Berichte führt zu dem Schluß, daß die Gemeinde in Ephesus eine vorpaulinische Gründung war. »Lukas hat seine liebe Not, die Priorität der paulinischen Predigt in dieser Stadt nachzuweisen.«[6] Paulus hat sich wohl schwergetan, in dieser Gemeinde Fuß zu fassen. Verfolgungen, Gefangenschaft und andere Schwierigkeiten haben seinen Aufenthalt in Ephesus bestimmt (s. u. S. 146). Bei Lukas ist davon nicht weiter die Rede. Immerhin läßt er den Apostel seine große Abschiedsrede vor den Ältesten von Ephesus in Milet halten, doch auch ein Zeichen dafür, daß der Verfasser der Apg noch etwas von den Schwierigkeiten, die Paulus in der nicht von ihm gegründeten Gemeinde erlebt hat, weiß.

Wer nun diese Gemeinde in Ephesus gegründet hat, welche Richtungen hier vertreten wurden und wie etwa das Verhältnis von Judenchristen und Heidenchristen war, können wir nicht sagen. Wir müssen uns damit begnügen festzustellen, daß Ephesus ein Beispiel für eine Gründung hellenistischer Missionare vor und neben Paulus ist.

Auch *die Gemeinde in Rom* ist eine vorpaulinische Gründung. Aus Apg 18,2 geht hervor, daß Aquila und Priscilla im Jahr 41 oder 48/49 als Christen nach Korinth kommen. D.h. in Rom hat es bereits anfangs der vierziger Jahre eine christliche Gemeinde gegeben, die aus der hellenistisch-christlichen Mission hervorgegangen ist. Paulus hat sich dieser Gemeinde in seinem Römerbrief vorgestellt. Es ist allerdings schwer, aus diesem Schreiben die Zusammensetzung der Gemeinde, ob judenchristlich oder heidenchristlich, zu erschließen. Nur das scheint aus späteren Quellen (z. B. 1. Clemensbrief, Ende des 1. Jahrhunderts) hervorzugehen, daß der Einfluß des hellenistischen Judentums nicht gering gewesen ist. Das wird vermutlich auch an anderen Orten so gewesen sein.

Welche Gemeinden sonst noch von diesen vor- und nebenpaulinischen Missionaren gegründet sind, wissen wir nicht. Man hat sich wohl auch nicht an bestimmte, abgegrenzte Gebiete gehalten, sondern auch hier und da in paulinisches Gebiet hineingewirkt. Korinth ist nur ein Beispiel dafür.

Beachtlich ist die Schnelligkeit, mit der sich das Christentum ausgebreitet hat. Gewiß gab es im Römischen Reich ein gut ausgebautes Straßen- und Verkehrssystem. Aber es ist doch sehr fraglich, ob das den Missionaren dieser kleinen Gemeinschaft zugute kam. Jedenfalls gibt es ca. 15 Jahre nach den Osterereignissen bereits in Rom eine christliche Gemeinde und auch im übrigen Mittelmeerraum finden sich viele kleine Stützpunkte, aber leider können wir keine Geschichte dieser Gemeinden schreiben.

Ein wesentlicher Grund für diese erstaunliche Entwicklung liegt darin, daß das hellenistische Christentum der Frühzeit weithin aus der hellenistisch-jüdischen Diaspora-Synagoge hervorgegangen ist und bei seiner Mission an diese anknüpfen konnte. Das *Judentum* dieser Zeit ist ja *eine Missionsreligion* gewesen. Die Tatsache, daß fast 7% der Bevölkerung des Römischen Reiches Juden waren, ist nicht zuletzt auf die Missionserfolge der Synagoge zurückzuführen. Dabei ist einerseits im hellenistischen Judentum die Akkommodation an den Hellenismus in erstaunlichem Maß vollzogen (vgl. z.B. Philon von Alexandrien). Die Übersetzung des Alten Testaments in die griechische Sprache und seine Interpretation nach den Regeln der griechischen Exegese spielen dabei eine große Rolle.

Andererseits haben auch die Pharisäer Heidenmission getrieben, allerdings in der Absicht, den Proselyten das ganze Gesetz, einschließlich der Beschneidung, aufzuerlegen (vgl. Mt 23,15). Die hellenistische Diaspora-Synagoge hat bei dem großen Kreis der ›Gottesfürchtigen‹ auf rigorose Einhaltung des Gesetzes und auch auf die Beschneidung verzichtet und sich damit begnügt, einige Minimalforderungen aufzuerlegen (Monotheismus, Sabbatvorschriften, gewisse Speiseregeln usw.). »Wir ersehen daraus, daß schon auf dem Feld der jüdischen Heidenmission zwei in der Frage der Beschneidung differierende Richtungen miteinander stritten, eine von der Diaspora und eine von Jerusalem ausgehende.«[7]

Es muß allerdings hinzugefügt werden, daß weder die strengere pharisäische Richtung noch die liberalere hellenistisch-jüdische Mission auf bestimmte Dinge verzichten konnte. Einerseits war der strenge Monotheismus unaufgebbar, war aber für manche Heiden, die zwar die weitverbreitete Religionskritik teilten, die aber doch nicht ganz auf den von den Vätern überkommenen Kult mit seiner sozialen und politischen Funktion verzichten wollten, eine erhebliche Schranke. Zum anderen änderte eine auch noch so liberale Handhabung der Gesetzesvorschriften nichts daran, daß das Gesetz im Judentum aller Spielarten als Heilsweg angesehen wurde. Und schließlich war auch ein Voll-Proselyt, also ein Heide, der sich beschneiden ließ, durch seinen Übertritt noch nicht Angehöriger des Volkes Israel in vollem Sinn des Wortes.

An die in sich sehr unterschiedliche Propaganda des Judentums konnten die christlichen Missionare anknüpfen, die zum Teil selbst aus diesen Kreisen stammten. Sie haben sicher manchen frommen Heiden, der zwar ›Gottesfürchtiger‹ war, den Schritt zur Beschneidung aber nicht tat, für das Evangelium gewonnen. Aber das war natürlich erst möglich, nachdem das Christentum sich von der Form des apokalyptisch bestimmten Messiasglaubens, wie ihn der älteste Kreis in Jerusalem vertrat, gelöst hatte. Allerdings blieb das Problem des Gesetzes und seiner Gültigkeit bestehen, da man ja die Kontinuität zwischen Altem und Neuem Bund nicht leugnete und auch die Gemeinschaft mit den Judenchristen in Jerusalem nicht aufs Spiel setzen wollte. Paulus ist derjenige, der dieses Problem theologisch zu bewältigen versucht hat. Aber auch in den übrigen Gemeinden der hellenistischen Christenheit hat es eine Rolle gespielt, vor allem in gemischten Gemeinden. Auf dem Apostelkonvent hat man unter dem Eindruck der Erfolge der gesetzesfreien Mission des Paulus versucht, eine Lösung zu finden, die die Einheit der Kirche aus Juden und Heiden sicherte.

Paulus

Über keinen Menschen der Zeit des Urchristentums sind wir so gut unterrichtet wie über Paulus. Während wir von Petrus, Jakobus, Johannes und anderen hervorragenden Männern der Frühzeit nur spärliche Nachrichten besitzen und weithin auf Kombinationen und Rückschlüsse angewiesen sind, ist uns von Paulus eine Reihe von Briefen überkommen, in denen er selbst zu uns spricht. Seine Arbeit, seine Leiden und seine Sorgen werden in diesen Dokumenten eines sich in seinem Auftrag verzehrenden Mannes lebendig. Seine Theologie läßt sich in ihrer Dynamik aus diesen Briefen entfalten.

Allerdings muß eine Einschränkung gemacht werden: auch die Briefe sind *keine* ausreichende Basis für eine *vollständige Biographie* des Paulus. Sie stammen alle aus einem verhältnismäßig kurzen Zeitraum von wenigen Jahren (6–7 Jahre, wenn man bei der herkömmlichen Datierung von 1. Thess bleibt; falls dieses Schreiben auf das Jahr 41 anzusetzen wäre, würde der Zeitraum sich auf ca. 15 Jahre erweitern; vgl. o. S. 48). Für die Zeit vor den erhaltenen Briefen lassen sich nur wenige, teilweise aber wichtige Hinweise erheben; nach dem Römerbrief (ca. 56–58) versiegt das eigene Zeugnis des Paulus.

Die Möglichkeit, aufgrund der Briefe eine genaue Lebensbeschreibung des Paulus zu geben, wird auch dadurch eingeschränkt, daß diese Briefe Gelegenheitsschriften an die verschiedenen Gemeinden sind, in denen der Apostel zu konkreten Fragen und Vorgängen Stellung nimmt. Da von den Adressaten oder Gegnern keine Zeugnisse vorliegen, sind wir hinsichtlich der näheren Umstände und Anlässe oft auf Rückschlüsse aus den paulinischen Briefen angewiesen, wobei allerdings eine gewisse Vorsicht angebracht ist, wenn man sich nicht in Spekulationen verirren will.

Von den literarischen Problemen der Paulusbriefe braucht hier nicht gesprochen zu werden.[1] Als echte Paulusbriefe sind sieben Schreiben anzusehen, während die übrigen wohl nicht von dem Apostel stammen (vgl. o. S. 38ff.).

Die Apg berichtet ausführlich über Paulus. Lukas hat sicherlich manche Nachricht über den Apostel überkommen. Eine durchlaufende Quelle läßt sich allerdings nicht feststellen. Lediglich ein

Itinerar, d. h. ein Verzeichnis der Stationen der Paulusreisen, wird ihm vorgelegen haben. Die Briefe des Apostels hat der Verfasser der Apg wohl nicht gekannt. So läßt sich z. B. die Aufzählung der Mühsale und Leiden des Apostels 2. Kor 11,22 ff. aus der Apg nicht näher erläutern. Bei der Auswertung der lukanischen Darstellung muß man jedenfalls immer im Auge behalten, daß hier das Paulusbild vom Ende des 1. Jahrhunderts dominiert.

Paulus ist nach Apg 21,39; 22,3 (vgl. auch 9,11; 11,25) in Tarsus in Cilicien geboren. Ob diese Nachricht richtig ist, läßt sich nicht nachprüfen, da der Apostel selbst über seinen Geburtsort nichts sagt. Auch das Geburtsjahr läßt sich nicht feststellen. Man kann annehmen, daß Paulus ungefähr gleichaltrig oder etwas jünger als Jesus war.

Tarsus war eine Stadt mit einer größeren jüdischen Gemeinde. Der Ort war nicht nur eine bedeutende Handelsstadt, sondern war auch als Bildungszentrum bekannt. Man wird anzunehmen haben, daß auch das Judentum an dieser Bildung teilhatte. Aus den Briefen des Apostels ergibt sich jedenfalls eine gewisse jüdisch-hellenistische Bildung.

Dem widerspricht nicht, was Paulus selbst sagt: »Beschnitten am achten Tage, aus dem Volk Israel, dem Stamm Benjamin, ein Hebräer von Hebräern, ein Pharisäer nach dem Gesetz« (Phil 3,5). Auch wenn Paulus an anderer Stelle sagt: »Hebräer sind sie? Ich auch. Israeliten sind sie? Ich auch. Nachkommen Abrahams sind sie? Ich auch« (2. Kor 11,22), so ist mit dieser Aussage nicht gegeben, daß er von hellenistischer Bildung unberührt geblieben ist. Natürlich kann man aus den Briefen sehr deutlich ersehen, daß er keine griechisch-philosophische Ausbildung genossen hat. Aber das hellenistische Judentum der Diaspora ist ja davon bestimmt, daß hier alttestamentliche Traditionen mit popularphilosophischen Vorstellungen verbunden sind. Die Sprache des Apostels entspricht jedenfalls der gehobenen Koine seiner Zeit.

In der Apg wird Paulus als pharisäischer Eiferer dargestellt, der seine Laufbahn als Schüler des berühmten Gamaliel in Jerusalem begonnen hat (Apg 22,3). Nun paßt diese Aussage zu gut zu dem Paulusbild des Lukas – für ihn bleibt der Apostel als Prediger der Auferstehung eigentlich immer noch der Pharisäer –, als daß man sie unbesehen als richtig ansehen könnte. Einerseits ist eine Ausbildung des Paulus in Jerusalem, in der Schule des Gamaliel, recht unwahrscheinlich, läßt sich zumindest nicht aus den Briefen des Apostels nachweisen. Zum anderen wissen wir über pharisäische Gruppen außerhalb Palästinas nur wenig, können also auch nicht sagen, wie Paulus ausgebildet worden ist.

Daß Paulus sich zu der strengeren Richtung im Judentum hielt, geht aus seiner eigenen Aussage hervor: »Ihr habt ja gehört, daß ich . . . im Judentum weiter ging als viele Altersgenossen in meinem Volk, indem ich in besonders hohem Maße ein Eiferer für die Überlieferungen meiner Väter war« (Gal 1,14). Auch Phil 3,5 bezeichnet er sich als Pharisäer. An der Zugehörigkeit zu dieser Richtung innerhalb des Judentums ist also nicht zu zweifeln. Aber wann und wo Paulus sich für sie entschieden hat, ist nicht zu sagen. Seine Briefe sprechen allerdings nicht dafür, daß er seine Ausbildung in einer palästinensischen Rabbinenschule erhalten hat.
Nach Apg 16,37 und 22,28 hat Paulus das römische Bürgerrecht besessen, ja er ist sogar schon als römischer Bürger geboren. Ob diese Nachricht stimmt, läßt sich aus den Briefen nicht sicher belegen. Immerhin spricht die Tatsache, daß er nach Rom gebracht wurde, um dort vor Gericht gestellt zu werden, für die Richtigkeit der Angabe. Wenn Paulus aber römischer Bürger von Geburt an war, so deutet das auf eine gehobene soziale Stellung seiner Familie. Der Doppelname Saulus-Paulus ist nicht ungewöhnlich, läßt sich also nicht für Familienstatus, Herkunft oder Milieu auswerten.
Wie nun auch die theologische Ausbildung, die Paulus ohne Zweifel erfahren hat, ausgesehen haben mag, er hat sicher auch ein Handwerk gelernt. Nach eigener Aussage hat er sich auf seinen Missionsreisen oft seinen Unterhalt selbst verdient (vgl. 1. Thess 2,9; 1. Kor 4,12). Apg 18,3 wird sein Beruf als der eines ›Zeltmachers‹ angegeben, was wohl als Sattler zu deuten ist. Wir haben schon darauf hingewiesen (o. S. 105), daß die von Lukas erwähnte Beteiligung des Paulus an der Ermordung des Stephanus (Apg 7,58; 8,1.3) wohl kaum den Tatsachen entspricht. Andererseits erwähnt der Apostel selbst seine Verfolgertätigkeit (Gal 1,13; Phil 3,6). Es ist also nicht zu bezweifeln, daß er die Christen bekämpft hat, aber nicht in Jerusalem, sondern in Damaskus. Dabei handelt es sich offensichtlich um ein Vorgehen innerhalb der Synagoge. Die Frage, wie Paulus nach Damaskus gekommen ist, kann man stellen, aber nicht beantworten. Ob man (aufgrund von Gal 5,11: »wenn ich *noch* die Beschneidung predige«) vermuten darf, daß Paulus als pharisäischer Missionar gewirkt habe, ist zweifelhaft. Immerhin wäre damit dann seine christenfeindliche Aktivität in oder um Damaskus noch verständlicher.[2]
Wann und wo Paulus zum ersten Mal Christen oder besser gesagt jesusgläubigen Juden begegnet ist, ist seinen Angaben nicht zu entnehmen. Jesus selbst hat er nicht gekannt, wie aus 2. Kor 5,16 hervorgeht. Das einzige, was man aus den Selbstaussagen des Apostels entnehmen kann, sind die Gründe für seine Tätigkeit

gegen diese Juden, die an Jesus glaubten: Er war ein Eiferer für das väterliche Gesetz und hat sehr bald erkannt, daß der Anspruch des gekreuzigten und auferstandenen Jesus, wie ihn die Christen proklamierten, sich nicht mit dem vertrug, was er als Pharisäer vom Gesetz als dem von Gott gewiesenen Weg zum Heil zu sagen wußte. Ein hingerichteter Menschensohn, ein gekreuzigter Messias, von dem dann auch noch gesagt wurde, er sei auferstanden von den Toten und würde wiederkommen als der Richter und Retter, war für den Pharisäer Paulus sicher ein schwerer Anstoß. Aber man kann vermuten, daß das noch größere Ärgernis die Konsequenzen waren, die die Christen aus ihrem Glauben an Jesus zogen.

Wenn es einerseits richtig ist, daß Paulus es mit Judenchristen in oder um Damaskus zu tun hatte, und wenn andererseits diese Gruppe von Jesusanhängern in der Synagoge von Damaskus nicht von der aramäischen Urgemeinde herkam, auch nicht mit den Stephanusanhängern in Verbindung stand (vgl. o. S. 126), sondern eher aus galiläischen Jesusanhängern sich bildete, so wird man gerade in der Gesetzesfrage den eigentlichen Streitpunkt zu sehen haben. Die Bedeutung dieser Frage wird ja aus allen Briefen des Paulus deutlich.

Über die *Bekehrung des Paulus* haben wir den eindrucksvollen Bericht Apg 9,1ff., den Lukas in Apg 22,1ff. und 26,9ff. mit Modifikationen wiederholt, offenbar doch, weil er dieses Ereignis als einen besonders wichtigen Punkt in der Geschichte des frühen Christentums ansah. Der Bericht der Apg ist aber ein späteres Spiegelbild des tatsächlichen Geschehens, wie sich an mancherlei Einzelheiten zeigt. So ist z.B. die Beauftragung des Paulus durch den Hohenpriester, Christen aus Damaskus gefesselt nach Jerusalem zu führen, völlig unvorstellbar.

Paulus selbst spricht über das Ereignis vor Damaskus als dem wichtigsten Einschnitt in seinem Leben, aber über den Ablauf des Geschehens erfahren wir von ihm kaum etwas. Ihm kommt es in seinen Aussagen (z.B. Gal 1,15ff.) einzig und allein darauf an, die Bedeutung der Christuserscheinung vor Damaskus zu betonen. Dabei steht nicht das persönliche Erleben im Vordergrund, sondern der Auftrag, der ihm bei dieser Christophanie zuteil geworden ist. Das Geschehen vor Damaskus war nach der eigenen Meinung des Paulus eine In-Dienst-Nahme durch den Herrn, der ihm erschienen war.

Phil 3,7ff. macht Paulus deutlich, wie er dieses Ereignis versteht. Er kann sich der reinen Abstammung als Israelit rühmen; er ist Pharisäer gewesen und hat für das Gesetz geeifert. »Aber was mir

Gewinn war, das habe ich um Christi willen für Schaden gehalten. Ja, noch mehr, alles gilt mir für Schaden gegen das überwältigende Gewicht der Erkenntnis Christi Jesu, meines Herrn, um dessentwillen ich mich um alles bringen ließ, und halte es für Dreck, um Christus zu gewinnen und in ihm erfunden zu werden, fern davon, eigene Gerechtigkeit aus dem Gesetz zu haben, wohl aber die Gerechtigkeit durch den Glauben an Christus, die Gerechtigkeit aus Gott auf Grund des Glaubens.«

G. Bornkamm hat diese Verse folgendermaßen kommentiert: »Was Paulus hier an seiner eigenen Lebenswende verdeutlicht, ist viel mehr als nur eine persönliche Confession. Es übergreift die Stunde seiner Christuserscheinung – von ihr ist an dieser Stelle mit keiner Silbe die Rede« (es muß hinzugefügt werden, daß sie natürlich die Voraussetzung für die Aussage des Paulus ist) »– und wird zur entscheidenden Aussage über sein ganzes Leben, ja mehr noch: zu einer erschöpfenden Zusammenfassung seiner Botschaft von der Offenbarung der Gerechtigkeit Gottes, die alle in der Verlorenheit, erst recht aber jetzt im Evangelium zusammenfaßt.«[3]

In der Tat ist damit der entscheidende Punkt erfaßt: Paulus hat seine Bekehrung, die ja nicht psychologisch mißverstanden werden darf, niemals nur als eine rein persönliche Erfahrung verstanden. Diese Lebenswende vor Damaskus ist für ihn Offenbarung und Auftrag. Ja, man kann wohl sagen, sie ist ein Teil des Heilsgeschehens und reicht damit weit über den persönlichen Bereich hinaus.

Das wird auch Gal 1,15f. deutlich, eine Stelle, in der ja etwas mehr zur Biographie gesagt wird, die Wertung des Ereignisses von Damaskus aber genauso wie Phil 3,7ff. erfolgt. Es heißt dort: »Als aber der, der mich von Mutterleib an ausgesondert und mich durch seine Gnade berufen hat, beschloß, seinen Sohn (in) mir zu offenbaren, damit ich die Botschaft von ihm unter den Heiden verkündigte, beriet ich mich nicht sofort mit Fleisch und Blut, zog auch nicht nach Jerusalem hinauf zu denen, die vor mir Apostel waren, sondern zog fort in die Arabia und wandte mich dann wieder nach Damaskus« (Gal 1,15–17).

Auch hier stellt Paulus das Ereignis vor Damaskus in den größeren Zusammenhang des von Gott ihm anvertrauten Dienstes, seines Apostolats für die Heiden. Man muß in diesem Zusammenhang auch noch auf 1. Kor 15,8ff. hinweisen. Dort wird ja die Erscheinung des Auferstandenen vor dem Apostel in eine Reihe mit den Christophanien vor Petrus, den Zwölfen usw. gestellt. Die Erscheinung des Auferstandenen vor Damaskus wird hier von Paulus genauso bewertet wie die anderen Ostererscheinungen. Sie hat wie diese kirchengründenden Charakter, denn sie ist ein Teil von

Gottes Heilsplan. Daher gewinnt das Ereignis von Damaskus für Leben und Wirken des Paulus eine so überragende Bedeutung.

Nach Gal 1,17 hat Paulus sofort nach seiner Bekehrung mit der *Mission in Arabien* angefangen, allerdings wohl ohne größeren Erfolg. Immerhin scheint man auf ihn als einen Unruhestifter aufmerksam geworden zu sein. Denn er berichtet 2. Kor 11,32, daß er aus Damaskus fliehen mußte, weil der Ethnarch des Königs Aretas ihn festnehmen wollte (vgl. auch Apg 9,24f.; dazu o. S. 46). Man kann aus dieser Notiz entnehmen, daß Paulus in dieser Zeit versucht hat, unter den Beduinen des Grenzlandes zu missionieren, und daß man dieses als ›Unruhe‹ empfand. Man hat deshalb versucht, sich dieses Missionars zu bemächtigen.

Wichtig ist dabei, daß er in dieser Phase offensichtlich völlig unabhängig von Jerusalem agiert hat. Jedenfalls läßt sich keinerlei Hinweis auf irgendeine Beziehung zu Jerusalem in dieser Anfangszeit des Paulus finden.

Andererseits wird man annehmen müssen, daß Paulus nach dem Ereignis vor Damaskus irgendwie mit christlicher Lehre und Verkündigung vertraut gemacht worden ist. Gewiß behauptet er Gal 1,16, er habe sich nicht mit Fleisch und Blut beraten. Aber kann man das dahingehend deuten, daß er keinerlei Unterweisung im christlichen Glauben erfahren habe?

Es sei für diese Frage nach der von Paulus übernommenen Tradition auf eine wichtige Aussage hingewiesen, die wohl zu einer richtigen Antwort führen kann: 1. Kor 11,23. Hier sagt der Apostel: »Denn ich habe vom Herrn her empfangen, was ich euch auch überliefert habe: Der Herr Jesus . . .« (es folgen die Einsetzungsworte, deren Formulierung auf feste liturgische Gestalt schließen läßt).

Paulus betont hier nachdrücklich, daß er eine empfangene Tradition unverändert weitergegeben hat. Wenn er sagt, er habe diese Überlieferung »vom Herrn her empfangen«, so ist damit nicht auf irgendeine besondere Offenbarung zurückverwiesen. Vielmehr ist die Aussage so zu verstehen, daß er zu einem bestimmten Zeitpunkt das empfangen hat, was er der Gemeinde unverändert weitergegeben hat. Am Anfang dieser Überlieferungsreihe steht aber der Herr, der bei der Einsetzung des Abendmahls diese Worte gesprochen hat.

Es ist darauf hingewiesen worden, daß die Behauptung des Paulus, er habe sich nach seiner Bekehrung »nicht mit Fleisch und Blut beraten« (Gal 1,16), sehr gut zu der auffälligen Tatsache passe, daß er in seinen Briefen keine näheren Kenntnisse vom Leben des irdischen Jesus oder von dessen Worten zu erkennen gibt. Nur Tod und Auferstehung Jesu seien ihm wichtig, Worte und Taten Jesu spielten keine Rolle in seiner Theologie.[4] Nun wird man nicht leugnen können, daß die synoptische Tradition offensichtlich für Paulus keine besondere Relevanz gehabt hat. Aber das besagt nichts über seine Kenntnis vom irdischen Jesus. Es ist kaum vorstellbar, daß er von Worten und Taten Jesu überhaupt nichts gewußt haben sollte.

Dabei ist auch zu berücksichtigen, daß die Bekämpfung der Christen eine gewisse Kenntnis von Lehre und Verkündigung dieser von ihm verfolgten Gruppe voraussetzt. Gewiß handelte es sich bei der Gruppe, auf die sich die Feindschaft des Paulus richtete, um Christen, die sich noch zur Synagoge hielten. Ihre Vorstellungen von Gott und Welt, Sünde und Gerechtigkeit waren weithin identisch mit der jüdischen Tradition. Aber das Bekenntnis zu Jesus als dem ›Menschensohn‹ oder als dem Messias zog faktisch den Trennungsstrich gegenüber der Synagoge. Paulus hat vor seiner Bekehrung klar erkannt, daß damit die jüdische Auffassung vom Gesetz als dem Heilsweg aufgegeben war, da das Heil nun an den Gekreuzigten und Auferstandenen gebunden war. Das hat ihn zu seiner antichristlichen Tätigkeit geführt.

Aber dieses Wissen um die Heilsbedeutung Jesu Christi, wie sie von den jesusgläubigen Juden bekannt wurde, bedeutet nicht, daß der Apostel nun schon vor seiner Bekehrung umfassend über Person und Werk Jesu unterrichtet war. Vielmehr muß man annehmen, daß er nach dem Ereignis vor Damaskus, ehe er in die Gemeinde aufgenommen wurde, eine gewisse Einweisung in den christlichen Glauben erhalten hat, die über das hinausführte, was er vorher schon wußte. Darauf deuten auch die in den Briefen des Paulus überlieferten älteren Traditionsstücke (z.B. Rm 1,3f.; 1. Kor 15,3ff.; 1. Kor 11,23ff.). Es ist kaum vorstellbar, daß zu einer solchen Unterweisung nicht auch bestimmte Überlieferungen von Worten und Taten des irdischen Jesus gehört haben sollen. Vor allem aber ist darauf zu verweisen, daß Paulus in Damaskus getauft wurde (Apg 9,18) und daß dieses kaum ohne eine nähere Erklärung des Sinnes dieser Handlung vor sich gegangen ist.

Nach Gal 1,18 ist Paulus »nach drei Jahren« (zu der Zeitangabe s. o. S. 49) nach Jerusalem gezogen, um Petrus kennenzulernen. Bei diesem Besuch hat er auch Jakobus, den Bruder des Herrn, gesprochen. Über den Inhalt dieser Gespräche erfahren wir aus dem Galaterbrief nichts. Vermutlich stand die Arbeit des Paulus zur Debatte, allerdings wohl noch nicht das Problem der gesetzesfreien Heidenmission. An diesen Besuch hat sich die Missionsarbeit in Syrien und Cilicien angeschlossen (Gal 1,21), über die wir allerdings nichts Näheres sagen können.

In dieser Zeit, und zwar doch wohl nicht erst am Ende dieser

Periode, hat Paulus Anschluß an Antiochien gewonnen. Die Notiz Apg 11,25 f. ist, wie schon erwähnt, kaum historisch zu verwerten. Dagegen berichtet Paulus selbst, daß er »nach 14 Jahren« mit Barnabas nach Jerusalem zog, d. h., er gehört in dieser Zeit zu den Missionaren der antiochenischen Gemeinde.

Über das Zusammentreffen in Jersualem, bei dem es um die Frage der Beschneidung der Heidenchristen ging, wird noch zu sprechen sein (s. u. S. 155 ff.). Es braucht hier auch nicht wiederholt zu werden, was bereits (s. o. S. 49 ff.) zu der Chronologie der Reisen des Paulus gesagt wurde. Die Wege des Apostels in der ersten Zeit nach dem Apostelkonvent sind nicht mehr eindeutig zu rekonstruieren. Vor allem läßt sich nicht sagen, ob die Auseinandersetzung in Antiochien (Gal 2,11 ff.) sehr bald nach der Einigung in Jerusalem erfolgte. Einen zu großen Abstand wird man nicht anzunehmen haben. Jedenfalls hatte die Kontroverse in Antiochien zur Folge, daß Paulus sich von dieser Gemeinde und auch von Barnabas trennte und nun eine völlig selbständige Missionsarbeit aufbaute. Es könnte sein, daß die von Lukas Apg 13 und 14 geschilderte Tätigkeit in die Zeit zwischen Apostelkonvent und Konflikt mit Petrus fällt.

Die fälschlich sogenannte *2. Missionsreise* (Apg 15,35–18,22) führte quer durch Kleinasien nach Troas, Macedonien und Griechenland. Die Gemeinden in Galatien (ob damit die Provinz Galatien oder die Landschaft gemeint ist, ist nach wie vor umstritten), Philippi, Thessaloniki und Korinth sind auf dieser Reise gegründet worden. Es ist anzunehmen, daß nicht nur diese Städte von der Mission erfaßt worden sind, sondern auch kleinere Orte. Dafür spricht die Bezeichnung Galatien, womit doch mehrere Orte bezeichnet sind.

Die merkwürdige Reiseroute des Paulus quer durch Kleinasien nach Troas und Europa wurde schon erörtert (s. o. S. 130). Es ist fraglich, ob der Apostel bereits in dieser Phase den Westen des Imperium als sein Ziel angestrebt hat oder ob er nicht vielmehr durch die Tätigkeit anderer Missionare an der kleinasiatischen Küste gezwungen war, nach Norden und dann nach Griechenland zu ziehen. Aber wie dem auch sei: man kann nicht übersehen, daß Paulus sich durch die Christuserscheinung vor Damaskus berufen wußte, der ganzen Welt das Evangelium zu verkünden. Am Schluß des Römerbriefes, der kurz vor der letzten Reise nach Jerusalem verfaßt ist und in dem sich Paulus unter anderem auch der Hilfe der römischen Gemeinde für seine geplante Mission in Spanien versichern will (Rm 15,24), betont er, daß er »von Jerusalem und ringsumher bis nach Illyrien das Evangelium von Christus vollstän-

dig verkündet habe« (15,19). Er motiviert seine Reise nach dem Westen (wobei übrigens Rom nicht als Missionsgebiet ins Auge gefaßt wird, weil dort schon eine christliche Gemeinde besteht, vgl. Rm 15,20) mit den Worten: »Jetzt aber, da ich in diesen Gebieten keinen Wirkungskreis mehr habe ...« (Rm 15,23).
Diese Aussagen sind, wenn man sie mit den wenigen historischen Tatsachen vergleicht, die uns bekannt sind, recht überraschend. Gewiß, Paulus hat in den wenigen Jahren, die ihm zur Verfügung standen, im ganzen östlichen Mittelmeerraum missioniert. Er hat an vielen Orten Gemeinden gegründet. Aber es kann kein Zweifel daran bestehen, daß es sich nur um vereinzelte und kleine Stützpunkte in dem weiten Bereich dieses Raumes handelte.
Man würde aber Paulus mißverstehen, wenn man seine Worte als statistisch abgesicherten Bericht eines Missionsfunktionärs auffaßte. Vielmehr muß man diese Angaben von der theologischen Konzeption des Apostels her verstehen. Das Amt der Verkündigung, das ihm übertragen ist, zielt auf die ganze Welt, seit dem Apostelkonvent wohl vor allem auf die Heiden, aber, wie die Praxis des Paulus zeigt, auch auf die Juden. Der Apostel weiß sich begnadet und berufen, »um für seinen Namen Gehorsam des Glaubens zu bewirken unter allen Heiden« (Rm 1,5). Diese Überzeugung ist eine Folge des Glaubens an den Herrn, der alle Mächte dieser Welt und des ganzen Kosmos besiegt hat (Phil 2,9ff.) und dessen Sieg nun in der ganzen Welt proklamiert werden muß. »Denn dazu ist Christus gestorben und lebendig geworden, damit er sowohl über Tote wie über Lebendige Herr sei« (Rm 14,9). Diese Botschaft der ganzen Ökumene zu verkünden, ist der Auftrag des Paulus, für den allerdings nicht unbeschränkt Zeit zur Verfügung steht: »Der Herr ist nahe« (Phil 4,5).
Von hier aus ist nun auch die *Methode der Missionsarbeit* zu erklären. Paulus zieht von Ort zu Ort, von Provinz zu Provinz, er scheint ständig in Bewegung zu sein. Wenn er in der Hauptstadt einer Provinz gepredigt und einige Gläubige für Christus gewonnen hat, so meint er, diese Provinz für Christus erobert zu haben und zieht weiter. »Aufs Ganze gesehen gilt, daß das mythologische Motiv des Christussieges über die kosmischen Gewalten bei Paulus in konkrete Geschichte übersetzt ist. Die Herrschaft Christi verwirklicht sich im Glaubensgehorsam der Völker. Zu diesem Ziel weiß sich der Apostel gesandt« (Bornkamm[5]).
Diese Deutung der paulinischen Missionsarbeit muß allerdings etwas modifiziert werden. Der ›Welthorizont‹ der paulinischen Mission ist nicht zu übersehen, wobei allerdings bemerkt werden muß, daß mit ›Welt‹, sofern es sich um das Missionsgebiet handelt,

von Paulus offensichtlich das Imperium Romanum gemeint ist. Wichtiger ist aber, daß der Apostel sich an einzelnen Orten längere Zeit aufgehalten hat, in gewissen Phasen seines Lebens also nicht Reisemission getrieben hat, sondern von einer zentralen Stelle aus gewirkt hat. Wir können das für Korinth und Ephesus nachweisen (s. u. S. 146f.), für Philippi und Thessaloniki (s. u. S. 144f.) vermuten. Es kommt hinzu, daß dieses schnelle Durcheilen des östlichen Mittelmeerraumes zum Teil auch damit zusammenhängt, daß Paulus durch Anfeindungen und Verfolgungen gezwungen wurde, den Ort zu wechseln (vgl. z. B. Philippi: Apg 16,14ff.; Thessaloniki: Apg 17,1ff.). Schließlich muß für das Verständnis der paulinischen Mission darauf hingewiesen werden, daß der Apostel offensichtlich großen Wert auf einen zahlreichen Mitarbeiterstab gelegt hat.

In den Paulusbriefen und in der Apg wird eine größere Zahl von Personen genannt, die als Mitarbeiter des Paulus zu bezeichnen sind. Allein in der Grußliste Rm 16, die wohl ursprünglich ein selbständiger Brief nach Ephesus gewesen ist, werden 26 Namen genannt. Nun wissen wir nur von wenigen (z. B. Timotheus, Titus, Silas, Silvanus) dieser Männer und Frauen etwas mehr als die Tatsache, daß Paulus sie als seine Mitarbeiter ansieht. Es ist auch nicht genau zu beschreiben, wie ihre Mitarbeit im einzelnen ausgesehen hat und organisiert war.[6] Sie scheinen aber nicht ein fester, an die Person des Paulus gebundener Stab gewesen zu sein, sondern sind von ihren Gemeinden auf eine bestimmte Zeit delegiert worden. Auch das hängt mit der theologischen Konzeption des Paulus zusammen. Er versteht die Kirche als Leib Christi. Jedes Glied hat in diesem Leib seine besondere Funktion (vgl. 1. Kor 12,12ff.). Die Gemeinden haben die Aufgabe, diesen Leib Christi an ihrem Ort sichtbar darzustellen. Dazu gehört auch der Missionsauftrag, zu dessen Erfüllung die Delegation der Mitarbeiter des Paulus erfolgt. Diese ›Gemeindegesandten‹ sind keine homogene Gruppe gewesen. Man kann auch vermuten, daß sie sich theologisch in manchen Punkten von Paulus unterschieden. Der ›Paulinismus‹ der zweiten Generation stimmt ja mit der Theologie des Apostels nicht mehr völlig überein (vgl. z. B. den Kolosserbrief, der möglicherweise noch zu Lebzeiten des Paulus von einem seiner Mitarbeiter verfaßt worden ist). Aber diese Helfer haben ohne Zweifel zu dem Erfolg der paulinischen Mission beigetragen, auch wenn dabei manche Elemente des hellenistischen Christentums neben Paulus wirksam wurden. Vor allem aber hat dieser Kreis, von dem wir gern mehr wüßten, die Missionsarbeit des Paulus an die Gemeinden gebunden und damit sicher zu dem Bestand der Arbeit beigetragen.

Die Tatsache eines großen Mitarbeiterkreises macht weiterhin deutlich, daß Paulus nicht der ›Einzelkämpfer‹ war, als den ihn die Apg schildert. Damit wird die Größe dieses Apostels nicht irgendwie verkleinert oder seine Bedeutung herabgesetzt. Vielmehr wird gerade an diesem Phänomen der Mitarbeiter deutlich, eine wie überragende Gestalt Paulus war. Von seiner theologischen Einsicht her hat er eine so weit reichende Missionsarbeit aufgebaut, und es ist ihm gelungen, auch die Gemeinden, die er gegründet hat, als Glieder des Leibes Christi in das Werk einzubeziehen.

Von der eschatologischen Ausrichtung der Theologie des Paulus wird an anderer Stelle noch zu handeln sein (vgl. u. S. 182). Hier sei nur bemerkt, daß die Eschatologie auch bei der Betrachtung der Missionsarbeit nicht einfach ausgeblendet werden kann. Aber es handelt sich nicht um apokalyptische Schwärmerei, die genau weiß, wann das Ende kommen wird, sondern um die Gewißheit, daß mit Tod und Auferstehung Jesu die Zeit des Heils angebrochen ist und daß diese Heilstatsache jetzt aller Welt verkündet werden muß. Diese Gewißheit gibt der paulinischen Mission einen so kräftigen Impuls, sie treibt den Apostel auch zu einer gewissen Eile.

Paulus hat sich selbst offensichtlich nicht sehr um die Stabilisierung der von ihm gegründeten Gemeinden kümmern können. Organisation und Kirchenordnung waren ihm wohl ohnehin zweitrangige Fragen gegenüber dem Auftrag, Christus zu verkünden. Das hat manchen Gegnern Ansatz zur Kritik am Apostel geboten. Die Zahl der Gegner und die Heftigkeit, mit der sie (z. B. in Galatien oder in Korinth) gegen ihn agitierten, ist zum Teil auch darin begründet, daß Paulus sich zwar als Gründer und geistlichen Vater seiner Gemeinden betrachtete, aber sich nicht als ihren ständigen Leiter verstand.

In der Apg wird der *Übergang des Paulus nach Europa* besonders herausgehoben (16,6–10). Von diesem Zeitpunkt ab läßt sich die Darstellung des Lukas durch die Briefe des Paulus kontrollieren und korrigieren.

Nach der Landung in Neapolis (heute: Kavalla) zog Paulus nach *Philippi*. Wie lange er dort wirkte, läßt sich nicht sagen. Die Apg setzt nur einen kurzen Zeitraum an. Aber der Philipperbrief zeigt doch eine besonders enge Verbindung des Apostels mit der Gemeinde in dieser damals recht bedeutenden Stadt. Das spricht eigentlich für einen längeren Aufenthalt. Paulus mußte Philippi verlassen, weil er angefeindet und verfolgt wurde. Aus Phil 3,2 hat man geschlossen, daß Juden hinter den Vorgängen, die Paulus zum Verlassen der Stadt zwangen, standen. Das ist möglich, aber nicht beweisbar. Es würde darauf hinweisen, daß der Apostel in Philippi wie auch an anderen Orten seine Predigt in der Synagoge begonnen hat. Trotz dieses Abbruchs der Arbeit hat die Gemeinde Bestand gehabt, hat auch mit Paulus Verbindung gehalten und ihn sogar materiell unterstützt (Phil 4,10ff.).

Von Philippi ist Paulus nach *Thessaloniki* gezogen. Auch hier ist nach der Darstellung des Lukas der Aufenthalt nur von kurzer Dauer gewesen. Aber Lukas hat, wie oft, wenn ihm nur wenige Nachrichten zur Verfügung standen, schematisiert: Paulus fängt mit seiner Predigt in der Synagoge an, gewinnt einige Menschen für das Evangelium, wird dann aber von den Juden verfolgt und muß aus dem Ort weichen. Das mag vielfach der Wirklichkeit entsprechen. Aber man kann daraus kaum etwas für die Dauer der Tätigkeit entnehmen.

So läßt sich denn auch für Thessaloniki vermuten, daß Paulus sich etwas länger als nur die Apg 17,2 genannten drei Wochen in der Stadt aufgehalten hat. Sowohl der 1. Thess wie 2. Kor 8,1ff. deuten darauf hin, daß die Gemeinde sich schnell und gut entwickelt hat. Das spricht dafür, daß Paulus in der Gründungsphase etwas länger dort gewirkt hat. Die Annahme einer früheren Wirksamkeit des Paulus in Griechenland, in deren Verlauf die Gemeinde in Thessaloniki entstanden sei (s. o. S. 48), ist wohl nicht richtig.

Die nächste Station auf dieser Reise war Beröa. Über diese Gemeinde, die Paulus überhaupt nicht erwähnt, ist nichts Näheres bekannt. Auch in Beröa gab es Schwierigkeiten, und so zog Paulus weiter nach Athen. Nach der Apg (17,14f.) blieben Silas und Timotheus in Beröa zurück. Paulus wartete in Athen auf sie, aber erst in Korinth stießen sie wieder zu ihm. 1. Thess 3,1ff. zeigt aber, daß Timotheus in Athen war und von Paulus nach Thessaloniki geschickt wurde, um dann in Korinth wieder zum Apostel zurückzukehren.

Die Schilderung des Aufenthalts des Paulus in *Athen* (Apg 17,16ff.), die in der großen Areopagrede gipfelt, ist immer mit Recht als eine besondere Leistung des Schriftstellers Lukas angesehen worden. Aber das ändert nichts daran, daß man aus diesem Kapitel für den tatsächlichen Verlauf dieses offenbar nur kurzen Verweilens in Athen nicht viel erfährt. Immerhin scheint selbst aus der Darstellung des Lukas hervorzugehen, daß Paulus in Athen keinen Erfolg gehabt hat. Möglicherweise spiegelt sich die Stimmung des Paulus nach dem vergeblichen Versuch, auch in Athen Fuß zu fassen, noch in 1. Kor 2,3 wider: »Ich trat in Schwachheit und in Furcht und in viel Zaghaftigkeit bei euch auf.«

In *Korinth*, wohin Paulus von Athen aus ging, hatte er mehr Erfolg. In dieser Stadt entstand eine Gemeinde, in der das von

Lukas überlieferte Wort des Herrn an den Apostel sich verwirklichte: »Fürchte dich nicht ... denn ich habe viel Volk in dieser Stadt« (Apg 18,9f.). Der 1. Clemensbrief, ein Schreiben der römischen an die korinthische Gemeinde vom Ende des 1. Jahrhunderts, bezeugt die Bedeutung dieser paulinischen Gründung.

Als Paulus nach Korinth kam, gab es dort schon einzelne Christen. Zumindest von Aquila und Priscilla, die aus Rom vertrieben waren, wird man das anzunehmen haben. Denn Paulus erwähnt sie nicht unter den Personen, die er getauft hat. Die Taufe von Crispus, Gaius und Stephanas (samt seinem ›Hause‹), die Paulus erwähnt (1. Kor 1,14ff.) bedeuten wohl die Gründung der Gemeinde. Stephanas wird vom Apostel 1. Kor 16,15 als ›Erstling Achaias‹ bezeichnet, spielt also in der Anfangszeit eine gewisse Rolle. In der Apg wird die Trennung des Paulus von der Synagoge besonders hervorgehoben (Apg 18,4ff.) und von der Bekehrung des Synagogenvorstehers Crispus berichtet (vgl. 1. Kor 1,14). Das könnte auf eine alte Tradition zurückgehen. Jedenfalls scheint die Gemeinde nicht nur aus bekehrten Heiden, sondern auch aus Judenchristen bestanden zu haben (vgl. 1. Kor 9,19ff.).

Paulus blieb anderthalb Jahre in Korinth (Apg 18,11). Er verließ die Stadt nach der Szene vor Gallio (Apg 18,12ff.; zu den chronologischen Fragen vgl. o. S. 48).

Über die Zeit zwischen dem Aufenthalt in Korinth und der Wirksamkeit in Ephesus kann man keine genauen Angaben machen. Die dunklen Verse Apg 18,18ff., die schon besprochen worden sind (s. o. S. 130), geben keinen Anhalt für eine sichere Rekonstruktion. Nach einer Reise durch Galatien und Phrygien, auf der doch wohl die Gemeinden, die auf der ersten Reise durch Kleinasien gegründet waren, besucht wurden, gelangte Paulus nach Ephesus (Apg 18,23).

Aus der anschaulichen Schilderung, die Lukas von den Ereignissen in *Ephesus* gibt (Apg 18,24–19,40), läßt sich für eine historische Darstellung nicht viel mehr als die Tatsache entnehmen, daß Paulus in Ephesus erfolgreich gewirkt hat. Es wurde schon darauf hingewiesen, daß Ephesus keine paulinische Gründung gewesen ist (s. o. S. 130f.). Aber aus der Apg erfahren wir darüber nichts, wie sie auch nicht über die Zuwendung zu Paulus und die weitere Entwicklung der Gemeinde berichtet. Ephesus ist ja in späterer Zeit ein bedeutendes Zentrum der Kirche in Kleinasien gewesen. Inwieweit das paulinische Erbe weiterwirkte, braucht hier nicht erörtert zu werden. Zu der Zeit des Aufenthalts des Apostels in dieser Stadt scheint jedenfalls hier ein gewisses Zentrum der Missionsarbeit gewesen zu sein.

Paulus ist in dieser Zeit in Ephesus in große Gefahr geraten. Man kann aus manchen Andeutungen annehmen, daß er verhaftet wurde und sogar mit seinem Tode rechnete (1. Kor 15,32; 2. Kor 1,8).

Aber nicht nur die äußere Bedrohung hat den Apostel belastet, sondern auch die Krisen in seinen Gemeinden haben ihm große Sorge bereitet. In die ephesinische Zeit fallen wahrscheinlich die Auseinandersetzungen mit den Gegnern in Galatien und in Korinth. Die *Gemeinden in Galatien* sind von Paulus auf der sog. 2. Missionsreise gegründet worden, d. h. auf seinem Weg durch das Innere Kleinasiens nach Europa. Welche Gegend mit dem Begriff Galatien gemeint ist, die römische Provinz oder die Landschaft, läßt sich, wie schon erwähnt, nicht genau sagen. Es spricht viel für die ›Landschaftshypothese‹, d. h. für die Gegend um das heutige Ankara. Ein weiterer Besuch des Paulus in dieser Gegend – vor der ephesinischen Periode – wurde schon erwähnt (vgl. Apg 18,23).

In Ephesus hat Paulus von Irrlehrern gehört, die nach seiner Meinung die Gemeinden zum Abfall vom Evangelium bewegen wollen. Wer diese Irrlehrer waren, welche Lehre sie vertreten haben und auf welche Autoritäten sie sich beriefen, ist umstritten. Es spricht aber viel dafür, daß es sich um Judaisten gehandelt hat, d. h. um Vertreter einer Gesetzlichkeit, »die die Teilhabe am Heil in Christus von der vorgängigen Eingliederung in das alte Gottesvolk . . . durch Übernahme des Gesetzes (in welchem Umfang auch immer) und durch Beschneidung abhängig machen«[7]. Es ging diesen radikalen Judenchristen darum, das jüdische Gesetz auch für Heidenchristen verbindlich zu machen. Ob sie mit ähnlichen Bestrebungen an anderen Orten (vgl. den Konflikt in Antiochien Gal 2,11ff.) irgendwie in Verbindung standen und sich auch auf die Jerusalemer Autoritäten beriefen, läßt sich nicht sagen. Paulus hat sich in dem Galaterbrief energisch gegen dieses ›andere Evangelium‹ zur Wehr gesetzt. Er hat sich dabei auf die Vereinbarung von Jerusalem auf dem Apostelkonvent berufen können. Denn dort war ja die Frage eigentlich entschieden (vgl. u. S. 156ff.). Vor allem aber hat er in diesem Brief, der neben dem Römerbrief das theologisch wichtigste Schreiben des Apostels ist, in Antithese zu der Irrlehre seine Rechtfertigungstheologie entfaltet.

Wir wissen nicht, ob der Brief den gewünschten Erfolg gehabt hat. Von den Gemeinden in Galatien hören wir in der Folgezeit nichts mehr. Es könnte also sein, daß sich Paulus nicht durchgesetzt hat.

Auch die *Krise in der Gemeinde in Korinth* fällt in die Zeit des Aufenthalts des Paulus in Ephesus. Wir können die Ereignisse wenigstens ungefähr nach den beiden Korintherbriefen, von denen 2. Kor eine Zusammenstellung von mehreren Schreiben ist, rekonstruieren.

Was dem 1. Kor vorangegangen ist, läßt sich kaum sagen. Offensichtlich hat es einen regelmäßigen Kontakt zwischen Korinth und dem in Ephesus tätigen Apostel gegeben. Jedenfalls hat Paulus schon vor dem 1. Kor der Gemeinde einen Brief geschrieben. Nach 1. Kor 1,11 wurde er dann von ›Leuten der Chloe‹ (wer das war, wissen wir nicht) davon unterrichtet, daß es in Korinth zu Streitigkeiten gekommen ist, die die Einheit der Gemeinde in Frage stellten. Verschiedene Gruppen haben sich unter dem Namen von Paulus, Apollos und Kephas gebildet (1. Kor 1,12; eine ›Christuspartei‹, die man aus dieser Stelle erschlossen hat, gab es wohl nicht).

Man hat sich vielfach bemüht, diese ›Parteien‹ (eine unglückliche Bezeichnung) näher zu charakterisieren, was aber eigentlich nie recht gelungen ist und hier nicht noch einmal versucht werden soll. Man muß zum Verständnis der Situation nur beachten, daß diese Namen wahrscheinlich von den Gruppen ohne Kenntnis und ohne Zutun der betreffenden Personen aufgenommen worden sind. Man hat Petrus und Apollos aus uns nicht bekannten Gründen gegen Paulus ausgespielt. Die Annahme, daß Petrus selbst in Korinth gewirkt hat, ist höchst unwahrscheinlich. Er wird also nicht persönlich diesen Streit entfacht haben. Und von Apollos sagt Paulus selbst, daß er mit ihm zusammengearbeitet hat (1. Kor 3,5 ff.). An anderer Stelle erwähnt der Apostel, daß Apollos von ihm gedrängt worden sei, nach Korinth zu gehen (1. Kor 16,12). Also auch Apollos wird sich kaum selbst zum Parteihaupt gemacht haben. Man kann nur vermuten, daß andere Missionare in Korinth wirkten, die sich irgendwie dieser Namen bedienten, die aber vor allem in anderer Weise als Paulus die christliche Botschaft verkündeten.

Trotz der Spannungen und des Streits schreibt Paulus den 1. Kor an die ganze Gemeinde. Es ist also noch nicht zur offenen Spaltung gekommen, wohl aber sieht der Apostel die große Gefahr eines Schismas oder einer Häresie und bemüht sich, diese abzuwenden.

Der 1. Kor zeigt nun, worum es eigentlich ging. Offensichtlich sind in Korinth Gedanken sehr verschiedener Herkunft wirksam gewesen. Vor allem scheint das Problem der Gnosis, d. h. der pneumatischen Erkenntnis, die Gemeinde bewegt zu haben. Man meinte, im Walten des Geistes Anteil an der himmlischen Herrlichkeit zu erfahren und dadurch allen irdischen Bindungen enthoben zu sein. Die Folge war, daß die Sakramente in Analogie zu dem Mysterienwesen verstanden wurden. Das alles führte zu einem Enthusiasmus, gegen den Paulus nun das Wort vom Kreuz Jesu Christi setzt. Er macht der Gemeinde klar, daß die Christen noch in dieser Welt, d. h. diesseits der Auferstehung, leben. Die Sakramente gliedern in die Kirche ein, sind aber keine magischen Mittel zur Vermittlung einer höheren geistlichen Einsicht. In der Gemeinde aber hat jeder gemäß seinen Gaben dem Nächsten in Liebe zu dienen. Noch ehe die korinthische Abordnung den Brief überbracht hat, scheint Paulus neue Nachrichten erhalten zu haben, die ihn veranlassen, Timotheus nach Korinth zu schicken. Aber diese Mission scheiterte, und Paulus eilte selbst nach Korinth. Bei diesem Besuch ist es zu sehr unerfreulichen Auseinandersetzungen gekommen. Paulus kehrte nach Ephesus zurück und schrieb den ›Tränenbrief‹ (wohl = 2. Kor 10–13), den er durch Titus überbringen ließ. Paulus mußte kurz danach Ephesus verlassen und begab sich nach Troas. Als er Titus dort nicht antraf, zog er weiter nach Macedonien. Dort hat er dann erfahren, daß die Dinge in Korinth wieder in Ordnung gekommen waren. In 2. Kor 1,1–2,13 und 7,5–16 ist vermutlich der Brief erhalten, den Paulus in seiner Freude über diese Wendung an die Gemeinde schrieb. Jedenfalls konnte er den nächsten Winter dann selbst in Korinth verbringen.

Diese zweite Phase der Krise der Gemeinde in Korinth hat dieselben Hintergründe wie die erste, nur daß jetzt vielleicht auch noch judenchristliche Agitatoren, die den Apostolat des Paulus bestritten haben, dazukamen. Entscheidend war aber wieder der Enthusiasmus, dieselbe Schwärmerei, die zur Zerreißprobe mit Paulus führten. Eine Gruppe, die sich für vollkommen in Weisheit und Erkenntnis hielt und die sich allen anderen überlegen fühlte, mußte in Konflikt mit dem Apostel, der die Rechtfertigung des Sünders durch Kreuz und Auferstehung Jesu Christi verkündete, geraten. Es ist klar, daß das in einer hellenistischen Gemeinde, die sich gerade vom Heidentum gelöst hatte, schlimme Folgen haben mußte. Der Rückfall in die Mysterienfrömmigkeit, zu der auch Magie und Libertinismus gehören konnten, oder die Umwandlung der Gemeinde in einen gnostischen Klub als Elite der Wissenden waren damit nahegelegt. Es mag sein, daß dabei auch mißverstandene paulinische Gedanken (etwa über die Freiheit der Christen) eine Rolle gespielt haben. Wichtiger aber war, daß das Erbe der Vergangenheit wieder lebendig wurde. Das könnte übrigens auch bei den Gegnern des Paulus der Fall gewesen sein, die seinen Apostolatsanspruch bestritten. Denn diese ›Falschapostel‹, woher sie auch gekommen sein mögen, die in Korinth als ›Engel des Lichts‹ und ›Diener der Gerechtigkeit‹ (2. Kor 11,14) angesehen worden sind, scheinen sich nicht sehr von den heidnischen Wundermännern, die für einen Mysterienverein Propaganda machten, unterschieden zu haben. Allerdings ist es auch möglich, daß es sich bei diesen Agitatoren um Judaisten gehandelt hat.

Der Kampf des Paulus gegen den Enthusiasmus und die Schwärmerei in Korinth war nicht ein Streit um Worte oder Meinungen, es ging vielmehr um den Kern des Evangeliums von der rechtfertigenden Gnade. Zugleich aber ging es um das rechte Verhalten der Christen in der Welt (bis hin zu der Frage des Fleischeinkaufs: 1. Kor 10,14ff.). Im Ringen des Paulus um diese Gemeinde stand nicht seine Person, sondern die ganze von ihm verkündete Heilsbotschaft auf dem Spiel – das gibt diesem Geschehen seine beispielhafte Bedeutung.

Von Ephesus ist Paulus – wie schon gesagt – über Troas und Macedonien (Philippi oder Thessaloniki?) nach Korinth gereist und hat dort drei Monate zugebracht (Apg 20,3). In dieser Zeit hat er wahrscheinlich seinen letzten großen Brief an die Gemeinde in Rom verfaßt. Dieser Brief, das ›Testament des Paulus‹ (Bornkamm), nimmt unter den Schriften des Apostels eine Sonderstellung ein: er ist nicht an eine von ihm gegründete Gemeinde gerichtet, und er ist mehr Lehrschrift als Brief. Allerdings ist auch dieser Brief kein theologischer Traktat in engerem Sinn, hat vielmehr durchaus auch Bezüge zu aktuellen Fragen (vgl. Rm 14 und 15). Aber die eigentliche Bedeutung des Rm liegt in der Entfaltung des Hauptthemas der Theologie des Paulus, der Rechtfertigungsbotschaft. Dieses Evangelium, das eine Kraft Gottes zum Heil ist (Rm 1,16f.), steht im Mittelpunkt des Schreibens, mit dem der Apostel der römischen Gemeinde sein Kommen nach Rom ankündigt.

Am Schluß des Rm geht Paulus auf diesen Plan einer Verlegung seiner Tätigkeit in den Westen ein. Er hat sein Werk im Osten vollendet und sieht dort keine Wirkungsmöglichkeit mehr für sich (Rm 15,23). Daher will er nach Spanien ziehen. Auf der Durchreise dorthin hofft er die römische Gemeinde zu sehen und von ihr das Geleit nach Westen zu empfangen (Rm 15,24). Zuvor aber muß er nach Jerusalem reisen, um die von Macedonien und Achaia (Galatien wird nicht erwähnt, obwohl Paulus auch dort die Sammlung organisiert hatte: 1. Kor 16,1) gesammelte Kollekte zu überbringen. Zu dieser *Kollekte* muß noch etwas gesagt werden.

Auf dem Apostelkonvent in Jerusalem war nach Aussage des Paulus auch beschlossen worden: »Nur sollten wir der Armen eingedenk sein« (Gal 2,10). Der Apostel fügt den kurzen Satz hinzu: »Und eben dieses habe ich mich auch bemüht zu tun.«

In der Tat hat sich Paulus um diese Kollekte große Mühe gegeben, sie hat schließlich in Jerusalem zu seiner Verhaftung geführt. Die Kollekte ist sicher nicht in Analogie zu der Tempelsteuer zu sehen, die jeder erwachsene Jude jährlich zahlen mußte. Gegen eine solche

Deutung spricht vor allem, daß die Tempelsteuer auch von den Juden in Palästina bezahlt werden mußte, die in Jerusalem beschlossene Sammlung aber nur von den Heidenchristen aufgebracht werden sollte. Jeder juristische Aspekt (etwa: Kollekte als Anerkennung der Jurisdiktion Jerusalems) ist hier auszuschließen. Auch die Deutung der ›Armen‹ als eine Selbstbezeichnung der Jerusalemer Gemeinde ist falsch (s. o. S. 87) und kann daher den Beschluß nicht erklären. Es geht, wie Rm 15,26 eindeutig zeigt, um die Unterstützung der bedürftigen Mitglieder der Gemeinde in Jerusalem.

Aus den kurzen Angaben des Paulus Gal 2,10 läßt sich nicht entnehmen, ob bereits beim Apostelkonvent der Gedanke der Einheit der Kirche aus Juden und Heiden bei diesem Beschluß eine Rolle gespielt hat. Für Paulus ist dieser Gedanke nun allerdings das entscheidende Motiv für die Organisation der Kollekte. In den beiden, ursprünglich wohl als selbständige kleine Briefe verfaßten Kapiteln 2. Kor 8 und 9 wird deutlich, wie viel dem Apostel an dieser Sammlung lag. Von den Gemeinden in Macedonien und Achaia schreibt er nach Rom, sie hätten eine Sammlung für die Armen unter den Heiligen in Jerusalem beschlossen: »Sie haben es nämlich beschlossen, und sie sind (ja auch) ihre Schuldner; denn wenn die Heiden an ihren geistlichen Gütern Anteil bekommen haben, sind sie schuldig, ihnen auch in den leiblichen einen Dienst zu leisten« (Rm 15,27). Die Kollekte ist also für Paulus mehr als eine rein karitative Angelegenheit, sie ist eine Dankesgabe der Heiden für das Evangelium. Zugleich soll sie dokumentieren, daß die Heidenchristen vollwertige Glieder der Kirche sind. Denn sowohl die Sammlung in den paulinischen Gemeinden wie deren Annahme durch die Jerusalemer Judenchristen waren nur möglich, wenn die volle Gleichberechtigung der Heidenchristen anerkannt war. Darum hat sich Paulus solche Mühe um diese Sammlung gegeben und ist schließlich selbst mit der Delegation aus den verschiedenen Gemeinden nach Jerusalem gezogen, um die Kollekte zu überbringen.

Am Ende des Römerbriefs formuliert Paulus seine Sorgen darüber, wie es wohl mit der Reise nach Jerusalem gehen wird. Er bittet die Gemeinde in Rom um ihr Gebet für ihn, »damit ich gerettet werde vor den Ungehorsamen in Judäa und mein Dienst, der mich nach Jerusalem führt, den Heiligen wohlgefällig sei« (Rm 15,31). Es ist auffallend, daß der Apostel zwischen den ›Ungehorsamen in Judäa‹ und den ›Heiligen‹ unterscheidet. Das kann doch nur so verstanden werden, daß Jakobus und sein Kreis in Jerusalem sich an die Beschlüsse des Apostelkonvents gehalten haben, während eine andere Gruppe von strengen Judenchristen nach wie vor gegen Paulus agitierte.

Mit dem letzten Aufenthalt des Paulus in Korinth endet die Möglichkeit, die Wege des Apostels nach seinen Briefen zu rekonstruieren. Von hier ab sind wir wieder völlig auf die Apg angewiesen, in der ohne Zweifel vom Verfasser viele zuverlässige Einzelnachrichten verarbeitet sind. Bis Apg 21,16 ist das schon erwähnte ›Itinerar‹ benutzt.

Da Paulus einen Anschlag der Juden fürchtete, wählte er für die *Reise nach Jerusalem* den Landweg über Macedonien. Von Philippi setzte er nach Troas über. Er wurde von einer Gesandtschaft aus den Gemeinden, in denen die Kollekte gesammelt worden war, begleitet. Lukas zählt die Namen auf: Sopater, des Pyrrhus Sohn, aus Beröa; Aristarchus und Secundus aus Thessaloniki; Gaius aus Derbe und Timotheus; Tychicus und Trophimus aus der Asia (Apg 20,4). Allerdings wird die Kollekte von Lukas nicht erwähnt. Er weiß zwar Apg 11,27ff. etwas von einer Sammlung in Antiochien für die Gemeinde in Jerusalem und spielt auch Apg 24,17 auf die Gabe der heidenchristlichen Gemeinden an. Aber ansonsten schweigt er völlig über dieses dem Paulus so wichtige Unternehmen.

Nach kurzem Aufenthalt in Troas (dort predigte er und erweckte den Eutyches: Apg 20,7–12) zog Paulus weiter nach Assos und bestieg dort ein Schiff. Während eines Aufenthaltes in Milet ließ er die Ältesten aus Ephesus kommen und hielt ihnen die große Abschiedsrede (20,17–35), in der Lukas das zusammengefaßt hat, was er als paulinische Verkündigung ansah und was ihm für seine Zeit besonders wichtig war (Warnung vor Irrlehre!). Die Fahrt ging dann über Kos, Rhodos, Patara, Tyrus (hier hielt sich Paulus eine Woche auf) und Caesarea (hier ist Paulus Gast im Hause des Philippus) nach Jerusalem.

In Jerusalem angekommen, hat Jakobus den Apostel bewogen, sich an einer Zeremonie des jüdischen Kults zu beteiligen. Es ging um die Auslösung von vier ›Nasiräern‹, d. h. von Männern, die ein bestimmtes Gelübde auf sich genommen haben. Mit der Beteiligung des Paulus sollte das Mißtrauen der Juden gegen ihn zerstreut und gleichzeitig der judenchristlichen Gemeinde die Annahme der Kollekte erleichtert werden. Es ist durchaus möglich, daß Paulus sich zu dieser Zeremonie im Tempel bereit fand.[8]

Juden aus der Asia erkannten Paulus im Tempel und erhoben den Vorwurf, er habe einen Heiden in den heiligen Bezirk gebracht, was auch von den Römern als ein todeswürdiges Verbrechen anerkannt war. In dem Tumult wurde Paulus von den Römern verhaftet. Was aus der Kollekte, die Paulus doch überbringen wollte, geworden ist, erfahren wir nicht.

In eindrucksvoller Weise hat Lukas in der Apg die *Gefangenschaft des Paulus in Jerusalem und Caesarea, seine Überführung nach Rom und die Ankunft dort* geschildert. Dabei hat er sicher einzelne genaue Nachrichten benutzt. In Apg 27, in dem die Seereise und der Schiffbruch des Paulus beschrieben werden, ist wohl eine Erzählung aus der Reiseliteratur der Zeit überarbeitet und verwertet worden. Es ist schwierig, aus diesen Kapiteln, in denen der Verfasser der Apg dem Leser noch einmal die große Gestalt des Apostels vor Augen führen will und damit auch gewisse apologetische Tendenzen verbindet, den tatsächlichen Ablauf der Ereignisse zu rekonstruieren.

Die Verhaftung des Paulus in Jerusalem ist in der Tat erfolgt, weil es mit Juden oder Judenchristen einen Zusammenstoß gegeben hat. Auch das Eingreifen der römischen Soldaten und die Berufung des Paulus auf sein römisches Bürgerrecht gehören zu den überlieferten Traditionen, die Lukas verwertet. Die Schilderung der Reise nach Rom läßt sich für den historischen Ablauf kaum verwerten. Und der Aufenthalt in Rom, mit dem die Apg schließt, ist kaum ein Bericht über die Wirklichkeit, in der Paulus leben mußte. Lukas berichtet, daß Paulus zwei Jahre in Rom in eigener Wohnung lebte und ungehindert predigen konnte. Der Verfasser der Apg hat damit sein Ziel erreicht: die Verkündigung des Evangeliums hat nun auch Rom erreicht. Daß es schon früher dort eine Gemeinde gegeben hat, erfährt der Leser der Apg nicht. Auch das Ende des Paulus wird in der Apg nicht berichtet, obwohl Lukas davon weiß (Apg 20,22 ff.; 21,10 ff.).

Die näheren Umstände und die Zeit des Todes des Paulus sind uns nicht bekannt. Aber es spricht sehr viel dafür, daß er unter Nero zu Beginn der sechziger Jahre als Märtyrer in Rom gestorben ist.

Diese Übersicht über das Leben und Wirken des Paulus, die nur eine Skizze sein konnte, hat manche Rätsel und Fragen offengelassen. Viele Abschnitte des Weges dieses Mannes bleiben im dunkeln. Aber seine große missionarische Leistung tritt deutlich hervor.

Gewiß, Paulus war nicht der einzige Missionar des Urchristentums, er hat auch nicht allein gearbeitet, sondern hatte viele Mitarbeiter. Aber er hat wie kein anderer der Verbreitung der christlichen Botschaft in der Welt den Weg gebahnt. Trotz aller Spannungen und Konflikte hat er immer an der Einheit der Kirche aus Juden und Heiden festgehalten, was in der damaligen Zeit eine Lebensfrage der Kirche war.

Seine Gemeinden haben sich sehr bald in den breiten Strom hellenistischen Christentums eingegliedert. Aber durch die Sammlung seiner Briefe ist seine größte Leistung erhalten: der erste und bedeutendste Versuch im Urchristentum, die christliche Verkündigung theologisch zu durchdenken und ihr damit eine feste Grundlage zu geben. Erst von dieser Theologie aus wird man der Gestalt des Paulus wirklich gerecht werden können. Von ihr wird noch zu reden sein (vgl. u. S. 180ff.).

10. Kapitel

Judenchristentum und Heidenkirche

Die Mission der aus Jerusalem vertriebenen ›Hellenisten‹ hat nicht nur zur Entstehung von Gemeinden in Palästina geführt, sondern hat vor allem in Antiochien ein Zentrum weitreichender Missionsaktivitäten geschaffen (vgl. o. S. 127). Ob nun in Caesarea der erste Heide zum Glauben an Jesus Christus bekehrt wurde (Apg 10; s. o. S. 125) oder ob erst in Antiochien auch ›Griechen‹, d. h. Nichtjuden, in die Gemeinde aufgenommen wurden (Apg 11), läßt sich nicht genau feststellen. Aber die Tatsache, daß die Christen, die aus der Gruppe der ›Hellenisten‹ hervorgegangen waren, die Schranken des Judentums überschritten, ist nicht zu leugnen.
Andererseits ist wohl in Jerusalem durch den Fortgang der ›Hellenisten‹ die Entwicklung in Richtung auf eine stärkere Bindung an die jüdische Gemeinschaft, deren Geschichte und deren Gesetz getrieben worden. Das Ausscheiden des Petrus und der wachsende Einfluß des Jakobus (vgl. o. S. 97f.) zeigen, daß die Jerusalemer Gemeinde sich als eine judenchristliche Gemeinschaft verstand, d. h. als eine Gemeinschaft, die zwar an Jesus als den gekommenen Messias glaubte, die aber diesen Glauben innerhalb des Judentums verwirklichen wollte. Das aber bedeutete die volle Geltung des Gesetzes, einschließlich Beschneidung und Speisegebote.
Allerdings ist auch dieses Judenchristentum nicht als eine in sich geschlossene Größe anzusehen. Aus dem Bericht des Paulus über die eingedrungenen ›falschen Brüder›, die in der Gemeinde in Antiochien die Beschneidung für die Heidenchristen gefordert zu haben scheinen, geht doch hervor, daß es sich nicht um offizielle Delegierte des Jakobus oder der Jerusalemer Gemeinde gehandelt hat (Gal 2). Auch die Agitatoren in Galatien sind nicht als offizielle Beauftragte aus Jerusalem anzusehen. Es hat also wohl auch in diesem Kreis Unterschiede gegeben. Aber das ändert nichts daran, daß es zwischen Jerusalem und den entstehenden Gemeinden, in denen Juden und Heiden zusammenlebten, zu Spannungen gekommen ist, die durch die Tätigkeit der Missionare Barnabas und Paulus verstärkt wurden.
Paulus wußte sich – wie wir gesehen haben – berufen, der ganzen Welt, also Juden und Heiden, das Evangelium zu verkünden. Seine Gemeinden haben in der ersten Zeit aus Judenchristen und Heiden-

christen bestanden, auch wenn die Heidenchristen sicher bald die überwiegende Mehrheit waren. Vor allem aber war der Apostel überzeugt, daß durch Christus das Gesetz abgetan war und keine Heilsbedeutung mehr hatte. Seine judaistischen Gegner haben ihm das besonders verübelt und verschiedentlich versucht, seinen Gemeinden wieder das Gesetz aufzuerlegen.

Gegen diesen Versuch konnte sich Paulus auf den *Apostelkonvent in Jerusalem* berufen, auf dem die gesetzesfreie Heidenchristenheit als gleichberechtigt anerkannt worden war. Dieser Konvent ist also eine wichtige Station auf dem Weg des Paulus und der Heidenkirche. Er war aber auch die Voraussetzung für die umfassende Missionsarbeit, die Paulus nach seiner Trennung von Antiochien selbständig aufgebaut hat. Wie kam es zu diesem Konvent und was ist dort verhandelt und beschlossen worden?

Es gibt über dieses Ereignis *zwei Berichte: Apg 15 und Gal 2,* 1–10.

In der Apg steht der Apostelkonvent nicht zufällig in der Mitte dieses Buches. Er trennt den Teil, in dem Jerusalem im Mittelpunkt der Erzählung steht, von dem, in dem nun Paulus die zentrale Gestalt ist. Zunächst wird die Vorgeschichte berichtet (Apg 15, 1–5). Aus Judäa kommen Leute nach Antiochien, die die Beschneidung verlangen. Es entsteht ein Streit zwischen diesen Eindringlingen einerseits, Paulus und Barnabas andererseits. Eine Delegation mit Paulus und Barnabas an der Spitze wird nach Jerusalem gesandt, um sich mit den Aposteln und Ältesten über diese Frage zu beraten. Sie reist durch Phönizien und Samarien, erhält dort offensichtlich die Zustimmung zu ihrer Haltung und erstattet dann in Jerusalem über ›die großen Dinge, die Gott mit ihnen getan hat‹, d. h. über den Erfolg ihrer Mission, Bericht. Aber einige Pharisäer, die gläubig geworden waren, verlangen erneut die Beschneidung und das Einhalten des Gesetzes.

Apg 15,6–21 wird nun der Lauf der Verhandlungen wiedergegeben. Das geschieht vor allem – wie oft bei Lukas – durch zwei Reden von Petrus und Jakobus, die durch eine kurze Notiz über den Bericht des Barnabas und des Paulus verbunden sind. Beide Redner beziehen sich auf die Bekehrung des Cornelius (Apg 10), um darzulegen, daß Gott die Heidenmission will. Paulus und Barnabas können auf die Zeichen und Wunder unter den Heiden hinweisen, und Jakobus führt Amos 9,11 f. als Schriftbeweis an. Alles läuft auf den Beschluß hinaus, der Apg 15,22–29 zitiert wird: Die eingedrungenen Störenfriede werden verurteilt, und die Heidenmission ohne Beschneidung wird anerkannt. Lediglich bestimmte Forderungen des Gesetzes sollen von den Heidenchristen eingehalten werden. Gefordert wird die Enthaltung von Götzenopferfleisch, von Blut und Ersticktem sowie die Enthaltung von Unzucht (was in diesem Zusammenhang das Verbot von unerlaubten Verwandtenehen meint). Eine auf Beschluß der Apostel und Ältesten gebildete Delegation kehrt mit diesem Beschluß nach Antiochien zurück, wo man sich über diesen ›Zuspruch‹ freut (Apg 15,30–33).

Im Galaterbrief mußte Paulus seine Unabhängigkeit von den jerusalemer Autoritäten verteidigen (vgl. o. S. 147). In diesem Zusammenhang beruft er sich auch auf den Apostelkonvent: Gal 2, 1–10. Nachdem er seinen Weg von der Bekehrung vor Damaskus bis zu der Mission in Syrien und Cilicien geschildert hat (Gal 1,15–24), berichtet er, daß er nach vierzehn Jahren mit Barnabas nach Jerusalem hinaufzog, und zwar »infolge einer Offenbarung« (Gal 2,2). Er nahm auch Titus mit sich zu dieser Besprechung, einen unbeschnittenen Heidenchristen, der aber – wie Paulus besonders hervorhebt – nicht gezwungen wurde, sich beschneiden zu lassen. Die Verhandlungen in Jerusalem werden kurz referiert: »und ich setzte ihnen das Evangelium auseinander, das ich unter den Heiden predigte, in gesonderter Besprechung jedoch denen, die in Geltung stehen, damit ich nicht etwa vergeblich liefe oder gelaufen wäre« (Gal 2,2). Es ist offensichtlich zu erheblichen Diskussionen gekommen. Denn Paulus betont: »wir« (d.h. doch: die antiochenische Delegation) haben den eingedrungenen falschen Brüdern nicht einen Augenblick durch Unterwerfung nachgegeben.

Es kam zu einer Einigung, die durch Handschlag der ›Säulen‹ (Jakobus, Kephas und Johannes) mit Paulus und Barnabas bekräftigt wurde. Das Ergebnis des Konvents faßt Paulus mit wenigen Worten zusammen: »Wir zu den Heiden, sie aber zur Beschneidung« (2,9). Sonstige Auflagen wurden dem Paulus nicht gemacht (2,6). Lediglich die Armen der jerusalemer Gemeinde sollten bedacht werden (2,10).

Gal 2,11 ff. schließt sich dann der Bericht über einen Konflikt in Antiochien an, auf den später einzugehen ist. Der *Vergleich der beiden Perikopen* zeigt zunächst, daß von demselben Ereignis die Rede ist. Aber eine genauere Analyse der Texte macht deutlich, daß die Darstellung des Lukas von bestimmten Intentionen geprägt ist und nicht als historischer Bericht angesehen werden kann. Sicher hat der Verfasser der Apg auch für den Apostelkonvent Traditionen verarbeitet. Aber die Probleme, die dort zur Debatte standen, lagen ihm so fern, daß er ihre Brisanz nicht mehr erkannt hat. Ihm kam es nur darauf an, die friedliche Lösung des Streits um das Recht der Heidenmission durch die jersualemer Autoritäten darzustellen und durch das (nach Gal sicher nicht auf dem Konvent beschlossene) ›Aposteldekret‹ die Regeln für das Zusammenleben von Judenchristen und Heidenchristen festzuschreiben. »Historischen Wert . . . besitzt die lukanische Darstellung des Apostelkonzils nicht.«[1]

Auch Paulus gibt keine exakte Darstellung der Ereignisse, sondern rekurriert im Gal auf den Apostelkonvent nur, weil er sich der Vorwürfe seiner judaistischen Gegner in Galatien erwehren muß. Er will damit zeigen, daß er Apostel »nicht von Menschen her noch durch einen Menschen, sondern durch Jesus Christus und Gott den Vater« (Gal 1,1) ist. Der Bericht in Gal ist also sicher mit gewissen aktuellen Bezügen und Polemiken durchsetzt.

Aber das ändert nichts daran, daß wir den historischen Ablauf der Dinge in Antiochien und Jerusalem nur aus den Angaben des Apostels erheben können. Eine Harmonisierung von Gal 2 mit Apg 15 führt in die Irre.

Über den *Anlaß* zu dieser wichtigen Beratung erfahren wir von Paulus direkt nichts. Er sagt, er sei »aufgrund einer Offenbarung« nach Jerusalem gezogen. Das ist sicher nicht so gemeint, daß er durch eine besondere Vision veranlaßt wäre, diese Reise zu unternehmen. Vielmehr wird man in Analogie zu Apg 13,1–3 anzunehmen haben, daß die Abordnung der antiochenischen Gemeinde in einem Gottesdienst durch Prophetenspruch bestimmt ist. Paulus deutet aber den Anlaß an, wenn er von den falschen Brüdern spricht, »die sich eingeschlichen hatten, um unsere Freiheit, die wir in Christus Jesus haben, auszukundschaften, damit sie uns knechten könnten« (Gal 2,4). Damit ist zwar nicht der Bericht der Apg bestätigt, wohl aber der Anlaß in ähnlicher Weise bestimmt: Strenge Judenchristen haben die Freiheit der Gemeinde in Antiochien durch ihre Forderung nach Beschneidung bedroht. Paulus sagt nicht deutlich, daß diese ›Falschbrüder‹ auch in Jerusalem gegen ihn und Barnabas standen. Aber der Text deutet doch darauf hin, daß sie sowohl in Antiochien wie in Jerusalem ihre Forderung erhoben haben. Wer diese falschen Brüder waren, vermögen wir nicht zu sagen.

Es sei kein Zufall, meint G. Bornkamm,[2] daß der Streit sich an »einer solchen archaischen, rituellen Bestimmung des Alten Testaments«, der Beschneidung, entzündete. Schon im Judentum hatte es unterschiedliche Einstellungen zu dem Problem, ob dieser Ritus für Proselyten unbedingt verbindlich sei oder nicht, gegeben. In der Nachfolge der strengeren Richtung des Judentums hat das Judenchristentum die Beschneidung als »das unveräußerliche, vor

Zeiten von Gott dem Abraham für seine Nachkommen gegebene Bundeszeichen« angesehen, das es der Zugehörigkeit zum wahren Gottesvolk versicherte. Dieser Ritus war das Zeichen für die Kontinuität der Heilsgeschichte. Für die judenchristliche Gemeinde stand hier »die Frage nach der Legitimation ihres Anspruchs, das wahre Israel zu sein«, auf dem Spiel.
Diese Erklärung des Hintergrunds der Kontroverse ist sicher weithin richtig, auch wenn sie aus den Quellen nicht direkt zu beweisen ist. Es bleibt vor allem die Frage offen, ob diese Sicht der Dinge für die gesamte judenchristliche Gemeinde gilt oder nur für einen Teil. Das Zugeständnis des Jakobus, daß bei der Heidenmission auf die Beschneidung verzichtet werden könnte, verträgt sich nicht recht mit der skizzierten judenchristlichen Einstellung.
Paulus wurde von der antiochenischen Gemeinde nicht allein nach Jersualem geschickt. Er ging mit Barnabas dorthin und nahm den Titus mit sich. In der Formulierung Gal 2,1 wird deutlich, daß in dieser Zeit Antiochien noch die Muttergemeinde für Paulus war und er in gewisser Weise von ihr abhing. Das ist für das Verständnis des Apostelkonvents deshalb wichtig, weil daran (wie auch an Gal 2,9) sichtbar wird, daß es bei den Verhandlungen nicht um die persönliche Arbeit des Paulus gegangen ist, sondern um das für die ganze hellenistische Heidenmission brennende Problem der Geltung des Gesetzes, speziell der Beschneidung, für die in die Gemeinde aufzunehmenden Heiden. Es ist weiter zu beachten, daß das Gespräch nicht in Antiochien, sondern in Jerusalem stattfand. Man darf daraus sicher keine jurisdiktionelle Unterstellung der heidenchristlichen Gemeinden unter die Jerusalemer Gemeinde ableiten (wie es die Apg nahelegt). Aber andererseits läßt sich nicht übersehen, daß die neugegründeten heidenchristlichen Gemeinden offensichtlich einen geistlichen Vorrang Jerusalems akzeptiert haben. Paulus läßt sich ja auf die Verhandlungen ein, »damit ich nicht etwa vergeblich liefe oder gelaufen wäre«, wie er Gal 2,2 sagt. Es war für ihn wie für die gesamte hellenistische Mission, die zumeist zu gemischten Gemeinden von Juden- und Heidenchristen geführt hatte, notwendig, mit Jerusalem zu einem Konsens in der Frage der Beschneidung zu kommen.
Jedenfalls darf der Bericht des Paulus, der – wie gesagt – in einer bestimmten Verteidigungsposition geschrieben ist, nicht dazu verleiten, den Apostelkonvent nur auf seine Person zu beziehen. Der Abschluß der Verhandlungen erfolgt denn auch zwischen den drei ›Säulen‹ und den antiochenischen Delegaten Barnabas und Paulus.
Der genaue Verlauf des Apostelkonvents läßt sich nicht rekonstruieren. Aus den Angaben des Paulus kann man aber schließen, daß

es einige kontroverse Diskussionen gegeben hat (2,4 f.), was bei der Brisanz des Themas verständlich ist. Aber *das Ergebnis* ist doch eine Einigung, deren Wortlaut nicht vorliegt, die aber Paulus in der kurzen Notiz zusammenfaßt: »Wir zu den Heiden, sie aber zur Beschneidung« (Gal 2,9). Diese Kurzformel ist natürlich nicht als Teil eines offiziellen Protokolls anzusehen, sondern gibt lediglich den Inhalt der Vereinbarung wieder. Es ist dabei nicht um eine geographische Aufteilung gegangen. Auch hat man damit nicht die missionarischen Bemühungen sauber auf Juden und Heiden verteilen wollen. Die hellenistischen Gemeinden und ihre Missionare konnten und wollten auf die Möglichkeit, ihre Wirksamkeit in der Synagoge zu beginnen, sicher nicht verzichten. Der Beschluß besagt vielmehr: Ihr dürft bei der Heidenmission auf die Beschneidung verzichten, während wir, die Jerusalemer Judenchristen, an der Beschneidung festhalten.

Dieser Beschluß läßt sich kaum von der Analogie der unterschiedlichen Praxis des Judentums gegenüber den Proselyten her erklären (vgl. o. S. 158 f.). Vielmehr ist er Ausdruck der Überzeugung, daß die Kirche aus Juden und Heiden trotz unterschiedlicher Haltung zum Gesetz eine Einheit ist. Die Jerusalemer haben damit die Missionspraxis der hellenistischen Heidenmission als gleichberechtigt anerkannt, was aus ihrer Sicht sicher eine Konzession war.

Allerdings hat Conzelmann[3] mit Recht darauf aufmerksam gemacht, daß diese Regelung nicht nur als eine einseitige Konzession der judenchristlichen Seite anzusehen ist, sondern zwei Seiten hat. Sowohl den Juden wie den Heiden wird das Heil ohne Vorleistung zuteil – das ist der eigentliche Kern der Sache. Die Heiden brauchen das Gesetz und die Beschneidung nicht anzunehmen, sondern werden allein aus Gnade gerettet. Auch für die Juden bedarf es keiner Vorleistung mehr: sie müssen das Gesetz und die Beschneidung nicht aufgeben. Für Juden sieht nun jedoch die Sache etwas anders aus als für Heiden, weil sie erkennen müssen, daß das Heil bedingungslos geschenkt wird, ihr Gesetzesverständnis wie ihre Bindung an die Geschichte ihres Volkes damit aber in Frage gestellt wird. Es ist verständlich, daß diese Einsicht nicht immer und überall nachvollzogen worden ist, wie der Konflikt in Antiochien (Gal 2,11 ff.) zeigt.

Über die bei dem Apostelkonvent beschlossene Kollekte braucht nicht noch einmal gesprochen zu werden (vgl. o. S. 150 f.). Sie ist nach Aussage des Paulus die einzige ›Auflage‹, die man ihm gemacht hat. Seinem Verständnis nach ist allerdings die Kollekte keine ›Auflage‹, sondern ein sichtbares Dankeszeichen der Heiden für das Evangelium und damit für die Einheit der Kirche. In der Apg wird die

Einigung in einem Brief den Gemeinden von Antiochien, Syrien und Cilicien, »die aus den Heiden stammen« mitgeteilt (Apg 15,23–30). Danach hat man in Jerusalem darauf verzichtet, den Heidenchristen eine »weitere Last aufzuerlegen« (15,28). Lediglich die schon erwähnten Vorschriften, die im Alten Testament für Nichtjuden im Bereich Israels aufgestellt sind (vgl. 3 Mose 17f.), werden eingeschärft. Dieses sogenannte Aposteldekret wird von Paulus nicht erwähnt. Er kennt es offensichtlich nicht, denn sonst hätte er nicht behaupten können, ihm sei bei dem Konvent nichts auferlegt (Gal 2,6). Das Aposteldekret ist also nicht in Jerusalem beschlossen worden. Seine Entstehung läßt sich nur hypothetisch erklären.

Der Apostelkonvent hatte zwar den grundsätzlichen Verzicht auf die volle Einhaltung des Gesetzes, d.h. vor allem der Beschneidung, anerkannt. Aber die Frage des Zusammenlebens von Judenchristen und Heidenchristen im täglichen Leben der gemischten Gemeinden war damit nicht geklärt. Das mußte zu Konflikten führen, dann nämlich, wenn Judenchristen, die zwar die Unbeschnittenheit der Heidenchristen akzeptierten, für sich aber das Gesetz (vor allem seine Reinheitsvorschriften) als gültig ansahen. Einen solchen *Konflikt in Antiochien* schildert Paulus Gal 2,11ff.

Der Apostel berichtet, daß er dem Petrus dort scharf entgegengetreten sei, weil dieser zunächst mit den Heidenchristen zusammen gegessen habe (beim Herrenmahl?), sich dann aber mit Barnabas und den übrigen Judenchristen zurückgezogen habe, als ›Leute des Jakobus‹ gekommen waren. Paulus sagt nicht, was diese Jakobusleute gesagt oder getan haben. Aber man kann annehmen, daß sie die Einhaltung der Gesetzesvorschriften forderten, die es einem Juden möglich machten mit Heiden zusammen zu speisen. Da diese Fragen auf dem Apostelkonvent nicht geklärt waren, konnten die Judenchristen, die nach Antiochien kamen, sogar mit einem gewissen Recht behaupten, daß sie das Abkommen von Jerusalem nicht brechen wollten, sich aber von Befleckung und Verunreinigung hüten müßten und daher von den Heidenchristen verlangen könnten, sich an die alten, für die ›Beisassen‹ in Israel üblichen Vorschriften zu halten.

Die Argumente der ›Jakobusleute‹ scheinen in Antiochien Eindruck gemacht zu haben. Petrus, Barnabas und die anderen Judenchristen wurden »von ihrer Heuchelei mit fortgerissen«, sagt Paulus (Gal 2,13). In der von Paulus wiedergegebenen Strafpredigt gegen Petrus, die unmerklich übergeht in die Rede an die Galater, begründet er den Vorwurf der Heuchelei. Das widersprüchliche Verhalten des Petrus wird vom Apostel als ein Abweichen vom

Evangelium beurteilt, weil es ein erneutes Annehmen des Gesetzes als Heilsweg beinhaltet. Wenn Petrus sich auf Druck der Jakobusleute von der Tischgemeinschaft mit den Heidenchristen zurückzieht, dann zwingt er diese damit erneut unter das Gesetz. Denn jetzt müssen diese Heidenchristen, wenn sie die Einheit der Gemeinde durch die Tischgemeinschaft mit den Judenchristen sichtbar zum Ausdruck bringen wollen, die rituellen Vorschriften wieder übernehmen. Das aber bedeutet für Paulus die Aufgabe der Glaubenseinsicht, daß der Mensch allein durch den Glauben an Christus vor Gott gerecht wird, nicht aber durch Werke des Gesetzes.

Wir wissen nicht, wie der Konflikt in Antiochien ausgegangen ist, müssen aber annehmen, daß Paulus sich nicht durchgesetzt hat. Denn die Trennung von Barnabas, die Apg 15,36ff. zu einem persönlichen Zwist heruntergespielt wird, hängt doch wohl mit diesem antiochenischen Konflikt zusammen. Von dieser Zeit ab ist jedenfalls, soweit wir sehen können, Antiochien nicht mehr die ›Muttergemeinde‹ des Paulus. Zumindest gehört diese Gemeinde nicht zu denjenigen, die im weiteren Leben und Wirken des Apostels irgendwelche Bedeutung haben. Über die weitere Geschichte der Gemeinde von Antiochien wissen wir für die Zeit bis ca. 100 nichts. Erst zu Beginn des 2. Jahrhunderts geben die Briefe des Bischofs Ignatius Kunde von dieser Gemeinde, bezeugen nun allerdings ein Christentum an diesem Ort, das sicher nicht sehr entscheidend von Paulus geprägt ist.

Der Streit zwischen Petrus und Paulus in Antiochien, der sowohl für den Apostel wie auch für die Gemeinde Konsequenzen gehabt zu haben scheint, ist für das Verständnis des ›Aposteldekrets‹ insofern wichtig, als er eine Situation skizziert, in der ein solcher Text entstanden sein kann. Es ist nun allerdings nicht mehr feststellbar, ob dieses ›Dekret‹ direkt mit diesem Streit oder mit der Gemeinde von Antiochien zusammenhängt, oder ob es vielleicht in Jerusalem mit Vertretern anderer Gemeinden ausgehandelt ist. Immerhin spricht einiges dafür, daß der geschilderte Zwist in Antiochien der Anlaß für die Fixierung der Regeln, die das Zusammenleben von Juden- und Heidenchristen ordnen sollten, gewesen ist. Paulus hatte sich wohl, schon bevor diese Regelung zustande kam, von der antiochenischen Gemeinde getrennt. Er erwähnt daher das Dekret an keiner Stelle. Es würde, nach den Ausführungen in Gal 2,11ff. zu urteilen, kaum seine Billigung gefunden haben.

Das ›Aposteldekret‹ ist schon früh seiner eigentlichen Bedeutung, nämlich Regel für das Zusammenleben von Juden- und Heidenchristen zu sein, entkleidet worden. In der Heidenchristenheit ist es ›moralisch‹ interpretiert worden, wie sich auch an der Veränderung des Textes in einem Teil der handschriftlichen Überlieferung zeigen läßt (Ersatz des ›Erstickten‹ durch die ›goldene Regel‹). Aber das gehört nicht mehr in unseren Zusammenhang.[4] Immerhin ist dieser Vorgang deshalb von Bedeutung, weil er die Rezeption (und auch Umwandlung) gewisser judenchristlicher Forderungen der Frühzeit durch die gemischten Gemeinden zeigt. Von da aus sind dann solche Vorschriften in die rein heidenchristlichen Gemeinden übergegangen. Dabei ist die »Lösung von Paulus und seinem radikalen Verständnis des Evangeliums« (Bornkamm) sicher ein wichtiger Faktor in der Entwicklung. Man muß allerdings hinzufügen, daß diese Trennung keine Kirchenspaltung war. Trotz der unübersehbaren Spannungen hat Paulus die Kollekte für Jerusalem gesammelt und sie selbst überbracht. Auch Petrus und die antiochenische Gemeinde sind nicht gänzlich von ihm abgeschrieben worden (vgl. 1. Kor 9,5f.; Apg 18,22). Beide Seiten haben bewußt an der Einheit der Kirche Jesu Christi festgehalten.

Die *Geschichte der Jerusalemer Gemeinde* in der Zeit zwischen dem Apostelkonvent und der Zerstörung Jerusalems liegt im dunkeln. Nur wenige Hinweise lassen sich aus der Apg und den Paulusbriefen erheben.

Nach dem Fortgang des Petrus aus Jerusalem ist die Leitung dieser Gemeinde – wie schon berichtet – an den Herrenbruder Jakobus übergegangen. Bei den Verhandlungen des Apostelkonvents gehört er bereits neben Petrus und Johannes zu den ›Säulen‹ und steht dabei an erster Stelle (Gal 2,9). Die Apg erwähnt 15,4 bei dem Apostelkonvent Älteste neben den Aposteln (vgl. auch Apg 11,30, wo die Ältesten allein genannt werden). Es muß im Blick auf Apg 15,4 offenbleiben, ob Lukas den Jakobus zu den Aposteln rechnet. Nach Apg 1,21f. ist das nicht anzunehmen. Bei dem Apostelkonvent schildert Lukas ihn dann als einen der Wortführer der Jerusalemer Gemeinde (Apg 15,13ff.). Man sollte aus diesen, in sich etwas widersprüchlichen Angaben der Apg keine weitreichenden Schlüsse hinsichtlich der Verfassung der Gemeinde von Jerusalem ziehen. Natürlich kann man vermuten, daß diese Gemeinde unter Jakobus sich eine Ordnung in Analogie zu der synagogalen Verfassung gegeben hat und daß dazu auch Älteste gehört haben. Aber aus den Quellen läßt sich das nicht beweisen.

Es wurde schon darauf hingewiesen, daß weder die Leute, die in Antiochien die Beschneidung der Heidenchristen forderten und damit den Apostelkonvent notwendig machten, noch die Gegner des Paulus in Galatien, die sich auf die Autorität der Jerusalemer

Gemeindeleiter berufen zu haben scheinen, als offizielle Gesandte des Jakobus oder der Urgemeinde anzusehen sind. Dagegen sind die ›Leute des Jakobus‹, die in Antiochien mit ihrem Drängen auf Einhaltung der Speisevorschriften den Konflikt zwischen Petrus und Paulus heraufbeschworen, wahrscheinlich wirklich Beauftragte des Jakobus gewesen. Während dieser nicht hinter der Agitation der Judaisten in Galatien und in Korinth stand (die ›Überapostel‹ dort, 2. Kor 11,5; 12,11, haben nichts mit der Gemeinde in Jerusalem zu tun), kann er in Antiochien möglicherweise in dem Sinn gewirkt haben, daß das Gesetz insoweit eingehalten werden sollte, wie es für eine Tischgemeinschaft zwischen Juden- und Heidenchristen nötig war.

Aus 1. Thess 2,14f. und Rm 15,31 kann man entnehmen, daß die Gemeinde in Jerusalem nicht unangefochten blieb, sondern Anfeindungen von seiten der Juden erdulden mußte. Worauf Paulus an diesen Stellen im einzelnen anspielt, läßt sich nicht sagen. Die Verfolgungen, die hier angedeutet, die aber nicht näher zu beschreiben sind, haben nicht gehindert, daß die Jerusalemer Gemeinde bis zum jüdischen Krieg in der Stadt existierte. Nach einer späteren Tradition, die in einem Zitat aus Hegesipp bei Euseb erhalten ist (KG II 23,4–18) erfreute sich Jakobus wegen seines heiligen und frommen Lebenswandels großen Ansehens und trug den Beinamen ›der Gerechte‹.

Die Ereignisse bei der Ankunft des Paulus in Jerusalem und bei seiner Verhaftung (s. o. S. 152) zeigen aber, wie schwierig die Lage für die judenchristliche Gemeinde und für Jakobus war. Man kann annehmen, daß gerade die Beschlüsse des Apostelkonventes, an denen Jakobus offensichtlich festgehalten hat (Paulus hätte eine andere Haltung vermerkt), die Situation nicht erleichterten.

Die Ermordung des Jakobus im Jahr 62 durch den Hohenpriester Ananos (Hannas II.), von der Josephus kurz berichtet (Ant. XX, 200), gehört in die Vorgeschichte des jüdischen Krieges. Nach einer Tradition, die Euseb in seiner Kirchengeschichte benutzt (III 5,3), soll die Gemeinde vor Ausbruch der Kämpfe, also etwa im Jahre 66, nach Pella im Ostjordanland geflüchtet sein. Diese Nachricht ist aber höchst unsicher (s. o. S. 52).

Über das Schicksal der Jerusalemer Christengemeinde nach dem Jahr 70 braucht hier nicht gesprochen zu werden. Merkwürdig ist, daß Euseb (KG III 11) behauptet, nach dem Tode des Jakobus sei ein Verwandter Jesu, Simon, der Sohn des Klopas, sein Nachfolger als Leiter der Gemeinde geworden. Da in der Zeit Domitians (81 bis 96) Angehörige der Familie Jesu verhaftet und verhört worden sein sollen (so Hegesipp bei Euseb KG III 20), könnte man vermuten, daß die Gemeinde auch nach dem Jahr 70 judenchristlich war und die Verwandten Jesu eine Rolle in ihr spielten. Aber das ist nicht nachweisbar.

Ob die Gemeinde von Jerusalem vor 70 außerhalb der Stadt Mission getrieben hat, wissen wir nicht. Auch von den Gemeinden in Palästina können wir nicht feststellen, ob sie judenchristlich oder gemischt waren. Inwieweit das spätere ›häretische‹ Judenchristentum, gegen das sich die Ketzerbestreiter des 2. und 3. Jahrhunderts wenden, mit der Gemeinde in Jerusalem vor 70 zusammenhängt, braucht hier nicht erörtert zu werden. Man wird sich in dieser Frage vor weitreichenden Spekulationen ohne Quellenbasis hüten müssen.

Die Antwort auf die Frage, welches Echo die Zerstörung Jerusalems in der Kirche ausgelöst hat, hängt von der Bewertung einiger Stellen der synoptischen Tradition ab. Es gibt in den drei ersten Evangelien Worte Jesu, die in ihrer Formulierung darauf hinzuweisen scheinen, daß die Zerstörung der heiligen Stadt vorausgesetzt ist, die also erst in der späteren Tradition Jesus in den Mund gelegt sind. Dazu gehören die Wehklage über Jersualem (Mt 23,37f.; Lk 13,34f.; Lk 19,41ff.) sowie die kleine Apokalypse Mk 13 (vor allem 13,14ff. und die Parallelen bei Mt und Lk). Diese Stellen zeigen – wie auch die traditionsgeschichtlichen Fragen zu beurteilen sein mögen –, daß eine bestimmte Deutung des Untergangs Jerusalems sich früh herausgebildet hat: die Zerstörung wird als Strafe für den Unglauben der Juden angesehen. Wann und wo diese Interpretation der Ereignisse des Jahres 70, die im Lauf der Kirchengeschichte erheblich nachgewirkt hat, erstmals aufgekommen ist, läßt sich nicht sagen. Da alle drei Synoptiker sie vertreten, wird man eine weitere Verbreitung anzunehmen haben. Der Untergang des jüdischen Staates und das Zurücktreten der christlichen Gemeinde in Jerusalem haben einerseits das Ansehen der Stadt und der in ihr entstandenen Urgemeinde nicht gemindert. Diese Gemeinde blieb im Gedächtnis der Kirche die Keimzelle des Christentums. Das Jerusalembild des Lukas vom Ende des 1. Jahrhunderts zeigt, wie hoch man diese Urgemeinde einschätzte. Andererseits aber ist die weitere Entwicklung der Kirche in den Bahnen des hellenistischen Heidenchristentums verlaufen. Dieses hat sich als weit wirksamer erwiesen als etwa Paulus, aber auch als das Judenchristentum der Jerusalemer Gemeinde, die letztlich die Entwicklung nach dem Apostelkonvent nicht mehr bestimmte.

11. Kapitel

Glaube und Theologie

Das Christuszeugnis der palästinensischen Urgemeinde ist der erste Versuch gewesen, die Heilsbedeutung Jesu Christi, den diese ersten Christen als den Auferstandenen erfahren hatten, zu erfassen und auszusagen (vgl. o. S. 109ff.). Man hat überkommene Titel und Vorstellungen auf Jesus übertragen, um den Glauben an Gottes Heilstat in ihm nicht nur zu beschreiben, sondern diesen Glauben auch weitergeben zu können. Die Grenze der Rezeption vorgegebener Begriffe und Vorstellungen war dadurch gesetzt, daß es sich bei dem Heilbringer um eine historische Person handelte. Der Glaube an die Identität des Auferstandenen mit dem irdischen Jesus war die Voraussetzung aller Aussagen über Christus.
Diese ersten Versuche, Person und Werk sowie die Heilsbedeutung Jesu begrifflich zu fassen und auszusagen, sind offensichtlich früh mit dem Schriftbeweis verbunden und dann auch von diesem bestimmt worden. Auch hier ist der Rückgriff auf überkommene Vorstellungen und Methoden nicht zu übersehen.
Natürlich hat es in dieser Frühzeit – wie schon betont – keine schulmäßig betriebene systematische Theologie gegeben. Es handelt sich vielmehr um *den Anfang* einer *theologischen Reflexion* des Glaubensinhalts, die mit dem Schriftbeweis ganz und gar auf die Verkündigung des Heils bezogen ist. Irgendeine Art von kirchlichem Lehramt ist nicht vorhanden, wie auch allseits verpflichtende dogmatische Definitionen fehlen. Feste Glaubensformeln im Sinn der späteren Bekenntnisse, an denen sich theologische Arbeit hätte ausrichten können, hat es in dieser Zeit noch nicht gegeben. Für das in der Welt sich ausbreitende Christentum des 1. Jahrhunderts gelten weithin diese Feststellungen unverändert weiter, auch wenn nicht zu übersehen ist, daß eine stärkere theologische Reflexion einzusetzen beginnt. Paulus ist in dieser Hinsicht ohne Zweifel besonders herauszustellen. Aber auch die Zeugnisse des hellenistischen Christentums neben Paulus, also jener Form christlicher Verkündigung, die aus der Mission des Stephanuskreises hervorgegangen ist und sich zu einer eigenständigen Größe entwickelt hat, geben Aufschluß darüber, wie die theologischen Aussagen weiter entfaltet werden und die Formelsprache reichhaltiger wird.
Auch hier darf man keine falschen Maßstäbe anlegen. Es geht nicht

um eine in festen Bahnen sich vollziehende Schultheologie. Vielmehr sind die erhaltenen Texte Ausdruck des Glaubens, der sich in steigendem Maß eines umfassenderen Vokabulars bedient, um sich in der Verkündigung verständlich zu machen und bei anderen Menschen Glauben zu wecken. Man kann das durchaus als ›Theologie des hellenistischen Christentums‹ bezeichnen, weil die Aussagen auf theologische Denkansätze zurückweisen, muß sich aber über die angedeuteten Einschränkungen einer solchen Bezeichnung klar sein. Selbst bei Paulus darf man den aktuellen Bezug seiner Briefe, also die Ausrichtung auf Probleme der Gemeinden und auf die Verkündigung, nicht außer acht lassen, wenn man ihn nicht einer falschen Systematisierung unterwerfen will.

Es ist in der Erforschung der Geschichte der *Glaubensbekenntnisse* oft versucht worden, die späteren ›Symbole‹ (wie das Apostolicum, das Nicaenum usw.) bis in das Neue Testament und in die Zeit des Urchristentums zurückzuverfolgen.[1] Dabei ist man manchmal in den Fehler verfallen, die späteren Formen um jeden Preis schon in den frühen Texten wiederfinden zu wollen, ohne zu beachten, daß die späteren Bekenntnisse vielfach sich neutestamentlicher Formulierungen bedienen. Eine kontinuierliche Geschichte der Bekenntnisbildung vom Urchristentum bis in das 4. Jahrhundert ist jedenfalls kaum zu erheben. Natürlich ist damit nicht gesagt, daß es im Urchristentum keine Formeln gegeben habe, die man als ›Bekenntnis‹ bezeichnen kann. Man muß nur den Unterschied zu späteren ›Symbolen‹, die auch von anderen Faktoren, wie Abwehr der Irrlehre oder Zusammenfassung der Lehre in einer ›regula fidei‹, mitbestimmt sind, beachten. Es wird sich ferner empfehlen, nicht jede ›Formel‹, die im Neuen Testament gefunden wird, als ›Bekenntnis‹ zu bezeichnen. Die Überlieferung, die Paulus 1. Kor 15,3ff. zitiert, ist z. B. kein ›Bekenntnis‹, sondern eher »ein Stück geschichtlicher Jesus-Überlieferung«.[2]

Mit diesen kurzen Bemerkungen zu dem Problem der Bekenntnisbildung im Urchristentum und ihrem Verhältnis zur späteren Entwicklung sollte nur auf die Notwendigkeit einer klaren Begrifflichkeit und einer dem historischen Kontext angemessenen Einordnung von überlieferten Formeln und Formelsplittern hingewiesen werden.

»Das christliche Bekenntnis ist ursprünglich keine Aufzählung der dem Glauben wesentlichen Überlieferungsstücke und Lehrwahrheiten (die vielmehr ihre eigenen Wege gegangen sind), sondern die ebenso kurze wie unmißverständliche Bezeichnung des einen göttlichen Gegenübers, dessen Bejahung den einzelnen Christen zum Christen macht und von jedem Nichtchristen unterscheidet, also der Person Jesu«.[3] Am *Anfang der Entwicklung* stehen zwei kurze Aussagen: »Jesus ist der Christus« und »Jesus ist Gottes Sohn«, die beide in der synoptischen Tradition begegnen, also in der hier zu beschreibenden Epoche üblich sind.[4] Erst später werden in Abwehr der Irrlehre diese Kurzformeln erweitert und schließlich auch für Zwecke der Lehre und des Unterrichts als Leitfaden ausgebaut. Aber diese Entwicklung gehört nicht mehr in unseren Zeitraum.

Die Frage nach dem ›Sitz im Leben‹ früher christlicher Bekenntnisse läßt sich nicht so eindeutig beantworten, wie es oft geschieht. Da wir über den Verlauf urchristlicher Gottesdienste und über die Form der Taufhandlung kaum etwas wissen, kann man den Ursprung der Bekenntnisse in Gottesdienst und Taufe zwar vermuten, aber nicht beweisen. Paulus spricht 1. Kor 12,3 von dem geistgewirkten Ruf: ›Herr ist Jesus‹. Er scheint damit eine gottesdienstliche Akklamation zu zitieren. Von einem Bekenntnis kann man hier wohl nur mit erheblicher Einschränkung reden.

In einem Teil der handschriftlichen Überlieferung wird Apg 8, 36f. ein Zusatz überliefert, der oft als Beleg für ein frühes Aufkommen eines Taufbekentnnisses angeführt wird. Bei der Bekehrung des Äthiopiers durch Philippus fragt jener: »Siehe, hier ist Wasser; was hindert, daß ich getauft werde?« Der Zusatz lautet: »Philippus aber sagte zu ihm: Wenn du aus ganzem Herzen glaubst, darf es geschehen. Er aber antwortete und sprach: Ich glaube, daß Jesus der Sohn Gottes ist.«

Dieser Zusatz ist sicher eine spätere Erweiterung des lukanischen Textes, möglicherweise aus dem 2. Jahrhundert, durch welchen die anstößige Eile der Taufe des Äthiopiers etwas verständlicher werden sollte. Es ist aber kaum möglich, aus diesem Text auf ein ›Taufbekenntnis‹ im Urchristentum zu schließen. Von einem Zusammenhang zwischen Taufe und Bekenntnis in dieser Zeit wissen wir jedenfalls nichts.

Zusammenfassend ist also zu sagen: Es hat im Urchristentum sicher schon feste Formulierungen gegeben, in denen der Glaube an Christus und das in ihm zuteil gewordene Heil ausgedrückt wurden. Aber man darf derartige Formeln nicht mit der Elle der späteren Bekenntnisse messen. Die bekenntnisartige Proklamation Jesu als ›Christus‹ und als ›Sohn Gottes‹ sind in ihrer Konzentration auf den wesentlichen und neuen Inhalt des christlichen Glaubens charakteristisch für diese Zeit. Daß sie dann in der Folgezeit entfaltet und ausgelegt werden, ist nicht überraschend. Aber das geschah zunächst in Predigt und Unterricht, nicht aber im liturgischen oder rechtlich verbindlichen Symbol.

Man hat in einer früheren Phase der Symbolforschung gemeint, aus einigen Stellen des Neuen Testaments schließen zu können, daß das Bekenntnis zu dem einen Gott von Anfang an zu dem christlichen Credo gehört habe. Vor allem 1. Kor 8,5f. wird dafür gern angeführt. An dieser Stelle sagt Paulus im Zusammenhang mit der Frage des Götzenopferfleisches, daß es keine Götzen in der Welt gibt, sondern nur den einen Gott. Er fährt dann fort: »Denn wenn es wirklich sogenannte Götter, sei es im Himmel oder auf Erden, gibt – wie es denn viele Götter und viele Herren gibt –, so gibt es doch für uns nur *einen* Gott, den Vater, von dem alle Dinge sind und wir zu ihm, und *einen* Herrn Jesus Christus, durch den alle Dinge sind und wir durch ihn.« Es ist keine Frage, daß Paulus hier ein Element christlicher Verkündigung betont herausstellt, das dem Urchristentum von Anfang an als Erbe jüdischen Glaubens selbstverständlich war (die Nähe dieser Verse zu dem jüdischen *Sch'ma Jisrael,* dem Grundbekenntnis des Judentums, ist nicht zu übersehen). Dieser Glaube an den einen Gott, den Schöpfer der Welt, hat die Kirche immer verkündet, auch in der Missionspredigt, wie aus den zusammenfassenden Worten des Paulus 1. Thess 1,9f. hervorgeht, auf die wir noch zurückkommen. Aber damit ist nicht gesagt, daß es in der Frühzeit bereits ein zweigliedriges Bekenntnis zu Gott dem Vater und zu Jesus Christus gegeben hat. Jedenfalls erlauben unsere Quellen hier keine sicheren Schlüsse.

Wenn es also auch keine festen Glaubensformeln als Richtschnur gegeben hat, so kann man aus den erhaltenen Texten doch ein Bild der Glaubenswelt und der theologischen Aspekte der verschiedenen Gruppen des Urchristentums zu zeichnen versuchen. Für das hellenistische Christentum vor und neben Paulus sind wir dabei allerdings auf die bei Paulus erhaltenen Traditionen sowie auf Rückschlüsse aus späteren Quellen angewiesen. Aber da man hier eine gewisse Konstanz der Vorstellungen feststellen kann, sind derartige Rückschlüsse durchaus erlaubt. Paulus hängt eng mit diesem hellenistischen Christentum zusammen. Er hat lange Zeit von Antiochien aus gewirkt und hat in dieser Zeit sicher mancherlei Traditionen übernommen. Seine Briefe zeigen allerdings, daß er diese Überlieferung selbständig verarbeitet und weiter entwickelt hat. Es ist also bei ihm immer beides zu beachten: einerseits das Gedankengut, das er mit dem hellenistischen Christentum gemeinsam hat, und andererseits die eigenständige theologische Konzeption.

An einem Beispiel kann man sich verdeutlichen, wie bei Paulus grundlegende Inhalte der Verkündigung offensichtlich ganz im *Stil der allgemeinen Missionspredigt* übernommen und weitergegeben worden sind. 1. Thess 1,9f. heißt es: »Denn die Leute berichten selbst unsere eigene Geschichte: welche Aufnahme wir bei euch gefunden haben und wie ihr euch von den Götzen zu Gott bekehrt habt, um dem lebendigen und wahren Gott zu dienen und aus den Himmeln seinen Sohn zu erwarten, den er von den Toten auferweckt hat, Jesus, unseren Retter vor dem zukünftigen Zorn.«

Der Apostel erinnert hier die Gemeinde an seine Missionsarbeit in Thessaloniki und an deren Erfolg, die Bekehrung der Gemeinde. Er tut das, indem er die wesentlichen Punkte seiner damaligen Verkündigung zusammenfaßt. Dabei fällt auf, daß nur ein paar Grundgedanken christlichen Glaubens zur Sprache kommen, typisch paulinische Aussagen aber fehlen. Das läßt sich am besten so erklären, daß Paulus bei seiner Missionspredigt tatsächlich diese Grundgedanken verkündet hat.

Diese Missionspredigt hat vor allem zwei wichtige Themen behandelt: Es gibt nur einen Gott, der als der lebendige und wahre Gott (im Gegensatz zu den toten und lügnerischen Götzen des Heidentums) verkündet wird, und: dieser Gott hat Jesus, den er von den Toten auferweckt hat, zum Retter vor dem zukünftigen Zorn eingesetzt; er wird (als Richter) von den Himmeln kommen. Es ist also eine Predigt, in der der Monotheismus mit einer eschatologisch geprägten Christologie verbunden ist.

Die monotheistische Predigt, die in der Heidenmission verständlicherweise sehr im Vordergrund stand, hat an jüdisch-hellenistische Traditionen anknüpfen können, hat aber die Erwartung des kommenden Gottessohnes, dem von den Toten auferweckten Jesus, der als der Retter in dem zukünftigen Gericht verkündet wurde, damit verbunden. Man wird annehmen dürfen, daß hier die eschatologischen Vorstellungen der Frühzeit nachwirkten.

In ähnlicher Weise läßt Lukas den Paulus in Athen predigen: »Die Zeiten der Unwissenheit nun hat Gott übersehen und läßt jetzt den Menschen verkünden, daß alle an allen Orten Buße tun sollen, da er einen Tag bestimmt hat, an welchem er die Welt in Gerechtigkeit richten will durch einen Mann, den er erwählt hat, in dem er durch seine Erweckung von den Toten allen Glauben gebot« (Apg 17,30f.). Gewiß, diese Rede auf dem Areopag ist lukanische Formulierung. Aber sie ist typisch für das hellenistische Christentum, in dessen Tradition Lukas steht, das uns aber auch 1. Thess 1,9f., d. h. in der paulinischen Missionspredigt begegnet.

Gott wird als der Richter verkündet, als Richter über die heidnischen Götzen und über die heidnischen Laster. Neben Gott wird auch *Jesus Christus als Weltrichter* genannt. Beide Vorstellungen (Gott als Richter oder Christus als Richter) werden nicht miteinander ausgeglichen. Paulus kann vom ›Richtstuhl Christi‹ (2. Kor

5,10), aber auch von dem ›Richtstuhl Gottes‹ (Rm 14,10) sprechen. Die Tendenz geht wohl dahin, Christus als den Richter zu verkünden, wie es dann 2. Tim 4,1 formuliert und von dort auch in das Glaubensbekenntnis gekommen ist. Man kann annehmen, daß die Vorstellung von Christus als dem Weltrichter einerseits unter dem Einfluß von Würdetiteln, die aus der frühesten Traditionsschicht stammen (z. B. dem Menschensohnprädikat), sich ausgebildet hat, auch wenn man im griechischen Bereich solche Titel nicht mehr richtig verstand. Andererseits ist zu beachten, daß in diesen hellenistischen Gemeinden das Heilsgeschehen in Christus so gedeutet wurde, daß Jesus Christus in seinem Tod und in seiner Auferstehung die kosmischen Mächte besiegt hat und von Gott zum Weltherrscher, damit aber auch zum Weltrichter eingesetzt worden ist (vgl. Phil 2,9–11; dazu u. S. 172ff.). Aber sowohl 1. Thess 1,9f. wie Apg 17,30f. zeigen, daß damit die oberste Richtergewalt Gottes nicht in Frage gestellt wird.

Die Rettung vor dem Gericht liegt zwar in der Bekehrung zu dem einen wahren Gott, d. h. in der Abkehr von den toten Götzen, sie ist aber nur möglich durch den auferstandenen Christus, »unseren Retter vor dem zukünftigen Zorn« (1. Thess 1,10). Mit diesem Wort umschreibt Paulus den Titel ›Heiland‹, der für diese hellenistischen Gemeinden von besonderer Bedeutung war. Christus ist nicht nur der Richter, er ist auch *der Heiland, der Erlöser,* zunächst des einzelnen Gläubigen und der Gemeinde, später dann auch der Weltheiland.

Bei Paulus begegnet dieser christologische Titel ›Heiland‹ (griech. *soter*) nur Phil 3,20: »Unser Gemeinwesen ist im Himmel, von wo wir auch den Herrn Jesus Christus als Heiland erwarten«. Der Apostel hat die Bezeichnung, die bei ihm an dieser Stelle singulär ist, eschatologisch verstanden, d. h. Christus ist der endzeitliche Retter, der wiederkommen wird zum Heil der Gläubigen (vgl. auch 1. Thess 4,15–18). Es ist fraglich, ob man in allen Bereichen des hellenistischen Christentums den Titel so verstanden hat. Denn in der Umwelt des Urchristentums werden Mysteriengötter, Heilgötter (z. B. Asklepius) und auch die Kaiser so bezeichnet, die Bezeichnung richtet sich also auf gegenwärtiges ›Heil‹. Das könnte in der Christenheit hier und da auch so gemeint sein. Aber wie dem auch sei: Wenn Christus als ›Heiland‹ bezeichnet wurde, so wurde er damit als einziger und wahrer Retter proklamiert, und das mit einer Ausschließlichkeit, die anderen ›Rettern‹ so nicht zugeschrieben wurde.

Andere ältere Bezeichnungen Christi treten in diesen Gemeinden zurück. So verschwindet der Titel ›Menschensohn‹ fast völlig.

Lediglich Apg 7,56 wird er noch einmal gebraucht, dort aber von Lukas wohl bewußt als eine altertümliche Wendung in die Stephanusrede eingefügt. Die Bezeichnung Jesu als Christus (Messias) wird sehr früh im griechischen Bereich zum Eigennamen. Wann und wo das geschehen ist, wissen wir nicht. Bei Paulus ist der Übergang vom Titel zum Namen beinahe vollzogen. Der Grund für diese Entwicklung ist klar: im hellenistischen Raum verstand man nicht mehr, was ›der Gesalbte‹ bedeutete.

An die Stelle von ›Menschensohn‹ und ›Christus‹ (als messianischer Titel) tritt außer der Bezeichnung ›Heiland‹ vor allem *die Titulatur ›der Herr‹*[5]. Es war schon davon die Rede, daß in der palästinensischen Gemeinde der Frühzeit der Titel ›Mar‹ (= der Herr) auf Jesus angewandt wurde (s. o. S. 120f.). Dabei ist wohl der richterliche und autoritäre Charakter dieser Anrede für das Aufkommen der Bezeichnung maßgebend gewesen.

Wenn im hellenistischen Bereich Christus als ›Herr‹ (griech. *kyrios*) bezeichnet wird, so sind andere Aspekte wichtig: Er ist ›Herr‹ als Weltherrscher und als der im Kult verehrte Herr. Allerdings darf der kultische Aspekt wohl nicht überbewertet werden. Gewiß ist die Anrufung des Herrn Jesus Christus im Gottesdienst üblich gewesen. Aber er wird nicht als Kultheros angerufen, sondern er ist der Herr aller Dinge, aller Menschen (Rm 10,12), der Herr der Herrlichkeit (1. Kor 2,8), der Herr aller Mächte (Phil 2,9ff.). Es mag sein, daß die Aussage ›Christus der Herr‹ primär auf das Verhältnis des einzelnen Gläubigen und der Gemeinde zu diesem Herrn bezogen war (*mein* Herr oder *unser* Herr). Aber das vorpaulinische Lied Phil 2,6–11 zeigt, daß dieses Prädikat sehr viel mehr besagt: Christus ist der Herr über die von ihm entmachteten Mächte und Gewalten. Dieser *Christushymnus* ist für das hellenistische Christentum neben Paulus besonders charakteristisch, zeigt allerdings auch schon einige Probleme, die in der weiteren Lehrentwicklung der Kirche immer wieder auftauchen.

Phil 2,5–11:

5Denkt so unter euch, wie (man es) auch in Jesus Christus (tun muß),
6der in göttlicher Gestalt (Daseinsweise) war,
es aber nicht für einen Raub hielt, Gott gleich zu sein;
7sondern er entblößte sich selbst
und nahm die Gestalt eines Sklaven an
und wurde zur Gestalt der Menschen
und wurde in der Erscheinung wie ein Mensch erfunden.
8Er erniedrigte sich selbst,
war gehorsam bis zum Tode,
(ja bis zum Tode am Kreuz).

9Darum hat ihn Gott auch erhöht
und hat ihm den Namen geschenkt, der über jedem Namen ist,
10damit sich im Namen Jesu jedes Knie beuge,
der Himmlischen, der Irdischen und der Unterirdischen,
11und jede Zunge bekenne:
›Herr ist Jesus Christus‹
zur Ehre Gottes des Vaters.

Es kann hier keine eingehende Analyse und Exegese der Verse gegeben werden, wie auch die Fragen der strophischen Gliederung, die in der deutschen Übersetzung nur unzureichend angedeutet werden kann, nicht weiter erörtert werden können.[6]

Es ist heute weithin anerkannt, daß dieses Christus-Lied nicht von Paulus stammt, sondern ihm bereits vorgegeben war. Der Philipperbrief, in dem Paulus diesen Hymnus zitiert, ist wahrscheinlich aus mehreren paulinischen Texten zusammengestellt. Der hier zu behandelnde Text steht in dem Schreiben (1,1–3,1; 4,4–9; 4,21 bis 23), das vermutlich in Ephesus ca. 55/56 verfaßt ist. Der Hymnus ist also vor dieser Zeit entstanden. Wann und wo er formuliert worden ist, kann man nicht sagen. Ephesus oder ein anderer Platz in Kleinasien sind ebenso mögliche Herkunftsorte wie Gemeinden in Griechenland. Immerhin legt der Abfassungsort des Phil die kleinasiatische Herkunft des Liedes nahe.

Paulus hat diesen Hymnus übernommen und lediglich in 2,8 hinzugefügt: »ja bis zum Tode am Kreuz«, ohne allerdings damit den Sinn des Textes zu verändern. Denn die Erniedrigung, von der in 2,8 die Rede ist, bezeichnet im Hymnus natürlich den Kreuzestod Jesu. Es geht in diesem Lied um das Heilsdrama, um den Weg des Erlösers aus der himmlischen Herrlichkeit herab in die Niedrigkeit menschlichen Daseins, das im Tod endet. Jesu Tod war die schmählichste Art des Sterbens, eine Erniedrigung schlimmster Art. Jesus hat diesen Weg aus der Herrlichkeit zum Kreuz auf sich genommen im Gehorsam gegen Gott. Er hat seine Gottgleichheit nicht für einen Status gehalten, den er für sich ausnutzen und behalten könnte, sondern wurde Mensch, ja Sklave, d.h. er wurde jemand, der allen irdischen und menschlichen Gegebenheiten verhaftet war. Darum, weil er so gehorsam war, hat Gott ihn erhöht und ihn zum Herrn aller Mächte eingesetzt. Daß das in der Auferstehung Jesu erfolgt ist, wird nicht gesagt, ist aber selbstverständlich gemeint. Die Einsetzung Jesu Christi zum Herrn, die als Namensgebung bezeichnet wird – Name kennzeichnet im Hellenismus das Wesen –, betrifft den ganzen Kosmos: Himmlische, irdische und unterirdische Mächte und Gestalten sind ihm unterworfen, und jede Zunge soll bekennen: Herr ist Jesus Christus.

Dieses Bekenntnis bezeugt den Herrschaftswechsel im Kosmos. Die bisherigen Machthaber sind unterworfen, und der von Gott kommende, erniedrigte und gestorbene Jesus Christus ist jetzt der Herr.
An den Schlußworten des Hymnus wird deutlich, daß es nicht um die Darstellung der vorbildlichen ethischen Haltung Jesu, der bis zum Tode gehorsam war, geht und auch nicht um einen Aufruf zur Nachahmung dieses Vorbildes. Hier wird vielmehr ein Herrschaftswechsel proklamiert, der das Bekenntnis der Welt fordert.
Dieses Christus-Lied bedient sich vieler Begriffe und Vorstellungen, die auch in der hellenistisch-orientalischen Umwelt nachweisbar sind. Inkarnation und Inthronisation werden in auffallender Ähnlichkeit zu der mythologischen Vorstellung vom Abstieg eines Erlösers und seiner Rückkehr in die Lichtwelt beschrieben. Viele Ausdrücke, die in diesen hellenistischen Bereich weisen, werden benutzt, ohne näher erklärt zu werden. In einem liturgischen Text ist das natürlich eher möglich als in einem theologischen Traktat. Allerdings darf man nicht meinen, daß die Aussagen in diesem Lied völlig unreflektiert dahinfließen.
Es wird ja ein klares Bild von dem Heilsdrama geboten, überstrahlt von dem Bekenntnis: Herr ist Jesus Christus. Vor allem aber ist zu beachten, daß die Übernahme mythologischer Begriffe und Vorstellungen ihre Grenze in der Person Jesu Christi findet. Einerseits ist dieses Lied geprägt von dem Auferstehungsglauben, der sich wie im ganzen Urchristentum nicht auf einen Mythos bezieht, sondern auf den erhöhten Christus, der mit dem irdischen Jesus von Nazareth identisch ist. Die volle Menschheit Jesu wird in dem Lied neben der göttlichen Herkunft unmißverständlich zum Ausdruck gebracht. Andererseits läßt sich nicht übersehen, daß die eschatologische Spannung zwischen dem schon von Christus geschaffenen Heil und dem noch nicht völlig offenbaren Sieg über die Mächte auch in diesem Lied durchklingt.
Das Drama, das hier besungen wird, ist ausgerichtet auf die Erlösung des Menschen und damit auf seine befreiende Indienstnahme (Paulus hat das in 2,5 besonders betont). Es geht also nicht um eine Spekulation über die Seinsstände Christi, sondern um die Akklamation des Herrn, der der Herrscher des Kosmos geworden ist, auch wenn die Mächte und Gewalten dieses Äons das noch nicht anerkennen.
Die Bedeutung dieses Christus-Liedes ist nicht gering. Vermittelt es uns doch einen Eindruck von der Vorstellungswelt des hellenistischen Christentums vor und neben Paulus. Hier hat man mit Hilfe von überkommenen Begriffen versucht, die eschatologische

Botschaft vom Heil in Christus so zu fassen, daß sie auch der nichtjüdischen Welt in ihrer Bedeutung verständlich wurde. Die Unterschiede zu und die Gemeinsamkeiten mit dem Christuszeugnis der palästinensischen Gemeinden liegen auf der Hand und werden uns noch beschäftigen. Zuvor muß aber auf einen weiteren wichtigen Aspekt der Christologie dieser Gemeinden eingegangen werden.

Christus ist in dem Glauben des hellenistischen Christentums nicht nur der Herr, er ist auch der *›Sohn Gottes‹*. Diese Bezeichnung ist – religionsgeschichtlich betrachtet – als Übernahme einer hellenistischen Königstitulatur anzusehen.[7] Im Judentum hat man den Messias nicht mit diesem Prädikat versehen, und auch für eine Benutzung dieses Titels in der palästinensischen Gemeinde lassen sich keine Belege beibringen.

Wenn Christus in diesen Gemeinden als ›Sohn Gottes‹ bezeichnet wird, so soll damit seine göttliche Natur zum Ausdruck gebracht werden, d.h. es soll dasselbe ausgesagt werden, was auch Phil 2,6 bekannt wird: er war in göttlicher Gestalt, Gott gleich. Allerdings muß dabei auch der bestehende Unterschied beachtet werden. Mit dem Sohnesbegriff kommen ein physischer und ein juristischer Aspekt in die Christologie, die beide in dem Christus-Lied Phil 2,6ff. nicht ausgesprochen werden. Damit soll nicht behauptet werden, daß das Bekenntnis zum Herrn und das zum Sohn Gottes sich gegenseitig ausschließen. Der Schluß des Hymnus zeigt ja, daß die Sohnes-Vorstellung in diesen Gemeinden bekannt war. Aber gewisse Unterschiede sind doch vorhanden.

Nun ist die Vorstellung von ›Gottessöhnen‹ in der hellenistischen Welt recht vielfältig. Ein Aspekt ist, daß ein ›göttlicher Mensch‹ sich durch Wunder als ›Gottessohn‹ erweist. Diese Anschauung ist in einem Teil der synoptischen Tradition festzustellen (vgl. z.B. Lk 4,41). Vollmacht und Kraft, die das Leben des ›göttlichen Menschen‹ bestimmen, werden auf den göttlichen Geist zurückgeführt. Das wird in der Taufgeschichte Mk 1,9–11 deutlich. Der Sinn dieser Perikope ist, daß Jesus im Augenblick der Taufe durch den Geist zum Sohn Gottes eingesetzt wird. Das kann als reiner Adoptianismus, d.h. als die Vorstellung, daß ein Mensch von Gott adoptiert und mit der Würde des Gottessohnes versehen wird, verstanden werden. Im Lauf der Dogmengeschichte ist dieser Text auch oft so gedeutet worden. Daß gerade der Titel ›Sohn Gottes‹ für diese Deutung der Person Jesu benutzt wurde, hängt wohl mit dem juristischen Aspekt dieser alten Königstitulatur zusammen. Jedenfalls lassen sich auch hier Unterschiede zu Phil 2,6ff. nicht übersehen.

Die Taufgeschichte Mk 1,9ff., die als Versuch zu werten ist, das Geheimnis der Person Jesu zu erklären, meint also, daß Jesus von diesem Augenblick der ›Messiasweihe‹, d.h. seit seiner Adoption durch Gott, der Sohn Gottes in dem Sinn sei, daß er Gottes Werke auf der Erde treibt (vgl. auch Apg 2,22). Die Einsetzung in eine besondere Würde bietet den Ansatz zu einem Ausgleich mit Vorstellungen, wie sie Phil 2,6ff. begegnen.

Mit dem Sohnesbegriff ist auch ein physischer Aspekt verbunden, der in den Berichten über die Erzeugung Jesu zum Ausdruck kommt. Dabei spielt der Geistbegriff eine erhebliche Rolle (vgl. Mt 1,20; Lk 1,35). Jesus ist danach Gottes Sohn, weil Gott bei seiner Erzeugung und Geburt durch seinen Geist mitgewirkt hat. Wie alt diese, bei Paulus nicht feststellbare Vorstellung ist, läßt sich nicht sagen.

In dem Hymnus Phil 2,6ff. wird gesagt, daß Christus die ›Gestalt Gottes‹ abgelegt habe. Das bedeutet, daß er vor seiner Menschwerdung als göttliches Wesen existiert hat. Dieser Glaube an die Präexistenz Jesu wird mit der Bezeichnung ›Sohn Gottes‹ verbunden.: der bei Gott existierende Gottessohn wird Mensch. Diese Vorstellung ist für Paulus offensichtlich selbstverständlich (vgl. z.B. Gal 4,4). Irgendwelche Reflexionen über das Verhältnis von Vater und Sohn in der Trinität, wie sie die Kirche vom 3. Jahrhundert ab heftig bewegt haben, hat es in dieser Frühzeit noch nicht gegeben.

Es ist fraglich, ob man in diesen Gemeinden von Christus bereits als dem Mitwirker an der Schöpfung gesprochen hat. Paulus nennt 1. Kor 8,6 Christus denjenigen, »durch den alles ist und wir durch ihn«; Rm 11,38 wird von Christus ausgesagt: »denn aus ihm und durch ihn und zu ihm sind alle Dinge«. Aber es sieht so aus, als ob der Apostel hier liturgische Formulierungen aufnimmt, die nicht ohne weiteres mit der späteren, aus der jüdischen Weisheitsspekulation oder der hellenistischen Logoslehre entlehnten Vorstellung von der Schöpfungsmittlerschaft Christi in Verbindung gebracht werden können.

›Heiland‹, ›Herr‹ und ›Sohn Gottes‹ sind die wichtigsten christologischen Titel im hellenistischen Christentum. Inwieweit man versucht hat, die verschiedenen Begriffe miteinander auszugleichen, läßt sich nicht sagen. Da sie alle auf die Verkündigung und den Glauben an das Heil in Christus bezogen waren, hat man wahrscheinlich die Unterschiede nicht sehr empfunden. An das Prädikat ›Sohn Gottes‹ hat die spätere dogmengeschichtliche Entwicklung in besonderer Weise angeknüpft.

Auf einen weiteren Aspekt sei noch hingewiesen. Mit der Aussage, daß Christus Gottes Sohn sei, wie sie auch im einzelnen verstanden oder interpretiert worden sein mag, wird er als göttlichen Wesens, als zu Gott gehörig bekannt. Man hat in dieser Zeit noch nicht Christus einfach als Gott bezeichnet. Aber der Weg zu einer solchen Benennung ist angelegt. Damit ist aber eine gewisse Spannung zu der monotheistischen Predigt gegeben. Die Christologie hat von Anfang an vor dem Problem gestanden, wie die Verkündigung von dem *einen* Gott (vgl. 1. Thess 1,9) sich mit der Proklamation des Sohnes Gottes verträgt, der als der Heiland, der Herr, der Mittler bei der Schöpfung verkündet wird. Man wird das in unserem Zeitraum noch nicht als Problem empfunden haben. Vor allem ist aber zu betonen, daß alle diese Begriffe und Vorstellungen nicht irgendwelche theologischen Lehrsätze sind, sondern Teil der Verkündigung des Heilsgeschehens. Das Nebeneinander der verschiedenen Vorstellungen, das z. B. in der synoptischen Tradition manchmal etwas überraschend wirkt, läßt sich doch nur so erklären, daß man alles Gewicht auf die Heilsbedeutung der Person und des Werkes Christi legte. Es ging in dieser Phase der theologischen Entwicklung vor allem um die Funktion Christi und nicht so sehr um Wesen und Sein des Gottessohnes. Man darf dabei sicher keine unüberwindlichen Gegensätze konstruieren, muß aber doch die Unterschiede zu der späteren Christologie sehen. Die Bezogenheit auf die Verkündigung des Heils gibt allerdings diesen ersten theologischen Versuchen ihr eigentliches Gewicht.

Ist dieses hellenistische Christentum nun etwas völlig Neues gegenüber der palästinensischen Urgemeinde? Kann man hier von einem Bruch zwischen dieser Ausprägung christlichen Glaubens und der ersten Gemeinde in Jerusalem sprechen? Hat die Entwicklung der Kirche von einer apokalyptisch bestimmten judenchristlichen Gruppe zu einer christlich-synkretistischen Religion geführt? Diese oft gestellten Fragen müssen verneint werden.

Gewiß sind im hellenistischen Christentum an die Stelle der Christusprädikate ›Menschensohn‹ und ›Messias‹ andere Titel getreten (›Herr‹, ›Heiland‹, ›Sohn Gottes‹). Aber es geht ja immer um dieselbe Person, nämlich Jesus, von dessen Worten und Taten man auch in den neuen Gemeinden außerhalb Jerusalems weiß und dessen Tod und Auferstehung auch dort verkündet wird. Man kann sich an dem Christuslied Phil 2,6ff. deutlich machen, daß in diesen Gemeinden mancherlei Kategorien, Begriffe und Vorstellungen aus der Umwelt übernommen worden sind, um das Heilsgeschehen auszusagen. Aber diese Gemeinden sind – trotz aller Gefährdungen, wie sie sich in Korinth aufzeigen lassen – nicht im Synkretismus versunken, sondern blieben in Glauben und Verkündigung gebunden an das Zeugnis vom gekreuzigten und auferstandenen Christus.

Eine wichtige Rolle spielt dabei ohne Zweifel die Weitergabe der in der Urgemeinde begonnenen Sammlung von Jesustraditionen, die in die Missionsgemeinden überliefert wurden. Worte und Taten Jesu gehörten auch in diesen Gemeinden zu dem Inhalt der Verkündigung. Auch wenn man sich hier in Sprache und Vorstellungswelt von der palästinensischen Gemeinde unterschied, so wird doch auch in diesen Gemeinden Jesus Christus als der historische Jesus von Nazareth und als der auferstandene Herr, der in seiner Gemeinde gegenwärtig ist (Mt 28,20), bezeugt. Man darf also die Unterschiede zwischen den verschiedenen Bereichen nicht verharmlosen, darf sie aber auch nicht falsch bewerten. Es ist nun allerdings zu fragen, ob diese Beurteilung nicht durch das *Problem der sogenannten Parusieverzögerung* in Frage gestellt wird. Seit Albert Schweitzer hat man vielfach gemeint, daß die Verzögerung des erwarteten Endes, das mit der Parusie, die als Wiederkommen des Menschensohnes (= Jesus) verstanden wurde, beginnen sollte, das wesentliche Motiv der Entwicklung von Theologie und Kirche gewesen sei.[8] Die Verzögerung der Parusie hätte dazu geführt, daß die Christen sich in ihren Erwartungen und Hoffnungen völlig umstellen mußten. Diese Umstellung von der Naherwartung auf eine Hoffnung der fernen Zukunft sei bereits im hellenistischen Christentum wirksam gewesen.

Voraussetzung für die Bewertung der Parusieverzögerung als dem entscheidenden Moment der kirchlichen und theologischen Entwicklung im 1. und 2. Jahrhundert ist die Auffassung, daß Jesus selbst die Naherwartung des Endes (im Sinn der jüdischen Apokalyptik) geteilt habe.

Aber die Verkündigung Jesu wird – wie bereits dargestellt (s. o. S. 64 f.) – mißverstanden, wenn man sie lediglich als eine besondere Spielart der zeitgenössischen jüdischen Zukunftserwartung ansieht. Vielmehr gehört die Verbindung von Gegenwarts- und Zukunftsaussagen hinsichtlich der Herrschaft Gottes zu den entscheidenden Zügen der Predigt Jesu. Gewiß hat Jesus das ›Kommen‹ der Herrschaft Gottes verkündet und hat wohl auch selbst mit dem nahe bevorstehenden Anbruch dieser Herrschaft gerechnet. Aber zugleich hat er seine Verkündigung so an seine Person gebunden, daß Gegenwart und Zukunft in ihm zusammenfallen. Es ist nicht zu leugnen, daß es in der frühesten Gemeinde nach Ostern Gruppen gegeben hat, die die Erwartung der Wiederkunft des Menschensohnes, der mit Jesus identifiziert wurde, vertreten haben. Man hat in diesen Kreisen von jesusgläubigen Juden die

Auferstehung Jesu als Anbruch der Endzeit verstanden und das baldige ›Kommen‹ des Menschensohnes zum Gericht (und zum Heil der Gläubigen) erhofft.

Paulus hat diese Erwartung mit den christologischen Titeln ›Retter‹ und ›Herr‹ verbunden (vgl. 1. Thess 1,10; 4,15; Phil 3,7ff.). Auch er rechnet mit der Nähe des Herrn (Phil 4,5). Sowohl 1. Thess 4,13ff. wie 1. Kor 15,23ff. werden von ihm verschiedene Phasen des bevorstehenden endzeitlichen Gerichts geschildert. Mk 13 zeigt, daß derartige Vorstellungen von der Parusie auch sonst lebendig waren. Der alte Gebetsruf ›Maranatha‹ gehört ebenfalls in diesen Zusammenhang (vgl. o. S. 120).

Das alles darf nun aber nicht einseitig interpretiert werden. Einerseits ist die Urgemeinde keine Einheit gewesen. Ob die ›Hellenisten‹ ebenso apokalyptisch bestimmt waren, wie man es von den ›Hebräern‹ annimmt, darf bezweifelt werden. Und selbst bei diesen ist die Haltung in dieser Frage wohl keineswegs eindeutig gewesen. Ein Mann wie Jakobus war nach allem, was wir von ihm wissen, kein Apokalyptiker, sondern ein gesetzestreuer, frommer Judenchrist.

Andererseits dürfte bei den ›Hellenisten‹ der Schritt zur Mission unter den Heiden zwar eschatologisch, aber nicht apokalyptisch bestimmt gewesen sein. Diese Gruppe sah zwar im Christusgeschehen wie die aramäische Urgemeinde die Wende der Zeiten, war aber nicht in derselben Weise auf das ›Kommen‹ des Menschensohnes fixiert. Insbesondere ist noch einmal zu betonen, daß die gesamte urchristliche Verkündigung an die Person Jesu Christi, d. h. an eine historische Gestalt gebunden ist. Damit werden aber alle apokalyptischen Spekulationen, einschließlich der Naherwartung relativiert. Man hat zwar apokalyptische Begriffe und Vorstellungen übernommen, aber man hat sie in den Dienst der Verkündigung des in Jesus Christus geschenkten, im Glauben zu ergreifenden und gegenwärtig wirkenden Heils gestellt. Daß die Wiederkunft Christi erwartet wurde, läßt sich nicht leugnen. Aber diese Hoffnung ist Teil der gesamten Glaubenshoffnung.

Daher ist es nicht zu einer Krise im Urchristentum gekommen, als die Parusie Christi nicht erfolgte, sondern die Geschichte der Welt weiterging. Selbst dort, wo die Naherwartung in irgendeiner Form geteilt wurde (vgl. z. B. Paulus in 1. Thess), beruhten Glauben und Theologie nicht auf der Naherwartung, sondern darauf, daß Christus der Herr aller Dinge ist und Vergangenheit, Gegenwart und Zukunft im Licht des Osterglaubens stehen.

Das ganze Urchristentum hat ein Zeitverständnis, das sich in entscheidender Weise von der Zeitauffassung der Apokalyptik unterscheidet. Die gegenwärtige Zeit ist wie die zukünftige von dem Herrn bestimmt. Das wird auch an den Mahnungen zu einem Leben des Gehorsams und der Liebe deutlich, die zwar zum Teil mit der Nähe des Herrn begründet werden (vgl. Phil 4,5; 1. Thess 5,1 ff.), die aber vor allem in dem durch Christus herbeigeführten Herrschaftswechsel ihren Grund haben.

So sind Naherwartung und Parusieverzögerung für die Geschichte des Urchristentums nur Nebenthemen und können nicht als Schlüssel für das Verständnis der geschichtlichen Entwicklung angewandt werden.

Das wird auch an dem größten Theologen des Urchristentums, *Paulus*, deutlich, der zwar durchaus auch mit der Nähe des Herrn rechnet, dessen Theologie aber nicht von der apokalyptischen Naherwartung bestimmt ist, sondern von der eschatologischen Heilserfahrung in Christus, die Gegenwart und Zukunft erfaßt. Von der Theologie dieses Apostels muß nun noch gesprochen werden.

Eine auch noch so kurze Darstellung der Theologie des Paulus hat zunächst zu beachten, daß die Briefe des Apostels keine dogmatischen Abhandlungen sind, aufgrund derer wir nun ein theologisches System entfalten können. Diese Briefe sind aus konkretem Anlaß an die Gemeinden geschrieben, aber alle aktuellen Fragen werden von dem Zentrum der christlichen Botschaft her beantwortet. Paulus schreibt als jemand, der nur einen Lebensinhalt kennt: die Verpflichtung, Christus als den einzigen Heilsweg zu verkünden.

Die Herkunft des Paulus ist schon erörtert worden (s. o. S. 135 f.). Hier sei nur darauf verwiesen, daß er wesentliche Elemente seiner Theologie aus dem hellenistischen Christentum übernommen hat. Er zitiert Traditionsstücke, die in diesen Gemeinden ihren Ursprung gehabt haben, und zeigt damit, daß er selbst sich dieser Tradition verpflichtet weiß und nicht der Meinung ist, etwas anderes zu predigen als die Christen vor und neben ihm. Paulus ist sicher ein durchaus eigenständiger theologischer Denker und geht seine eigenen theologischen Wege (z. B. Röm 9–11). Aber der Zusammenhang mit der hellenistisch-christlichen Theologie muß beachtet werden.

Darüber hinaus wird aus dem paulinischen Gebrauch von Überlieferungen, die in den Bereich der palästinensischen Gemeinden zurückreichen (z. B. 1. Kor 15,1 ff.), ersichtlich, daß auch mit dem urgemeindlichen Kerygma ein Zusammenhang besteht. Der oft behauptete Gegensatz zwischen Jesus und Paulus oder zwischen urchristlicher Verkündigung und paulinischer Theologie entspricht nicht der faktisch bestehenden Kontinuität (vgl. dazu u. S. 186). Gewiß, »die Theologie des Paulus ist nicht eine Wiederholung der Predigt Jesu vom Kommen der Gottesherrschaft. Jesus Christus selbst und das durch seinen Tod am Kreuz, seine Auferweckung und Erhöhung zum Kyrios begründete und eröffnete Heil sind Inhalt der paulinischen Verkündigung«[9]. Aber auch wenn der Unterschied so zu betonen ist, so ist damit die Kontinuität nicht aufgehoben. Der verkündigende Jesus ist im Kerygma der Urgemeinde zum verkündigten auferstandenen Herrn geworden. Von dieser Verkündigung ist die weitere Entwicklung, auch die Theologie des Paulus, bestimmt. Man kann wohl sagen, daß Paulus, der hinsichtlich seines Verhältnisses zum historischen Jesus in derselben Situation sich befand wie das ganze nachösterliche Christentum, seine Theologie und seine Verkündigung als Auslegung und Entfaltung des urchristlichen Kerygmas verstand. Allerdings hat die Tradition für ihn keine formale Autorität, sondern er unterwirft sich der Wahrheit des Evangeliums. Daß die Überlieferung vom historischen Jesus bei Paulus auffallend zurücktritt, ist kein Argument gegen diese Sicht der Dinge.

Das Zentrum der paulinischen Theologie ist die Rechtfertigungsbotschaft, auf die später noch eingegangen wird. Hier sei nur schon bemerkt, daß man die Bedeutung der paulinischen Aussagen zu diesem Thema verfehlt, wenn man sie isoliert und als ein systematisch-theologisches Axiom ansieht. Vielmehr ist dieser grundlegende Aspekt paulinischer Theologie christologisch und soteriologisch zu verstehen.

Die Wende vor Damaskus bedeutete für den Apostel, daß er erkannte, Christus, und nicht das Gesetz, ist der Heilsweg. Damit aber waren die Aussagen, Jesus sei der Messias oder der Menschensohn, die ihm vorher so anstößig waren, als wahr erwiesen. Das bedeutet weiter, daß die Christologie und auch die Rechtfertigungslehre immer zugleich Aussagen über das Heil des Menschen sind. Trotzdem wird man die paulinische Theologie nicht primär als Anthropologie verstehen können[10], sondern den Primat der Christologie zu betonen haben.

Als Ausgangspunkt für ein *Verständnis der Theologie des Paulus* kann man eine Stelle in 2. Kor wählen.

2. Kor 5,17–6,2:

17 Wenn jemand in Christus ist, so ist er eine neue Schöpfung. Das Alte ist vergangen, siehe es ist neu geworden. 18 Das alles aber (ist) aus Gott (geschehen), der uns durch Christus mit sich selbst versöhnt hat und uns den Dienst der Versöhnung gegeben hat. 19 Denn Gott war in Christus und hat die Welt mit sich selbst versöhnt, indem er ihnen ihre Übertretungen

nicht anrechnete. Und er hat unter uns das Wort von der Versöhnung
aufgerichtet. [20]An Christi Statt sind wir nun Botschafter, indem Gott durch
uns ermahnt. Wir bitten an Christi Stelle: Lasset euch versöhnen mit Gott!
[21]Er hat den, der keine Sünde kannte, für uns zur Sünde gemacht, damit wir
in ihm die Gerechtigkeit Gottes würden.
[6,1]Als Mitarbeiter ermahnen wir aber auch, ihr möget die Gnade Gottes
nicht vergeblich empfangen haben. [2]Denn es heißt: ›Zu angenehmer Zeit
habe ich dich erhört, und am Tage des Heils habe ich dir geholfen‹ (Jes
49,8). Siehe jetzt ist der angenehme Zeitpunkt, siehe jetzt ist der Tag des
Heils.

Dieser Text ist in mehrfacher Hinsicht für Paulus und seine Theologie charakteristisch. Zunächst kommt darin das Verständnis des Auftrags, der ihm zuteil geworden ist, deutlich zum Ausdruck. Paulus weiß sich durch die Christophanie vor Damaskus zum Botschafter an Christi Statt berufen. Gott hat ihm damals seinen Sohn offenbart (Gal 1,15f.), es ist ihm die Erkenntnis geschenkt worden, daß Gott in Tod und Auferstehung Jesu gehandelt hat. Dieses Heilsgeschehen ist von da ab Zentrum seines Denkens und Redens.

Es ist offensichtlich, daß Paulus dieses Heilsgeschehen mit unterschiedlichen Begriffen zu umschreiben sucht: Sühnopfer, Stellvertretung, Loskauf u.a. Dabei greift er sicher auf Traditionen, die schon erörtert wurden, zurück. Aber alle diese Aussagen bilden kein System, sondern dienen einzig und allein der Verkündigung des Heils, die als Teil des Heilgeschehens anzusehen ist.

Aus 2. Kor 5,17 und 6,2 geht weiter hervor, daß die Theologie des Paulus eschatologisch bestimmt ist. Das Alte ist – mit Tod und Auferstehung Jesu – vergangen. Jetzt ist neue Zeit, Zeit des Heils. Der neue Äon, die neue Weltzeit ist angebrochen, mag die Welt auch weiterhin bestehenbleiben. Paulus ist – wie schon betont – kein Apokalyptiker (das gilt trotz 1. Thess 4,13ff.), sondern redet aus dem Glauben, daß durch das Handeln Gottes in Christus die neue Zeit als Zeit der Gnade begonnen hat. Wenn Paulus von Gottes Gnade spricht, so ist das keine Aussage über eine göttliche Eigenschaft. Es geht vielmehr darum, daß Gott sich dem in Sünde und Verlorenheit versunkenen Menschen, der immer wieder versucht, mit eigenen Mitteln seinem Elend zu entkommen (z.B. durch Erfüllung des Gesetzes), gnädig zuwendet (vgl. Rm 5,12 bis 21; 7,7–25).

Das Problem des Gesetzes ist dem Apostel sicher aufgrund seiner eigenen Lebensgeschichte wichtig. Aber er hat es ins Grundsätzliche erhoben. Juden und Heiden stehen unter der Forderung Gottes (vgl. Rm 2), können aber beide diese nicht erfüllen. Das

Gesetz, auf das der Jude so stolz ist, kann nur die auswegslose Situation des Menschen deutlich machen. Gerechtigkeit vor Gott gibt es nur als Gnade. Diese Gnade ist in Kreuz und Auferstehung Christi offenbart. Sie muß im Glauben angenommen werden und führt dann den Menschen zur Freiheit von Sünde, Tod und allen Mächten dieser Welt. So kann der Mensch in der Welt leben, als ob er nicht mehr zu ihr gehört, also in einer eschatologischen Distanz (1. Kor 7,29ff.).

Aus 2. Kor 5,17ff. geht weiter hervor, daß auch das Amt des Apostels zur Gnade Gottes, zum Heilsgeschehen gehört. Die Legitimität des Apostolats beruht nicht in irgendwelchen irdischen Vorzügen (persönliche Bekanntschaft mit Jesus, besondere Redegabe o. ä.), sondern in Gottes gnädigem Handeln, das die Schwachheit des Apostels benutzt, um die Kraft der Gnade wirksam werden zu lassen (vgl. 2. Kor 10–12).

Es ist schon geschildert worden, daß Paulus seinen Apostelanspruch gegen Judaisten und Enthusiasten in Korinth und Galatien verteidigen mußte (vgl. o. S. 147ff.). In diesen Auseinandersetzungen hat er seinen Gemeinden deutlich gemacht, daß christliche Freiheit nur in Bindung an den gekreuzigten Christus möglich ist und daher sich in Gehorsam und Liebe zu betätigen hat. Die Aufforderung, die Werke der Finsternis abzulegen, hat ihren Grund in der Tatsache, daß »die Nacht vorgerückt ist, der Tag aber nahe herbeigekommen ist« (Rm 13,12), d. h. daß jetzt die Zeit des Heils, der Gnade und der Versöhnung angebrochen ist. Daher kann der durch den Glauben an das Evangelium gerechtfertigte Mensch nun Gott dienen in einem »vernünftigen Gottesdienst« (Rm 12,1). Es sei noch angemerkt, daß Paulus in diesen Zusammenhängen den Gegensatz von Geist und Fleisch betont, eine Antithese, die nicht rein anthropologisch zu fassen ist.

Der Apostel faßt die Heilsbotschaft, die er zu verkünden hat, in dem einen Wort ›Evangelium‹ zusammen. Rm 1,17 heißt es: »Gottes Gerechtigkeit wird in ihm (dem Evangelium) offenbart«. Evangelium ist die Kraft Gottes, die jeden rettet, der daran glaubt (Rm 1,16), ist also nicht eine Information über irgendwelche Lehre, auch keine unverbindliche gute Nachricht, sondern Ankündigung des gegenwärtigen Heils, das darin besteht, daß Gott den Gottlosen rechtfertigt und annimmt.

Es genügt nicht – wie schon gesagt –, die Theologie des Paulus aus seinem Lebensweg abzuleiten. Das gilt insbesondere für seine *Rechtfertigungsbotschaft*, die vor allem in Gal und Rm entfaltet wird.

Am Anfang des Römerbriefes steht die von Paulus übernommene

Formel, die wir schon besprochen haben (Rm 1,3f.; vgl. dazu o. S. 110f.). In welchem Zusammenhang steht dieser Text mit der eben erwähnten Aussage Rm 1,16f.? Nun, für den Apostel gehören beide Texte zusammen: Gerechtigkeit vor Gott (im Sinn des Bestehens vor dem Gericht Gottes) ist nur im Glauben zu erlangen und nicht durch Werke des Gesetzes. Aber dieser Glaube ist nur insoweit rechtfertigender Glaube, als er das Evangelium zum Inhalt hat, d.h. als er glaubt, daß Gott seinen Sohn in die Welt gesandt hat und in ihm die Versöhnung gestiftet hat.

Von Gottes Gerechtigkeit ist im Alten Testament viel die Rede, wie auch sonst Rechtsbegriffe, vor allem im Zusammenhang des Bundes Gottes mit seinem Volk, in diesen Schriften eine erhebliche Rolle spielen. Dabei ist die Treue Gottes und das rechte, d.h. bundesgemäße Verhalten des Frommen wesentlich. Paulus knüpft ohne Zweifel an alttestamentliche Vorstellungen an. Aber sie werden in charakteristischer Weise umgestaltet. Wenn es Rm 3,20 heißt: »Weil aus Werken des Gesetzes kein Fleisch vor ihm gerechtfertigt wird«, so hat der Apostel hier Psalm 143,2 aufgenommen, aber durch Zufügung von »aus Werken des Gesetzes« den alttestamentlichen Text verschärft. Zugleich wird der Gegensatz zwischen Glauben und Gesetz deutlich markiert.

Gerechtigkeit Gottes ist keine Eigenschaft Gottes, die ihn an das Gesetz binden würde. Das Gesetz soll zwar auf Gottes Gerechtigkeit hinweisen, bezeugt aber dem Menschen vor allem seine Gottesferne, seine Sünde. Rechtfertigung kann also nicht durch Erfüllung des Gesetzes erfolgen, sondern nur dadurch, daß Gott den Menschen ins Recht setzt, dem Glaubenden seine Gerechtigkeit zuwendet. Diese Zueignung ist Gnade. Gnade ist also das Geschehen der Rechtfertigung um Christi willen, aufgrund seines Sühnopfers. Die Gnade begründet den neuen Bund Gottes mit den Glaubenden.

Auch ›Glaube‹ ist für Paulus kein statischer Begriff, sondern Teil des Rechtfertigungsgeschehens. Er ist immer vom Inhalt her zu begreifen als Glaube an Gottes gnädiges Handeln in seinem Sohn. Glaube ist nicht nur, wie in alttestamentlicher Tradition, allgemeines Zutrauen zu Gottes Verheißung, ein Sich-Verlassen auf Gottes Bund und Gesetz. Es geht nicht mehr um irgend welche früheren Gottestaten im geschichtlichen Bereich (Rettung aus Ägypten o.ä.), sondern Glauben heißt, die rettende Gottestat in Christus annehmen. Dieser »Glaube kommt aus der Predigt, die Predigt aber durch das Wort Christi« (Rm 10,17). Glaube und Wort werden damit einander zugeordnet, wobei ›Wort‹ natürlich nichts anderes meint als die Verkündigung des Evangeliums. Dieser Glaube ist keine Leistung des Menschen. Er ist zwar in gewisser Weise als Bedingung des Heils zu bezeichnen, aber nicht im Sinn einer Vorleistung, die auf einen menschlichen Entschluß zurückgeht.

Paulus hat die Frage des Glaubens an der Gestalt Abrahams exemplifiziert, wohl in Anlehnung an jüdische und urchristliche Benutzung der Abrahamsgeschichten (1. Mos 12.15.22), aber doch in einer unübersehbaren Zuspitzung. Für ihn zeigt die Stelle 1. Mose 15,6 (zitiert Rm 4,3; Gal 3,6; vgl. auch Rm 4,9.22.23), daß der Mensch allein durch Glauben gerettet wird: »Deshalb heißt es ›aus dem Glauben‹, damit es nach Gnade gehe, auf daß die Verheißung für seine ganze Nachkommenschaft gewiß sei; nicht allein für die aus dem Gesetz, sondern auch für die aus dem Glauben Abrahams, der unser aller Vater ist . . . vor dem Gott, dem er glaubte, der die Toten lebendig macht und das, was nicht ist, ins Dasein ruft; welcher gegen alle Hoffnung auf Hoffnung hin glaubte« (Rm 4,16–18). Glaube gegen alle Hoffnung, im Vertrauen auf Gottes Wort und Gottes Heilstat – dieser Glaube macht gerecht, ist der Weg zum Heil, ja ist selbst schon das Heil.

Der moderne Vorwurf, mit der paulinischen Rechtfertigungslehre werde der christliche Glaube individualisiert oder privatisiert, geht an der Sache vorbei. Mit Paulus ist daran festzuhalten, daß der einzelne mit Gottes Anspruch konfrontiert wird und die Heilszusagen ergreifen soll und muß. Denn Gott hat nicht die Gesellschaft oder die Klasse erschaffen, sondern den Menschen als Person.

Paulus hat in doppelter Hinsicht die Dinge eingegrenzt. Einerseits ist das Heilsgeschehen, das dem einzelnen als die Rettung angeboten wird, eingeordnet in den größeren Zusammenhang der Heilsgeschichte (vgl. Rm 9–11). Andererseits ist für Paulus die Kirche, in die der Glaubende eingegliedert wird, nicht irgendein Verein, sondern Leib Christi. Wenn auch die Rechtfertigung auf den einzelnen Menschen zielt, so ist ein Leben in der Gnade und im Glauben nur als Glied des Leibes Christi, der Kirche, möglich. Die Kirche ist keine menschliche Organisation oder eine soziologische Größe, sondern Gottes Schöpfung, durch sein Wort von der Versöhnung berufen und gesammelt.

Die Theologie des Paulus ist – wie bereits betont – primär christologisch bestimmt. Das gilt auch für die Rechtfertigungsbotschaft. Allerdings nicht in dem Sinn, daß aus einem dogmatischen Lehrsatz über Christi Person und Werk nun die Folgerungen für die Lehre vom Heil gezogen werden. Auch die Christologie ist Verkündigung des Heilsgeschehens, in dem allerdings der *Person Jesu Christi* die entscheidende Funktion zukommt.

Der irdische Jesus scheint nicht im Mittelpunkt der Theologie des

Paulus zu stehen. 2. Kor 5,16 heißt es: »Wenn wir auch Christus nach dem Fleisch gekannt haben, so kennen wir ihn jetzt nicht mehr«. Die Stelle ist in der Auslegung umstritten, gibt aber doch wohl keine Auskunft über die Bedeutung des historischen Jesus für Paulus. Auch die Verkündigung Jesu scheint keine besondere Relevanz für den Apostel gehabt zu haben.
Es muß allerdings darauf verwiesen werden, daß Paulus den Menschen Jesus keineswegs einfach übergeht. »Als aber die Erfüllung der Zeit gekommen war, sandte Gott seinen Sohn, von einem Weibe geboren, dem Gesetz unterworfen« (Gal 4,4). Weiter sei auf 2. Kor 8,9 verwiesen: »Denn ihr kennt die Gnade unseres Herrn Jesus Christus, daß er, obwohl er reich war, um euretwillen arm wurde, damit ihr durch seine Armut reich würdet« (vgl. dazu Phil 2,6ff.). Aus diesen Texten geht hervor, daß das Evangelium, das Paulus verkündet, nicht irgendein geschichtsloser Mythos ist, sondern Botschaft von dem Heil, das durch den menschgewordenen Sohn Gottes Jesus Christus der Welt zuteil wird.
Paulus teilt mit dem hellenistischen Christentum die Vorstellung von dem ›Sohn Gottes‹, dessen Präexistenz und Menschwerdung. Auch wenn Kreuz und Auferstehung Christi im Zentrum seiner Verkündigung stehen, so sind diese doch nur deshalb Heilsgeschehen, weil es sich um Tod und Erhöhung des menschgewordenen Gottessohnes handelt.
Das Heilsgeschehen in Kreuz und Auferstehung Christi wird, wie schon gesagt, von Paulus mit verschiedenen, zum Teil schon übernommenen Begriffen beschrieben: Der Tod Christi ist für uns geschehen (Rm 5,8), er ist Sühne für unsere Sünden (Rm 3,25), er ist stellvertretendes Opfer (2. Kor 5,21; Gal 3,13). Dabei ist nicht die eigene Leistung Christi gegenüber Gott gemeint, sondern es geht um Gottes Tat in Christus und deren Folgen für die Menschen. Die Hingabe Christi ist nicht nur Sühne und Opfer, sondern auch Befreiung von den Mächten dieses Äons, in deren Kraftfeld und Abhängigkeit der Mensch bisher stand (Gal 1,4; 4,5). Zu diesen Mächten rechnet Paulus auch die Sünde und das Gesetz.
Auch die Aussagen über Christus als dem zweiten Adam, die von Paulus aufgrund jüdischer Vorstellungen entfaltet werden, können nur so verstanden werden, daß damit die umfassende, man kann auch sagen: kosmische Bedeutung des Christusgeschehens zur Geltung gebracht werden soll (vgl. Rm 5,12–19; 1. Kor 15,21f. 44.49).
Im ganzen wird man sagen dürfen, daß sich aus den paulinischen Briefen kein christologisches Dogma im späteren Sinn erheben läßt. Andererseits ist nicht zu übersehen, daß Paulus die göttliche

Herkunft und das göttliche Wesen des Erlösers bekennt (vgl. Rm 9,5), zugleich aber die wahre Menschheit Christi betont (vgl. Gal 4,4).

Dieses Paradoxon, daß Gottes Sohn als Mensch am Kreuz gestorben ist und dann zum Herrn erhöht wurde, ist das Geheimnis der Gestalt Jesu Christi, um das Paulus sich immer wieder bemüht hat, ohne eine abschließende dogmatische Definition zu geben. Ihm genügte es, zu bekennen und zu verkünden, daß in diesem Paradoxon das Heil liegt, das Gottes Gnade den Menschen bereitet hat.

12. Kapitel

Die christlichen Gemeinden und ihr Leben

Mit Glauben und Theologie der in die Welt hinein sich ausbreitenden Kirche hängt nun auch das Selbstverständnis dieser Gemeinden zusammen. Leben und Handeln dieser Christen in Gottesdienst und Alltag sind davon bestimmt.

Auch für diesen Bereich des Gottesdienstes, der Gemeindeordnung und des christlichen Lebens haben wir keine umfangreichen Quellen zur Verfügung, sondern sind auf Rückschlüsse aus den paulinischen Briefen und den Evangelien angewiesen.

Über den *Kirchenbegriff der Jerusalemer Gemeinde des Anfangs* ist schon gesprochen worden. Diese Gruppe von Jesusjüngern nach Ostern verstand sich aufgrund der Christophanien als das eschatologische Volk Gottes, als die auserwählte Gemeinde der Endzeit (qahal Jahwe). Die Begriffe ›Auserwählte‹ und ›Heilige‹, die zu diesem Selbstverständnis gehören, sind offensichtlich von den ›Hellenisten‹ den neu entstehenden Missionsgemeinden überliefert worden, haben dort dann eine weitere Ausprägung und andere Akzentuierung erfahren. Auch die Bezeichnung ›ecclesia‹ (als Übersetzung von qahal) ist in der griechisch sprechenden Urgemeinde aufgekommen und von den Gemeinden außerhalb Jerusalems übernommen worden. Apg 11,26 wird berichtet, daß die Jünger in Antiochien zuerst ›Christen‹ genannt wurden. Das ist nicht nachprüfbar, aber durchaus möglich. Die in Antiochien entstandene Gemeinde wurde also von Außenstehenden mit einem eigenen Namen belegt, weil man erkannte, daß es sich nicht mehr um eine besondere Gruppe des Judentums handelte, sondern um eine selbständige Größe. Damit ist nun die Frage nach der Kontinuität im Selbstverständnis dieser Missionsgemeinden gestellt.

Die Jerusalemer Gemeinde und auch manche palästinensische Gruppe von Jesusjüngern der Frühzeit verstanden sich als Teil des Volkes Israel, und zwar als den Teil, der durch Gottes Handeln in Jesus und den Glauben an diese Tat Gottes zum neuen Volk Gottes berufen war. Diese Judenchristen blieben zunächst im Verband des Judentums, hielten das Gesetz und wußten sich zum Zeugnis unter Israel berufen.

Mit der Entstehung eines Heidenchristentum (ohne Beschneidung) war die Frage nach dem Wesen dieser neuen Gemeinschaft gestellt.

Konnten diese zunächst aus Juden und Heiden, sehr bald dann nur aus Heiden sich sammelnden Gemeinden noch den Anspruch erheben, das ›wahre Israel‹, die eschatologische Gemeinde der Endzeit zu sein?

Einerseits waren sicher manche apokalyptische Vorstellungen, die in einem Teil der Urgemeinde zu dem Selbstverständnis als ›wahres Israel‹ geführt hatten, den neuen Gemeinden fremd. Sie waren auch schwer übertragbar in Gruppen, die nicht vom Alten Testament bestimmt waren. Vielleicht hat der Stephanuskreis einiges vermittelt, aber die Fremdheit dieses Vorstellungskomplexes blieb bestehen. Andererseits war es auch für die Heidenchristen – trotz der Rezeption des Alten Testaments – schwierig, den heilsgeschichtlichen Zusammenhang zwischen altem und neuem Bund für sich zu übernehmen.

Der Übergang von der judenchristlichen Gemeinde zu der heidenchristlichen Kirche barg die Gefahr in sich, daß zwar der Glaube an Jesus Christus als dem Herrn und Heiland in der Kontinuität mit den frühesten Zeugen verkündet wurde, auch wenn andere Titulaturen gebraucht und die Botschaft unterschiedlich interpretiert wurde, daß aber die neuen Gemeinden sich in Analogie zu Kultvereinen der Umwelt als eine solche Vereinigung verstanden, in der dem einzelnen das Heil und die Rettung vermittelt wurden. Damit wäre die Kontinuität im Kirchenverständnis unterbrochen.

Diese Gefahr ist vermieden worden, und zwar einmal durch die Rezeption des Alten Testaments und zum andern durch das Weiterwirken bestimmter Elemente des Selbstverständnisses der Urgemeinde. Vor allem ist es vermieden worden, das Heil rein individualistisch zu fassen. Der einzelne, der sich zum Glauben wendet, wird in die Gemeinschaft des neuen Volkes Gottes eingegliedert. Das ist in den hellenistischen Missionsgemeinden als Erbe urchristlichen Glaubens lebendige Vorstellung. Dazu kommt weiter, daß man Christus als den Weltherren bekannte, das Heil also universal gefaßt wurde. Damit aber war der Individualismus eines Kultvereins nicht zu vereinen.

Das wird nun auch an dem Sprachgebrauch deutlich: ecclesia bezeichnet die eine Gemeinde, die das Volk Gottes ist. In der Einzelgemeinde tritt die Kirche als ganze in Erscheinung. So schreibt Paulus »an die Gemeinde Gottes, die in Korinth ist« (1. Kor 1,2; 2. Kor 1,1). In der Adresse des Briefes nach Philippi wird die Gemeinde dort bezeichnet als »die Heiligen in Christus Jesus, die in Philippi sind« (Phil 1,1). Diese Anschrift entspricht der Vorstellung von der einen Kirche, deren Glieder an verschiedenen Orten wohnen. Paulus wendet sich zwar an die Einzelgemeinde, betrachtet sie aber als einen Teil der gesamten Kirche. Es geht um die Gemeinde Gottes, soweit (sofern) sie sich an einem bestimmten Ort befindet (vgl. auch das Präskript des 1. Clemensbriefes: »an die Gemeinde Gottes, die in Korinth als fremde wohnt«). Auch die Vorstellung der Kirche als Leib Christi, die in späterer Zeit eine erhebliche Rolle spielt, gehört in diesen Zusammenhang (vgl. 1. Kor 12,12–27). Von einer Präexistenz der Kirche, wie sie in der Epoche nach unserem Zeitraum aufkommt, ist im Urchristentum noch nicht gesprochen worden.

Die Bezeichnung der Kirche als ›Volk Gottes‹ ist nicht sehr oft belegt, auch wenn die Vorstellung nachweisbar ist. Bei Paulus begegnet der Begriff ›Volk‹ (im Sinn von ›Volk Gottes‹) in alttestamentlichen Zitaten (Rm 9,25; 2. Kor 6,16). Apg 18,10 scheint die Identifizierung von ›Volk Gottes‹ und Kirche gemeint zu sein. In etwas späteren Schriften (Hebr, 1. Clem) ist sie dann geläufig.

Diese Bezeichnung ist nun deshalb bemerkenswert, weil in ihr das Bewußtsein der Christen zum Ausdruck kommt, die Stelle des alten Gottesvolkes, das Jesus verworfen hat, einzunehmen. Die Christen sind an die Stelle Israels, dessen Geschichte im Kreuz Christi einen Bruch erlitten hat, getreten. Da man das Alte Testament übernommen hatte, kann man die Geschichte Israels als die eigene ansehen. So ist Abraham auch der Vater der Gläubigen aus der Heidenwelt (Rm 4,1; 9,7f. u.a.). Auch die aus jüdischer Tradition übernommenen Beispielsreihen (Apg 7,2ff.; 13,17ff.; Hebr 11,4ff.) zeigen, wie man sich die Geschichte Israels zu eigen gemacht hat. Das hat seinen Grund auch darin, daß man die Verheißung von Jer 31,31ff. als in der christlichen Gemeinde erfüllt ansah. Der neue Bund, von dem auch in der Abendmahlsliturgie die Rede ist (1. Kor 11,25), ist durch Christus verwirklicht, und die Kirche ist die Gemeinde des neuen Bundes.

Damit wird noch einmal unterstrichen, daß die hellenistischen Missionsgemeinden nicht in apokalyptischen Vorstellungen befangen waren, wohl aber in besonderer Weise eschatologisch dachten: Die Verheißungen Gottes für die Endzeit waren in der Gemeinde Jesu Christi erfüllt. Es wird gerade am Kirchenbewußtsein deutlich, daß futurische und präsentische Hoffnungen miteinander verbunden waren. Die Gemeinde weiß, daß das Heil in der Verkündigung des Christusgeschehens gegenwärtig ist und dadurch das Volk Gottes gesammelt wird. Sie weiß aber auch, daß die Vollendung Gottes zukünftige Tat sein wird, und sie wartet auf diese Tat (vgl. Phil 3,20).

Im hellenistischen Christentum gibt es also ein Kirchenbewußtsein, das sich in manchen Begriffen und Vorstellungen von dem der

Urgemeinde unterscheidet, in den wesentlichen Punkten aber in der Kontinuität mit der Frühzeit der Kirche entfaltet wird. Wie stark das Gefühl für diese Kontinuität und damit für die Einheit der Kirche aus Juden und Heiden war, zeigen der Apostelkonvent und die Kollektenaktion des Paulus (s. o. S. 156f. und S. 150f.).
Das Zentrum des Lebens dieser Gemeinden ist *die gottesdienstliche Versammlung* gewesen. Hier fand man sich zu Gebet, Lobpreis, Erbauung, Belehrung und Stärkung der Gemeinschaft zusammen. Leider haben wir aus dieser Zeit keine Gottesdienstordnung oder eine Beschreibung der Gemeindeversammlungen überkommen. Man hat in der liturgiegeschichtlichen Forschung versucht, sich von den späteren Quellen des 4. Jahrhunderts zu den urchristlichen Gottesdienstformen zurückzutasten.[1] Das ist in Grenzen durchaus sinnvoll und kann zu dem Aufweis einer Kontinuität in einzelnen Bereichen der Liturgie führen. Man muß dabei aber in Rechnung stellen, daß die Formen des Gottesdienstes in der Frühzeit eine erstaunliche Vielfalt aufweisen, die in der Freiheit der Gestaltung begründet ist. Bis in das 4. Jahrhundert hinein, als nun auch die Liturgie für die Reichskirche möglichst vereinheitlicht werden sollte, ist von einer in der ganzen Kirche gültigen Gottesdienstordnung nicht die Rede.
Diese Freiheit der Gestaltung gilt sicher in besonderer Weise für die kleinen Gruppen, die sich im 1. Jahrhundert als Gemeinde Jesu Christi zusammenfanden. Folgerungen aus späteren liturgischen Texten sind also nur bedingt möglich. So kann man z. B. die später übliche Trennung von Katechumenengottesdienst und Eucharistiefeier für die Gläubigen nicht für die Behauptung ins Feld führen, daß im Urchristentum Wortgottesdienst und Feier des Herrenmahls grundsätzlich getrennt waren.
Diese Trennung zwischen zwei unterschiedlichen Formen urchristlicher Gemeindeversammlungen wird zumeist mit der Frage nach den religionsgeschichtlichen Bezügen verbunden. Etwas vereinfachend gesagt: Man hat die These aufgestellt, der Wortgottesdienst im Urchristentum sei eine Weiterbildung des Synagogengottesdienstes gewesen, während die Feier des Herrenmahls unter dem Einfluß und in Analogie zu den hellenistischen Mysterienfeiern gestaltet sei.
Dazu sei hier nur bemerkt: Der Vorgang der Angleichung des christlichen Kultus an Mysterienfeiern, den wir im 4. Jahrhundert beobachten können, ist nicht schon für die Frühzeit, in der die Quellen uns keinen Hinweis dafür geben, anzunehmen. Gewiß kann nicht geleugnet werden, daß es theologische Deutungen von Taufe und Abendmahl gibt, die mit Begriffen und Vorstellungen

der Mysterienreligionen arbeiten (vgl. z.B. Rm 6). Aber für den Vollzug von Taufe und Herrenmahl spielen diese Gedanken keine Rolle (die Taufe von Verstorbenen in Korinth 1. Kor 15,29 ist ja wohl wirklich nicht die Regel gewesen). Offensichtlich wirkt die urgemeindliche Tradition, die z.B. Paulus der Gemeinde in Korinth überliefert hat, als Schranke für eine Umgestaltung der christlichen Gottesdienste in reine Mysterienfeiern.

Es ist sicher richtig, daß der jüdische Gottesdienst für diejenigen Christen, die aus dem Judentum stammten, eine Selbstverständlichkeit war und, soweit sie als Judenchristen den Zusammenhang mit ihrem Volk bewahren wollten, zunächst vielleicht auch noch besucht wurde (vgl. die Haltung des Jakobus). Aber sehr bald ist es außerhalb Jerusalems zur völligen Trennung gekommen. Was dabei an liturgischem Gut von der Synagoge in den christlichen Gottesdienst mitgenommen wurde, ist schwer zu sagen. Man muß auch beachten, daß der synagogale Gottesdienst in dieser Zeit keine einheitliche Größe war. Er hat in den verschiedenen Gebieten – je nach dem Grad der Hellenisierung – recht unterschiedlich ausgesehen. Einige Elemente wird man allerdings für alle Synagogen in der Diaspora gemeinsam anzunehmen haben: Schriftlesung, Achtzehnbittengebet, Sch'ma Jisrael. Aber schon in der Sprache gab es Differenzen.

Was nun die christlichen Gebetstexte angeht, so scheint der Einfluß der Synagoge erst in einer späteren Phase wirksam geworden zu sein. Aus den Angaben des Paulus in 1. Kor gewinnt man kaum den Eindruck, daß die dortige Gemeindeversammlung sich an das Vorbild des Synagogengottesdienstes gehalten habe, schon gar nicht in den Gebetstexten. Dagegen sind im 1. Clemensbrief (Ende des 1. Jahrhunderts) Gebete erhalten, deren Herkunft aus der hellenistischen Synagoge nicht geleugnet werden kann.

Es hat ohne Zweifel in den ersten Jahrhunderten – und zwar bis weit in das 4. Jahrhundert hinein, wie die jüdische Gebetssammlung in den ›Apostolischen Konstitutionen‹ von ca. 375 zeigt – Beziehungen zwischen Kirche und hellenistischer Synagoge gegeben, die sich auch in liturgischer Beeinflussung ausgewirkt haben können. Aber der urchristliche Gottesdienst läßt sich nicht von dem jüdischen einfach ableiten. Der Inhalt von Gebet und Verkündigung war auch zu unterschiedlich, als daß man einfach das Formular der Synagoge hätte übernehmen können.

Im Mittelpunkt der synagogalen Versammlung am Sabbath stand die Schriftlesung, vor allem die Lesung aus dem Gesetz. Wir erfahren aus den urchristlichen Quellen über eine derartige Lesung in den Gemeindeversammlungen nichts. Erst in der Mitte des

2. Jahrhunderts (Justin) wird sie erwähnt. Das besagt natürlich nicht, daß nicht einzelne Stellen des Alten Testaments ausgelegt wurden (vgl. 1. Kor 10,1–13), aber die Lesung hat offenbar keinen festen Platz im Gottesdienst gehabt. Auch das spricht gegen eine zu enge Bindung des urchristlichen Gottesdienstes an jüdische Vorbilder. Die aus urgemeindlicher Tradition überkommenen liturgischen Wörter wie ›Amen‹ und ›Hallelujah‹, sind kaum geeignet, einen solchen Einfluß zu beweisen. Die Apg bietet für die Geschichte des Gottesdienstes nur wenige Hinweise. Das hängt mit dem Ziel des Verfassers zusammen, der die Ausbreitung des Evangeliums »bis an das Ende der Welt« (1,8) schildern will und daher vor allem Missionsgeschehen und Missionspredigt, aber keine Gemeindeversammlungen darstellt.

Von der Urgemeinde wird in dem Summarium Apg 2,42 ff. berichtet, daß sie in der Lehre der Apostel, in der Gemeinschaft, im Brechen des Brotes und im Gebet verharrte. Sie hielt sich zum Tempel und feierte in den Häusern das Herrenmahl. Es wurde schon dargelegt, daß man aus dieser zusammenfassenden Notiz des Lukas nichts über das gottesdienstliche Leben der Urgemeinde entnehmen kann (s. o. S. 90). Vermutlich hat Lukas bei der Schilderung des Lebens der Urgemeinde die Zusammenkünfte der Gemeinden seiner Zeit, die in Privathäusern Wort- und Abendmahlsgottesdienste feierten, vor Augen.

Auch Apg 20,7 ff. zeigt, daß für Lukas die Zusammengehörigkeit von Wortgottesdienst und Feier des Herrenmahls selbstverständlich ist: »Als wir uns nun am ersten Tag der Woche versammelt hatten, um das Brot zu brechen, redete Paulus zu ihnen« (20,7). Aus dieser Stelle geht übrigens hervor, daß die Versammlung der Gemeinden am Sonntag stattfand (vgl. auch 1. Kor 16,2, wo ebenfalls der erste Tag der Woche besonders hervorgehoben ist). Es ist klar, daß dieser Tag von den Christen als Tag ihres Gottesdienstes gewählt wurde, weil er der Tag der Auferstehung Christi war. Wann und wo der Sonntag als spezifisch christlicher Feiertag bestimmt wurde, können wir nicht sagen. Aber es spricht alles dafür, daß das sehr früh geschehen ist. Damit ist auch im Kalender die Differenz zum Judentum markiert.

Etwas mehr über den urchristlichen Gottesdienst als aus der Apg erfahren wir von Paulus. Speziell über die Verhältnisse in Korinth läßt sich einiges erheben. Allerdings bietet der Apostel in 1. Kor keine genaue Beschreibung der Gemeindeversammlung, sondern kämpft gegen Mißbräuche, die durch den Enthusiasmus eines Teils der Gemeinde eingerissen waren. Korinth ist offensichtlich ein extremer Fall von ›geistgewirkter‹ Spontaneität gewesen. Ob es auch in anderen Gemeinden so zugegangen ist, wissen wir nicht. Die Ermahnungen des Paulus deuten darauf hin, daß er in seinen Gemeinden auf eine gewisse Ordnung gedrungen hat. »Denn Gott ist nicht ein Gott der Unordnung, sondern des Friedens« (1. Kor 14,33).

Die Aussagen des Paulus 1. Kor 11,17ff. (Herrenmahl) und 1. Kor 14,26ff. (Wortgottesdienst) lassen nicht erkennen, ob es sich um zwei verschiedene Veranstaltungen gehandelt hat oder ob beide Teile zusammengehören. Denn der Apostel sagt nichts über Reihenfolge und Zusammengehörigkeit aus. Aber es ist unwahrscheinlich, daß man die beiden Teile in Korinth getrennt begangen hat. Vielmehr weist vieles darauf hin, »daß die Mahlfeier Grund und Ziel aller Versammlungen« war[2].

Die Feier des Herrenmahls fand in Verbindung mit einer richtigen Mahlzeit statt. Das geht aus den Aussagen des Paulus hervor (1. Kor 11,17ff.). Die gemeinsame Mahlzeit wird von Brot- und Weinwort eingerahmt. Noch in der Didache (Ende des 1. Jahrhunderts) ist derselbe Brauch bezeugt. Wann es zu der Trennung des sakramentalen Herrenmahls von der Mahlzeit gekommen ist, wissen wir nicht. Die Verbindung des Herrenmahls mit einem Sättigungsmahl scheint ein Hauptanlaß für Mißbräuche in Korinth, gegen die Paulus sich wehrt, gewesen zu sein. Wir erfahren übrigens in diesem Zusammenhang, daß der Apostel die Worte der Einsetzung des Herrenmahls durch Jesus der Gemeinde als feste Tradition überliefert hat (vgl. o. S. 139). In der Tat gehört das Abendmahl von den frühesten Zeiten an zu den gottesdienstlichen Einrichtungen der Kirche (vgl. o. S. 96). Die Urgemeinde scheint es in Anknüpfung an Jesu letzte Mahlzeit mit seinen Jüngern als eschatologisches Gemeinschaftsmahl gefeiert zu haben. Näheres können wir allerdings darüber nicht sagen.

Die hellenistischen Missionsgemeinden haben das Herrenmahl als festen Brauch übernommen. Paulus setzt diese Feier jedenfalls als selbstverständlich voraus. Die Einsetzungsworte haben nach 1. Kor 11,23ff. als konstitutiver Bestandteil zu dem Herrenmahl hinzugehört. Man kann vermuten, daß die ursprüngliche liturgische Formel lautete:

> Das ist mein Leib;
> das ist mein Blut.

Das wäre dann die eigentliche Deutung der Handlung gewesen, in der Brot und Wein den Teilnehmern gereicht wurden, der dann die Deutung des Todes Jesu als Opfer des neuen Bundes und als Sühnopfer hinzugefügt worden wäre.

Nun läßt sich der Prozeß der langsam wachsenden Deutung des

Herrenmahls in den frühesten Zeiten im einzelnen nicht aufhellen. Für das hellenistische Christentum und für Paulus lassen sich aber einige Angaben über die Deutung machen. Dabei ist die schon erwähnte Frage nach dem Einfluß hellenistischer Mysterienreligionen sicher nicht unwesentlich.

Man hat gemeint, daß das hellenistische Christentum das Herrenmahl im Sinn der Mysterien verstanden habe. Der Sinn dieser Feier sei gewesen, daß der Gläubige durch den Genuß von Wein und Brot sich den Leib und das Blut Jesu Christi einverleibe und damit in die Gemeinschaft mit dem Herrn trete (vgl. vor allem 1. Kor 10,16). Diese Feier gliedert alle Teilnehmer am Mahl in einen Leib ein, es wird dadurch der Leib Christi gebildet[3].

Kann man also behaupten, daß die hellenistischen Gemeinden die zentrale Feier ihrer Gottesdienste in Analogie zu den Mysterienfeiern verstanden, gedeutet und gestaltet haben? Wenn man diese Frage bejaht, dann wäre damit zugleich gesagt, daß in diesen Gemeinden die überkommene Form eines nicht-sakramentalen Gemeinschaftsmahles radikal umgestaltet wäre, so daß etwas völlig anderes und Neues sich gebildet hätte.

Nun lassen sich zu diesen Fragen mancherlei Hypothesen aufstellen, aber kaum sichere Antworten geben. Es muß zunächst betont werden, daß es kein für alle Gemeinden dieser Zeit fest formuliertes und verbindliches Verständnis des Herrenmahls gegeben hat. Die Didache (Ende des 1. Jahrhunderts) hat das Herrenmahl offensichtlich anders verstanden als die Gemeinde in Korinth oder Paulus. Andererseits ist nicht zu leugnen, daß es hellenistische Gemeinden gegeben hat, in denen eine Interpretation des Herrenmahls in dem eben skizzierten Sinn erfolgte. Die weitere Entwicklung in der Kirche zeigt, daß manche Elemente dieser Deutung auch später noch wirksam waren.

Aber auch wenn in Korinth oder bei Paulus Analogien oder Einflüsse der Umwelt nachweisbar sind, so muß doch festgestellt werden, daß die Bindung an die von der Urgemeinde überkommene Tradition ein entscheidender Damm gegen die völlige Umgestaltung des Herrenmahls zu einer Mysterienfeier darstellt. Die Gefahr, die Feier so zu deuten, war bei den Enthusiasten in Korinth sicher gegeben, und gewisse Züge der paulinischen Theologie können dem auch Vorschub geleistet haben. Aus 1. Kor 11,26 geht hervor, daß zum Herrenmahl die Verkündigung des Todes Jesu gehört, »bis daß er kommt«. Die Feier ist also gewissermaßen auch Wortverkündigung. Nun gibt es auch in den Mysterienfeiern Reden oder Lesungen (von Kultlegenden o. ä.), es wäre also mit dem Hinweis auf den Verkündigungscharakter des Herrenmahls noch nicht viel gesagt. Der wichtigste Unterschied liegt im Inhalt dessen, was gefeiert und bekannt wird: Der Tod Jesu, der mit dem Herrenmahl verkündet wird, ist nicht der Tod einer Mysteriengottheit, sondern der Kreuzestod des irdischen Jesus von Nazareth, den die Gemeinde als Heilstat Gottes glaubte. Und die Auferstehung Jesu ist nicht die Rückkehr eines Gottes in das Leben, sondern Gottes Tat an einem Menschen, der nun zum Herrn der Welt eingesetzt ist. Das wird verkündet »bis daß er kommt«, d.h. auch das Herrenmahl zeigt eschatologische Aspekte. Denn es wird gefeiert in dem Glauben, daß Jesu Verheißung sich hier und jetzt erfüllt: »Wo zwei oder drei versammelt sind in meinem Namen, da bin ich unter ihnen« (Mt 18,20). Zugleich aber wartet die Gemeinde auf die Vollendung und bittet daher: Maranatha, unser Herr komm!

Durch das Essen von Brot und Wein, die als ›geistliche Speise‹ (1. Kor 10,3) gereicht werden, wird die Gemeinschaft mit dem Herrn und untereinander hergestellt. Das Abendmahl ist für die Teilnehmer damit Vergewisserung der Heilszusage und zugleich Eingliederung in den Leib Christi, die Kirche. Dabei ist der Bezug auf das letzte Mahl Christi mit seinen Jüngern ein Hinweis auf die Heilsbedeutung des Todes Christi.

Alle diese Vorstellungen werden nicht lehrmäßig systematisiert, auch nicht von Paulus. Aber die zentrale Bedeutung des Herrenmahls für die Gemeinde wird an diesen komplexen Deutungen sichtbar.

Aufgrund von 1. Kor 16,20–23 hat man vermutet, daß der erste Teil des Gottesdienstes, der *Wortverkündigung und Gebet* umfaßte, auch für Nichtchristen zugänglich war (vgl. 1. Kor 14,22.25), die dann zu Beginn der Eucharistiefeier entlassen wurden. Paulus habe hier die liturgischen Formeln, die bei dem Übergang vom ersten zum zweiten Teil gebraucht wurden, benutzt: »Grüßet einander mit dem heiligen Kuß! ... Wenn jemand den Herrn nicht liebt, so sei er verflucht! Maranatha. Die Gnade des Herrn Jesus sei mit euch!“

Nun ist es durchaus möglich, daß Paulus hier feste Formeln, die auch im Gottesdienst gebraucht wurden, aufgreift (z.B. den Schlußgruß). Aber es ist nicht feststellbar, an welcher Stelle der Versammlung diese Formeln ihren Platz hatten. Es ist auch kaum anzunehmen, daß man die Nichtchristen, die man doch für den Glauben gewinnen wollte, mit einer Verfluchungsformel verabschiedete.

Im Neuen Testament gibt es, wie schon mehrfach erwähnt, eine Reihe von fest geprägten Stücken, die zum Teil als liturgische oder hymnische Texte angesprochen werden können. Allerdings ist auch bei diesen ›Formeln‹, wie man heute meist sagt, nur schwer zu sagen, welchen ›Sitz im Leben‹ sie gehabt haben. Paulus spricht 1. Kor 14,26 von verschiedenen Äußerungen im Verlauf des Gottesdienstes: Psalmen, Lehre, Offenbarung, Zungenrede und deren Auslegung. Er bemüht sich, alle diese, in Korinth offensichtlich sich sehr turbulent zeigenden ›Wirkungen des Geistes‹ in geordnete Bahnen zu lenken, damit sie zur Erbauung der Gemeinde dienen. Wir besitzen keine Zeugnisse aus Korinth, aus denen der Wortlaut dieses Redens, Singens und Lallens sich rekonstruieren läßt. Aber aus anderen Gemeinden sind uns Texte bekannt, die man als Hymnen, Lieder oder Psalmen bezeichnen kann[4].

Die Psalmen Lk 1,46–55 (Magnificat) und 1,68–79 (Lobgesang des Zacharias) stehen in der »Stiltradition der Psalmendichtung« (Conzelmann) und könnten aus dem hellenistischen Judenchristentum stammen. Phil 2,6ff. (s. o. S. 172f.) ist ein Lied oder Hymnus aus dem hellenistischen Christentum vor Paulus. Ob die verschiedenen hymnischen Stücke in der Offenbarung des Johannes (4,8.11; 5,9f.; 11,17ff. u.a.) älteres Traditionsgut sind oder vom Verfasser der Apokalypse stammen, läßt sich nicht sagen. Sowohl Paulus wie Lukas bezeugen, daß das Gebet zu den festen Bestandteilen des Gottesdienstes gehörte. Gerade hier wird eine beträchtliche Freiheit geherrscht haben, vor allem wenn die Gebete von ›Propheten‹ gesprochen wurden (vgl. Apg 13,1–3). Apg 4,24ff. zeigt, wie Lukas sich ein Gebet in einer bestimmten Situation vorstellt.

Die Frage, ob das *Vaterunser* bereits einen festen Platz im Gottesdienst hatte, läßt sich nicht beantworten. Die Aussagen des Paulus, daß die Christen Gott als Abba, Vater, anrufen (Rm 8,15; Gal 4,6), sind kaum ein Beweis für den Gebrauch des Herrengebets im Gottesdienst. Damit soll natürlich nicht behauptet werden, daß dieses Gebet, das auf Jesus zurückgeht, den Gemeinden in urchristlicher Zeit unbekannt war. Es geht hier lediglich um den liturgischen Gebrauch, der erstmals Ende des 1. Jahrhunderts (Didache) bezeugt ist. Die Varianten zwischen Mt 6,9–11 und Lk 11,2–4 zeigen, daß das Vaterunser nicht als ein fest formulierter liturgischer Text tradiert worden ist.

Möglicherweise schlossen die Gebete im Gemeindegottesdienst mit einer Doxologie, d.h. einem Lobspruch (z.B. ›Dir sei Ehre in Ewigkeit‹).[5] Paulus verwendet solche Formeln, die in Anlehnung an den Schluß jüdischer Gebete gestaltet sind (z.B. Rm 11,36; 16,27). Wann das Vaterunser um die Doxologie erweitert wurde, läßt sich nicht sagen. Diese Ergänzung ist erstmals Ende des 1. Jahrhunderts in Didache 8 bezeugt.

Paulus kommt 1. Kor 14 auf Zungenreden und Offenbarungen im Gottesdienst zu sprechen. Mit Offenbarung meint er wohl das Reden der Propheten (1. Kor 14,29ff.), das auf besonderer Eingebung beruht. Es geht also um improvisierte Rede geistbegabter Männer, deren Wort aber der Prüfung und der Kritik unterworfen ist (vgl. 1. Thess 5,19ff.). Daneben hat es auch unartikuliertes ekstatisches Reden ›in Zungen‹ gegeben, was Paulus nur insoweit gelten läßt, als jemand da ist, der diese enthusiastischen Laute ›mit Verstand‹ auslegt (vgl. 1. Kor 14,14). Der Apostel will also dem Wirken des Geistes keine Grenzen setzen, verlangt aber, daß alles dem einen Ziel christlichen Gottesdienstes sich unterordnet: Aufbau der Gemeinde.

Es ist nicht deutlich, ob Paulus mit der ›Lehre‹ (1. Kor 14,26) die Predigt gemeint hat. In der Apg finden wir eine Reihe von Reden, die allerdings, wie schon gesagt, nicht wörtliche Wiedergabe wirklich gehaltener Predigten sind, sondern literarische Gestaltung des Lukas, der in diesen kurzen Texten zeigen will, worauf es seiner Meinung nach bei der Missionspredigt ankommt. Man kann aber nicht von diesen Texten aus auf die urchristliche Predigt im Gottesdienst schließen.

Der Inhalt der Predigten ist durch das, was zu dem Glauben der Gemeinden gesagt wurde, bestimmt. Es wird das Heil in Jesus Christus verkündet. Das kann in unterschiedlicher Weise geschehen sein, sei es daß die Erfüllung alttestamentlicher Weissagung im Vordergrund stand, sei es daß die ethische Mahnung besonders betont wurde. Diese ethische Mahnung, die in den aus dem Hellenismus und dem hellenistischen Judentum stammenden Tugend- und Lasterkatalogen zusammengefaßt wurde (z. B. Rm 12,9 bis 13,14), kann aber auch in der Unterweisung der Taufbewerber ihren Platz gehabt haben. In welcher Weise sich die Predigten an einen Text hielten, läßt sich nicht feststellen.

Zusammenfassend ist zu sagen: Selbst die sehr fragmentarischen Nachrichten, die vorliegen, zeigen eine beachtliche Vielfalt in der Gestaltung der christlichen Gemeindeversammlungen dieser Zeit. Auch wenn wir kein genaues Bild im einzelnen entwerfen können, so wird doch deutlich, daß die geistgewirkte Spontaneität eine erhebliche Rolle spielte. Allerdings darf man den Enthusiasmus von Korinth nicht als Maßstab an das gesamte Urchristentum anlegen. Wir wissen von den Gottesdiensten dieser Gemeinden durch Paulus etwas mehr, während von anderen Gemeinden uns nichts bekannt ist. Man wird auch auf die weitere Entwicklung in der Kirche hinweisen dürfen, die dafür spricht, daß in den hellenistischen Gemeinden dieser Zeit sich weithin eine gewisse Ordnung des Gottesdienstes herausgebildet hat, die für die nächsten Generationen bestimmend wurde. Dabei ist, wie Paulus deutlich sagt, das Ziel jeden Gottesdienstes von Anfang an eindeutig: Verkündigung der großen Taten Gottes in Christus, Anbetung, Lob und Dank, Erbauung der Gemeinde. Die versammelte Gemeinde bekennt mit ihrem gottesdienstlichen Handeln: Herr ist Jesus.

Die *Taufe* gehört seit den Anfängen der christlichen Kirche zu den konstitutiven Elementen des Gemeindelebens. Bereits die Urgemeinde hat vermutlich, in Anknüpfung an die Johannestaufe, diesen Aufnahmeakt gekannt. Es ist anzunehmen, daß sie die Taufe als Bußtaufe und als Reinigung für die Gottesherrschaft verstanden hat, auch wenn die Quellen keine sicheren Aussagen darüber gestatten.

In der entstehenden Heidenkirche ist die Taufe als Erbe der Urgemeinde von Beginn an geübt. Paulus erwähnt 1. Kor 1,14f., daß er einige Leute in Korinth getauft habe, setzt also voraus, daß die Aufnahme in die Gemeinde durch die Taufe erfolgt. In welcher Form und in welcher liturgischen Gestalt die Taufe vollzogen wurde, erfahren wir nicht. Es ist auch nicht sicher, ob die Taufe auf den ›Namen Jesu‹ erfolgte oder mit einer anderen Formel vollzogen wurde. Mt 28,19 zeigt jedenfalls, daß man die trinitarische Taufformel nicht allzu spät anzusetzen hat.

Die Frage nach dem *Taufverständnis der hellenistischen Christen und des Paulus* führt vor dieselben Probleme wie die nach dem Verständnis des Herrenmahls. Ist die Taufe in Analogie zu den Initiationsriten der Mysterienreligionen verstanden worden? Man wird auch hier nicht leugnen können, daß sich mit dem urchristlichen Erbe der Taufe zur Vergebung der Sünden mancherlei sekundäre Vorstellungen und Interpretationen verbunden haben. So hat man die Taufe als das Bad der Wiedergeburt gedeutet, in dem dem Täufling Anteil an Tod und Auferstehung Christi gegeben wurde.

Aber es ist die Frage, ob diese Vorstellungen die entscheidenden Motive des Taufverständnisses waren. Auch in Rm 6,1ff., wo Paulus sich zur Taufe in diesem Sinn äußert, steht doch die Aussage im Vordergrund, daß die Taufe die Herrschaft der Sünde über den Menschen beendet: »So sollt auch ihr euch als solche ansehen, die für die Sünde tot sind, aber für Gott leben in Christus Jesus, unserem Herrn« (Rm 6,11). Die Taufe bewirkt die Reinigung von den Sünden, sie unterstellt den Getauften dem Herrn, ›versiegelt‹ ihn und schützt ihn damit auch für die Zukunft vor der Sünde und der ›Macht der Finsternis‹ (Kol 1,13).

Durch die Taufe wird – auch das ist allgemein christliche Anschauung – der Heilige Geist verliehen (vgl. 1. Kor 12,12f.). Ob schon in früher Zeit die Handauflegung bei der Taufe als Akt der Geistverleihung vollzogen wurde, wissen wir nicht. Mit der Geistverleihung wird der Getaufte in den Leib Christi, der Kirche eingegliedert.

Auf dem Gebiet der *Kirchenordnung* oder der Kirchenverfassung wird man für diese Zeit keine in allen Gemeinden gleichgestaltete Form annehmen dürfen. Es ist dabei noch einmal zu betonen, daß es sich bei diesen Gemeinden um kleine Gruppen gehandelt hat, man sich also keine übertriebenen Vorstellungen von einem ›Amt‹ oder einer ›Kirchenleitung‹ machen darf. Weiter ist zu bemerken, daß die Ordnung der Jerusalemer Urgemeinde, die sich ohnehin schnell gewandelt hat (›Zwölf‹, ›Säulen‹; vgl. o. S. 97f.), nicht auf die Missionsgemeinden übertragen werden konnte. Ob ›Apostel‹ und ›Älteste‹ als Bezeichnungen für bestimmte Dienste aus der Jerusalemer Gemeinde übernommen sind, muß offenbleiben.

Wichtig ist schließlich, den von R. Sohm so überbewerteten Gegensatz von Geist und Recht in den richtigen Proportionen zu sehen: diejenigen, die Dienste und Verantwortung in den urchristlichen Gemeinden ausübten, waren sicher keine Kirchenbeamten im modernen Sinn, sondern gehörten nach dem Verständnis dieser Zeit auch zu den ›Geistbegabten‹ (vgl. 1. Kor 12,1ff., vor allem v. 28). Es ist allerdings nicht vorstellbar, daß diese Gemeinden ohne eine gewisse geordnete Verwaltung hätten existieren und ihre Missionsarbeit treiben können. Paulus nennt als ›Amtsträger‹ Apostel, Propheten und Lehrer (1. Kor 12,28; vgl. Apg 13,1–3, wo aber nur Propheten und Lehrer genannt werden). Phil 1,1 wird von Bischöfen (Episkopen, wörtlich: Aufseher) und Diakonen (Diener) gesprochen. Ob es in den paulinischen Gemeinden Presbyter gegeben hat, ist fraglich. In späteren Schriften (Apg, Pastoralbriefe) werden die Ältesten erwähnt, zum Teil neben Bischöfen und Diakonen. Wieweit diese verschiedenen Ämter zurückreichen, kann man kaum sagen. Es wird sich aber um mehr als nur terminologische Unterschiede gehandelt haben.

Der alte Titel ›Apostel‹ bezeichnet in dieser Zeit wohl den reisenden Missionar, der als Gemeindegründer besondere Autorität genießt. ›Bischöfe‹ und ›Diakone‹ scheinen, entsprechend der Herkunft dieser Bezeichnungen aus der Verfassung hellenistischer Städte, mehr für die Verwaltung und Gemeindeordnung eingesetzt zu sein. ›Presbyter‹, ein Titel, der auch in der Synagogalverfassung begegnet, kann eine Bezeichnung für Erstbekehrte oder für besonders angesehene Glieder der Gemeinde gewesen sein. Möglicherweise hat es Gemeinden gegeben, die sich an der Verfassung der Synagoge orientierten.

Für Paulus scheinen diese Organisationsfragen keine große Bedeutung gehabt zu haben. Er kann der Gemeinde in Korinth sogar empfehlen, daß jeder seinen Beitrag für die Kollekte am ersten Tag der Woche beiseite legen soll (1. Kor 16,2). Er rechnet also offensichtlich nicht mit einer Kassenverwaltung in der Gemeinde, was aber angesichts der Aufgaben der Gemeinde in Mission und Diakonie auf die Dauer kaum haltbar war. Andererseits erwartet der Apostel, daß die Gemeinden denen, die irgendwelche Funktionen ausüben, auch eine Ehrenstellung zubilligen (1. Thess 5,12f.; 1. Kor 16,16). Aber das ändert natürlich nichts daran, daß kirchliche Ämter in dieser Zeit keinen Heilscharakter haben (vielleicht mit Ausnahme des Amtes der Apostel, zumindest des Paulus) und eine Hierarchie es noch nicht gab. Es ist also nicht sehr viel, was wir zur urchristlichen Verfassungsgeschichte sagen können. Die Gründe für diesen Mangel sind schon genannt. Wichtiger ist, daß man erkennt: alle ›Ämter‹ in der Kirche sind dem Ziel der Verkündigung des Evangeliums und des Aufbaus der Gemeinde untergeordnet.

Zu dem *Selbstverständnis der hellenistischen Gemeinden* gehörte auch, daß sie sich als exklusive Heilsgemeinde von der Welt abgegrenzt wußten. Die Grenze gegen den heidnischen Götzendienst verstand sich dabei von selbst (vgl. 1. Thess 1,9f.; dazu oben S. 169f.). Eine Gemeinde wie die, in der der Hymnus Phil 2,6ff. entstanden ist, konnte nicht mehr irgendwelchen Göttern dienen, sie konnte nur dem Herrn, der der Sieger über die Mächte ist, gehorsam sein und ihm nachfolgen. Die von der Urgemeinde übernommenen Selbstbezeichnungen ›Auserwählte‹, ›Heilige‹, ›Berufene‹ waren diesem Verständnis der neuen Existenz angemessen.

Die Gemeinden sahen sich aus der Welt der Unreinheit und der Sünde herausgehoben und als Gottes Volk in eine neue Gemeinschaft versetzt. Sie lebten in der Welt, gehörten aber nicht mehr zur Welt. Denn – so glaubten sie – mit Kreuz und Auferstehung Christi hat die neue Schöpfung begonnen, und der Christ lebt seit der Taufe aus dem Neuen, auch wenn das Alte noch nicht völlig vergangen ist. Diese Spannung zwischen dem ›nicht mehr‹ und dem ›noch nicht‹ (Phil 3,12–14) ist die Grundlage aller ethischen Mahnung. Der Christ ist geheiligt, aber er muß sich immer von neuem heiligen.

Bei Paulus fällt auf, daß *die ethischen Anweisungen* sich weithin in überkommenen ›bürgerlichen‹, d. h. allgemein hellenistischen Bahnen bewegen (vgl. z. B. Rm 13). Die Begründung ist eine andere: die Heilstat Gottes, aber auch die Nähe des Herrn (Rm 13,11f.)

geben diesen überkommenen Paränesen ihre eigentliche Ausrichtung und ihre Verbindlichkeit.
Der Apostel hat daher seinen Gemeinden auch nicht die Separation von der Welt (etwa wie in der Sekte von Qumran) empfohlen. Gewiß, es hat im Urchristentum nicht an asketischen Tendenzen gefehlt, und auch Paulus ist nicht davon frei (vgl. 1. Kor 7,7). Aber trotz eines hier zutage tretenden Dualismus (Fleisch-Geist) wendet sich Paulus gegen das Mißverständnis, als ob die Askese ein Weg zum Heil wäre. Es geht darum, die Dinge dieser Welt zu benutzen, als täte es man nicht, d. h. in eschatologischer Distanz zur Welt zu leben (vgl. 1. Kor 7,25 ff.).
Alle Mahnungen des Apostels zielen auf ein Leben in der Nachfolge Christi (1. Kor 11,1) und damit auf einen Wandel im Dienst am Nächsten. Gerade im Gegensatz zu den Enthusiasten in Korinth betont Paulus die Verpflichtung gegenüber dem Bruder. Ob man im gesamten hellenistischen Christentum die Ethik theologisch so begründet hat wie Paulus, ist zweifelhaft. Offensichtlich sind in diesen Gemeinden früh ein gewisser Moralismus und auch eine Gesetzlichkeit zur Geltung gekommen, die von der Meinung des Paulus abweichen. Jedenfalls können wir sowohl in der Apg wie im 1. Clemensbrief derartige Tendenzen beobachten. Inwieweit diese mit dem älteren Judenchristentum zusammenhängen, können wir nicht sagen. Daß aber die Rezeption des Alten Testaments auch in dieser Richtung wirken konnte, ist wohl nicht zu bestreiten.
In der Praxis der Gemeinden hat die *Liebestätigkeit* sicher eine Rolle gespielt. Paulus ermahnt seine Gemeinden immer wieder zu solchem Dienst (Rm 12,13; Gal 6,9 f.). Über die Organisation dieser diakonischen Arbeit, die sich zunächst wohl auf die Mitglieder der Gemeinde richtete, erfahren wir nichts. Ein eigenes Amt dafür hat es in dieser Zeit noch nicht gegeben (Apg 6,1–6 ist für diese Frage nicht zu verwerten, s. o. S. 101 ff.). Wichtiger war, daß eine Perikope wie Mt 25,31–46 in der Urchristenheit überliefert worden ist. Denn in diesen Worten Jesu spiegelt sich wider, was man unter Liebesarbeit und Diakonie verstand. Gewiß, es ist nicht völlig neu, wenn gefordert wird, Hungrige zu speisen, Durstige zu tränken, Fremde zu beherbergen, Nackte zu kleiden, Kranke zu besuchen und Gefangene zu betreuen. Bereits im Judentum kannte man solche Werke der Hilfe und hatte auch Genossenschaften, die sich die Ausübung dieser Liebestätigkeit zur besonderen Pflicht machten. Neu ist aber, daß das Urchristentum sich Jesus gegenüber als dem Richter verantwortlich weiß. An diesen Werken entscheidet sich insofern das Schicksal im Gericht, als sie im Gehorsam gegen Christus getan oder im Ungehorsam verweigert werden. So

wird Diakonie zum Zeugnis von dem Herrn, der die Welt überwunden hat. Das Urchristentum hat dieses Zeugnis auch in den Werken der Diakonie abgelegt, sicher in den Grenzen, die dieser kleinen Gemeinschaft gezogen waren, aber in dem festen Glauben, daß es damit das Gesetz Christi erfüllte (Gal 6,2).

Urchristentum und Kirche

1. Die Darstellung der Geschichte des Urchristentums von den Anfängen bis zur Zerstörung Jerusalems im Jahr 70 ist eine Aufgabe, die angesichts der Quellenlage nicht völlig befriedigend gelöst werden kann. Es ist aber andererseits deutlich geworden, daß eine völlige Resignation nicht angebracht wäre. Weite Strecken bleiben im dunkeln, andere aber lassen sich durch eine behutsame Auswertung der Quellen erhellen.

Vor allem kann man das Glaubenszeugnis dieser ersten Generation von Christen in seiner unterschiedlichen Ausprägung herausarbeiten. Glaube und Verkündigung des Urchristentums sind jedenfalls keine unbekannten Größen. Man darf hier allerdings keine falschen Maßstäbe anlegen. Alle Aussagen der urchristlichen Zeugen sind nicht Ausdruck eines durchdachten theologischen Systems. Die ›Theologie‹ des Urchristentums ist in einer Weise auf die Verkündigung und das Leben aus dem Glauben bezogen, wie es wohl in kaum einer anderen Epoche der Kirchengeschichte der Fall war.

Das hängt vor allem damit zusammen, daß alles Reden und Handeln dieser ersten Gemeinden noch unmittelbar von den Ostererfahrungen der ersten Zeugen bestimmt war. Selbst in den Gemeinden, die nicht von diesem ersten Kreis von Jesusjüngern gegründet worden sind, ist die Nähe zu dem Osterereignis so stark empfunden worden, daß der Bezug darauf das Zentrum des Glaubens und Denkens blieb.

Von dieser Ostererfahrung her, die der Anstoß zum Zeugnis und zur Mission war, hat man Person und Werk Jesu gedeutet und verstanden. Dabei ist die Identität zwischen dem irdischen Jesus und dem auferstandenen Herrn für die Gemeinden selbstverständlich. Man hat Tod und Auferstehung Jesu als Gottes Tat angesehen, mit der die Wende der Zeiten eingeleitet war: »das Alte ist vergangen, siehe es ist neu geworden« (2. Kor 5,17).

Erstaunlich ist die Vielfalt der Aussagen und Interpretationen des Heilsgeschehens im Urchristentum, die nebeneinander überliefert sind. Der Grund dafür liegt darin, daß nicht eine Lehre tradiert, sondern das Heilsereignis verkündet wurde. Das Geschehen, also Leben und Wirken Jesu, sein Sterben und Auferstehen, seine Erhöhung und sein Sieg über die Mächte des Kosmos, wurden als

das Heil der Welt proklamiert. Sie wurden als so umfassend verstanden, daß bei der Formulierung des Glaubens wie bei der Weitergabe der Heilszusage in der Verkündigung jeweils verschiedene Aspekte in den Vordergrund treten konnten. Die Vielfalt der Glaubenszeugnisse des Urchristentums hat auch historische Gründe. Mit einer nur schwer erklärbaren Schnelligkeit hat sich diese Heilsbotschaft in wenigen Jahren aus dem kleinen Kreis der ersten Jünger in Jerusalem und Palästina in die Welt hinein verbreitet. Auch wenn man sich von der zahlenmäßigen Größe dieser Gemeinden keine übertriebenen Vorstellungen machen darf, so bleibt die schnelle räumliche Ausbreitung doch ein erstaunliches Phänomen. Damit ist aber die Predigt des Evangeliums in wenigen Jahren auch jeweils mit sehr verschiedenen religiösen und kulturellen Traditionen konfrontiert worden, auf die sie sich einstellen mußte. Weiter ist zu beachten, daß die Unterscheidung der verschiedenen Gruppierungen im Urchristentum sicher richtig ist. Es ist ja in der obigen Darstellung von diesen Gruppen die Rede gewesen. Es ist aber auch schon angeklungen, daß mit einer solchen Differenzierung nicht unbedingt ein zeitliches Nacheinander gegeben ist. Offensichtlich haben die verschiedenen Ausprägungen urchristlicher Frömmigkeit und Glaubenshaltung ohne scharfe Trennung nebeneinander existiert und auch jede für sich Mission getrieben.
Das hat dazu geführt, daß die Verkündigung der Heilsbotschaft, die durch Menschen verschiedener Herkunft und Prägung erfolgte, sich auch verschiedener Begriffe und Vorstellungen bediente. Diese Prediger mußten sich ihren Zuhörern verständlich machen, d. h. sie mußten nicht nur die Sprache ihrer Hörer sprechen, sondern auch das Heilsgeschehen so verkünden, daß es als solches verstanden wurde.
Trotz dieser Vielfalt und auch trotz mancher Spannungen ist die Einheit der Kirche erhalten geblieben. Das Apostelkonzil und die Kollekte des Paulus zeigen, wie sehr man sich der Bindung an die eine Kirche bewußt war. Das war nur möglich, weil man nicht einem theoretisch entfalteten Dogma glaubte (das in späteren Phasen der Kirchengeschichte durchaus seine Berechtigung hatte), sondern der Heilszusage Gottes in Jesus Christus.
2. Die verschiedenen Gruppen im Urchristentum sind also nicht ohne weiteres als aufeinander folgende Stufen der Entwicklung anzusehen. Es wäre zu einfach, die Jerusalemer Urgemeinde als die Urzelle anzusehen, aus der sich die späteren Gemeinden in einem kontinuierlichen und aufweisbaren historischen Prozeß entwickelt haben. Die große Bedeutung des ersten Kreises von Jesusjüngern soll damit nicht geleugnet werden. Aber die Entfaltung der Heils-

botschaft ging bald in sehr unterschiedlichen und vielfältigen Bahnen.

Ist damit die Kontinuität zwischen der Urgemeinde und dem späteren Christentum geleugnet? Die Frage ist schon im Zusammenhang der Erörterung des Tauf- und Abendmahlsverständnisses des hellenistischen Christentums angeschnitten worden. Sie muß unter zwei Aspekten betrachtet werden:

a) Man hat gemeint, daß der Prozeß der ›Hellenisierung‹ des schlichten Evangeliums Jesu bereits im hellenistischen Christentum der Frühzeit einsetzt. Von der religionsgeschichtlichen Forschung ist viel Material beigebracht worden, um den Nachweis zu führen, daß die hellenistischen Gemeinden das Heil in Art und Weise der ihnen bekannten Religiosität der Umwelt verstanden und die christliche Botschaft in diesem Sinn interpretierten.

Es wurde schon gesagt, daß die Parallelen von Begriffen und Vorstellungen nicht zu leugnen sind und bei der wissenschaftlichen Erforschung des Urchristentums auch beachtet werden müssen. Aber auch wenn die Rezeption von Elementen aus der religiösen Umwelt für die Folgezeit von beachtlichem Einfluß war, so kann doch nicht übersehen werden, daß auch in den hellenistischen Gemeinden durch den Bezug auf die Person Jesu die Grenze gegen einen ›Synkretismus‹ gezogen war. Dieser Bezug ist in diesen Gemeinden durch vielfache Überlieferung aus der frühesten Zeit gesichert (vgl. 1. Kor 15,3 ff.; auch auf die Spruchquelle Q muß hingewiesen werden).

b) Diese Tradition, die in diesen Gemeinden in aller Welt weiterlebt, ist ein deutliches Zeichen für die Kontinuität zwischen der Urgemeinde und den späteren christlichen Gemeinden. Es geht dabei nicht um die Kontinuität des Amtes oder der Kirchenordnung, sondern um die der Überlieferung der Heilsbotschaft. In diesem Traditionsprozeß hat der Stephanuskreis ohne Zweifel eine besonders wichtige Funktion ausgeübt. Denn er stellte das Bindeglied zwischen der ersten Gruppe von Jesusjüngern nach Ostern und den hellenistischen Gemeinden dar. Um so bedauerlicher ist es, daß wir über diese ›Hellenisten‹ nicht mehr wissen.

Es gehört zu den Rätseln der Geschichte des Urchristentums, daß die späteren christlichen Gemeinden in manchen Punkten (z. B. Gesetzesverständnis oder Kirchenordnung) offensichtlich dem hellenistischen Judenchristentum der Frühzeit näher standen als etwa der paulinischen Theologie. An Lukas kann man das gut beobachten. Jedenfalls scheint die hellenistische Mission vor und neben Paulus die Zukunft stärker geprägt zu haben als der Apostel.

3. Diese Tatsache verdient nun deshalb Beachtung, weil es sich bei

den Phänomenen, die man hier anführen könnte, gerade um diejenigen handelt, die für die ›frühkatholische‹ Kirche wichtig sind. Damit ist nun die Frage nach dem Verhältnis von Urchristentum und Kirche gestellt.

Das Urchristentum ist keine Großkirche im Sinn der justinianischen Reichskirche oder der modernen Landeskirchen. Kleine, über das Reich verstreute Gemeinschaften bilden diese eine Kirche, das Volk Gottes. Die Entwicklung, die seit dem 2. Jahrhundert zu diesen Großkirchen geführt hat (Stichwort: Frühkatholizismus) wird gern unter dem Gesichtspunkt des Abfalls von der ›Gemeinde der ersten Liebe‹ gesehen. Diese Sicht ist falsch. Einerseits ist das Urchristentum eine historische Epoche wie andere Zeitabschnitte der Kirchengeschichte. Man hat sich in dieser Zeit genau wie später bemüht, die Heilsbotschaft zu verstehen zu verkünden und christliche Existenz zu verwirklichen.

Andererseits ist diese Zeit dadurch von anderen Epochen unterschieden, daß sie durch die lebenden Zeugen der Auferstehung Jesu bestimmt ist. Aber an dem Begriff des Zeugen und des Zeugnisses wird nun auch deutlich, daß man Urchristentum und spätere Kirche nicht auseinanderreißen darf. Denn die Gemeinden damals, die sich im Glauben an Jesus Christus zusammenfanden, waren durch das Zeugnis der Missionare berufen und lebten von diesem Zeugnis. Auch die spätere Kirche baut auf diesem Zeugnis auf, das im Neuen Testament seinen Niederschlag gefunden hat.

Das Wort von der Versöhnung Gottes wurde damals wie heute von Menschen verkündet und erweist seine Kraft im Glauben dieser Menschen. Das Besondere des Urchristentum liegt darin, daß in dieser Zeit die ersten Menschen als Zeugen zu diesem Dienst berufen wurden.

Literatur

Aus der unübersehbaren Fülle der Literatur werden hier nur wenige Titel genannt, die für den Leser, der sich näher informieren will, nützlich sein können. In den Anmerkungen wird auf Spezialliteratur zu einzelnen Fragen hingewiesen.

Darstellungen

Weizsäcker, Carl, Das apostolische Zeitalter der christlichen Kirche, 3. Aufl., 1901.

Weiß, Johannes, Das Urchristentum, 1917.

Meyer, Eduard, Ursprung und Anfänge des Christentums, I–III, 1921–1923.

von Harnack, Adolf, Die Mission und Ausbreitung des Christentums in den ersten drei Jahrhunderten, I–II, 4. Aufl., 1924.

Lietzmann, Hans, Geschichte der Alten Kirche, Bd. 1, 3. Aufl., 1953.

Goguel, Maurice, Les premiers temps de l'Église, 1949.

Bultmann, Rudolf, Das Urchristentum im Rahmen der antiken Religionen, 1949.

Simon, Marcel et Benoit, André, Le Judaisme et le Christianisme antique, 1968.

Conzelmann, Hans, Geschichte des Urchristentums (NTD Ergänzungsreihe, 5), 4. Aufl. 1978 (zitiert: Conzelmann, Geschichte).

Einleitung in das Neue Testament

Kümmel, Werner Georg, Einleitung in das Neue Testament, 20. Aufl., 1980.

Vielhauer, Philipp, Geschichte der urchristlichen Literatur, 3. Druck, 1981 (zitiert: Vielhauer, Geschichte).

Köster, Helmut, Einführung in das Neue Testament, 1980.

Theologie des Neuen Testaments

Bultmann, Rudolf, Theologie des Neuen Testaments, 6. Aufl., 1968 (zitiert: Bultmann, Theologie).

Kümmel, Werner Georg, Die Theologie des Neuen Testaments nach seinen Hauptzeugen, (NTD Ergänzungsreihe, 3), 4. Aufl., 1980.

Kommentare zur Apostelgeschichte

Jackson, F. J. Foakes, and Lake, Kirsopp, The Beginnings of Christianity, 5 Bde, 1920–1933.
Haenchen, Ernst, Die Apostelgeschichte (Krit. Exeg. Kommentar) 17. Aufl., 1977 (zitiert: Haenchen, Apostelgeschichte).
Conzelmann, Hans, Die Apostelgeschichte (Handbuch zum NT), 2. Aufl., 1972.
Schneider, Gerhard, Die Apostelgeschichte (Herders Theol. Kommentar) 1. Teil, 1980.

Literatur zu *Jesus* und *Paulus* ist angegeben bei:
Bornkamm, Günther, Jesus von Nazareth (Urban TB 19), 12. Aufl., 1980 (zitiert: Bornkamm, Jesus).
Bornkamm, Günther, Paulus (Urban TB 119), 4. Aufl., 1979 (zitiert: Bornkamm, Paulus).

Anmerkungen

Einleitung

1 Zu diesem Problem vgl. Walter Bauer, Rechtgläubigkeit und Ketzerei im ältesten Christentum, 2. Aufl. mit einem Nachtrag von G. Strecker, 1964.
2 Für die historischen Fragen ist wichtig: R. P. C. Hanson, Tradition in the Early Church, 1962.
3 Conzelmann, Geschichte, S. 1.
4 Kanon: W. Schneemelcher, Art. Bibel III, in: TRE VI, 1980, S. 22–48. Amt: Hans Frhr. von Campenhausen, Kirchliches Amt und geistliche Vollmacht in den ersten drei Jahrhunderten, 2. Aufl., 1963. Glaubensregel und Bekenntnis: J. N. D. Kelly, Altchristliche Glaubensbekenntnisse. Geschichte und Theologie, 1972.
5 Vielhauer, Geschichte.
6 Vgl. S. G. F. Brandon, The Fall of Jerusalem and the Christian Church, 2. ed., 1957. – Marcel Simon, Verus Israel, 2 éd., 1964.
7 Vgl. W. Schneemelcher, Das Problem der Sprache in der Alten Kirche, in: Das Problem der Sprache in Theologie und Kirche, hrsg. von W. Schneemelcher, 1959, S. 55–67 (= W. Sch., Ges. Aufsätze, 1974, S. 53–69). – J. N. Sevenster, Do you know Greek? How much Greek could the first Jewish Christians have known, 1968.
8 Die Programmschrift der ›religionsgeschichtlichen Schule‹ war: Hermann Gunkel, Zum religionsgeschichtlichen Verständnis des Neuen Testaments, 1903. – Vgl. C. Colpe, Die religionsgeschichtliche Schule, 1961.
9 Vgl. vor allem Martin Hengel, Judentum und Hellenismus, 2. Aufl., 1973.
10 So Helmut Köster und James M. Robinson, Entwicklungslinien durch die Welt des frühen Christentums, 1971.
11 Bornkamm, Paulus, S. 24.

1. Kapitel

1 Vgl. Walter Bauer, in: Hennecke-Schneemelcher, Neutestamentliche Apokryphen, 4. Aufl., 1968, I, S. 324f.
2 Vgl. H. L. Strack, Jesus, die Häretiker und die Juden, 1910. – A. Meyer, in: E. Hennecke, Handbuch zu den neutestamentlichen Apokryphen, 1904, S. 45–71. – Joh. Maier, Jesus von Nazareth in der talmudischen Überlieferung (Erträge der Forschung 82) 1978.
3 Text in deutscher Übersetzung: C. K. Barrett, Die Umwelt des Neuen Testaments, hrsg. und übers. von C. Colpe, 1959, S. 26.
4 Zum folgenden vgl. Vielhauer, Geschichte. – H. Köster, Einführung in das Neue Testament, 1980. Es sei bemerkt, daß im Rahmen dieses Buches keine ausführliche Erörterung der Einleitungsprobleme erfolgen kann.
5 Griechischer Text: Albert Huck, Synopse der drei ersten Evangelien,

13. Aufl. bearb. von Heinrich Greeven, 1981. – Synopsis quattuor Evangeliorum, ed. K. Aland, 9. Aufl., 1976. – Deutscher Text: Carl Heinz Preisker (Hrsg.), Luther Evangelien-Synopse, 4. Aufl., 1975.

6 Zur Frage der Schriftlichkeit von Q vgl. Vielhauer, Geschichte, S. 311–313. – Eine Rekonstruktion von Q: Athanasius Polag, Fragmenta Q. Textheft zur Logienquelle, 1979.

7 Köster-Robinson, Entwicklungslinien, S. 70–106: Logoi Sophon. Zur Gattung der Spruchquelle Q.

8 Vgl. Köster-Robinson, Entwicklungslinien, S. 147–190: Ein Jesus und vier ursprüngliche Evangeliengattungen.

9 Vielhauer, Geschichte, S. 278.

10 Martin Dibelius, Die Formgeschichte des Evangeliums, 1919. – Karl Ludwig Schmidt, Der Rahmen der Geschichte Jesu, 1919. – Rudolf Bultmann, Die Geschichte der synoptischen Tradition, 1921. – Martin Albertz, Die synoptischen Streitgespräche, 1921. – Georg Bertram, Die Leidensgeschichte Jesu und der Christuskult, 1922.

11 RGG, 2. Aufl., II, Sp. 418.

12 Die Formgeschichte, S. 1.

13 Vgl. H. Köster, Synoptische Überlieferung bei den Apostolischen Vätern, 1957. – Zu den apokryphen Evangelien: W. Schneemelcher, in: Hennecke-Schneemelcher, I, S. 44–51.

14 Vielhauer, Geschichte, S. 346.

15 Vielhauer, Geschichte, S. 377.

16 Vgl. z. B. G. Theißen, Studien zur Soziologie des Urchistentums, 1979.

17 Haenchen, Apostelgeschichte, S. 93.

18 Vgl. die Arbeiten von Vielhauer und Köster.

19 Zu den neutestamentlichen Apokryphen vgl. Hennecke-Schneemelcher.

20 Vgl. J. Jeremias, in: Hennecke-Schneemelcher, I, S. 52–55.

21 Zu dem Thomasevangelium vgl. Köster, Einführung, S. 586 ff. (mit Literaturangaben); Vielhauer, Geschichte, S. 618 ff. – Auf die Datierungsfragen kann hier nicht eingegangen werden. Köster scheint mir zu einem zu frühen Ansatz zu neigen.

2. *Kapitel*

1 Jack Finegan, Handbook of Biblical Chronolgy. Principles of Time reckoning in the Ancient World and Problems of Chronology in the Bible, 1964, S. 231.

2 Vgl. Finegan, S. 234 ff.

3 Vgl. Finegan, S. 238 ff.

4 Vgl. Finegan, S. 285 ff.

5 Vgl. A. Jaubert, La Date de la Cène. Calendrier biblique et liturgie chrétienne, 1957. – A. Strobel, Ursprung und Geschichte des frühchristlichen Osterkalenders (TU 121), 1977.

6 G. Hölscher, Die Hohenpriesterliste des Josephus und die evangelische Chronologie, 1940.

7 Für das folgende vgl. G. Lüdemann, Paulus, der Heidenapostel. Bd. I, Studien zur Chronologie, 1980.

8 Vgl. das Buch von Lüdemann.

9 Zu dem Text vgl. Lüdemann, S. 182. – Deutsche Übersetzung bei Barrett, Umwelt, S. 58 ff.

10 Zu der umstrittenen Frage des Itinerars vgl. Vielhauer, Geschichte, S. 388 ff.
11 Vgl. dazu Bornkamm, Paulus, S. 72 f.
12 Vgl. Lüdemann.
13 Vgl. G. Strecker, Das Judenchristentum in den Pseudoklementinen (TU 70), 1958, S. 229 ff. – Marcel Simon, La migration à Pella: légende ou réalité?: RSR 60, 1972, S. 37–54.
14 Conzelmann, Geschichte, S. 93.

3. Kapitel

1 Albert Schweitzer, Geschichte der Leben-Jesu-Forschung (1. Aufl. 1906 unter dem Titel: Von Reimarus zu Wrede) 6. Aufl., 1950.
2 Vgl. Helmut Ristow und Karl Matthiae (Hrsg.), Der historische Jesus und der kerygmatische Christus, 2. Aufl., 1961. – K. Kertelge (Hrsg.), Rückfrage nach Jesus. Zur Methodik und Bedeutung der Frage nach dem historischen Jesus (Quaestiones Disputatae 63), 1974. – Norman Perrin, Was lehrte Jesus wirklich? 1967, S. 237 ff.
3 Art. Jesus Christus: RGG, 3. Aufl., Bd. III, Sp. 627.
4 Vgl. R. Bultmann, Die Geschichte der synoptischen Tradition, 3. Aufl., 1957, S. 368 f.
5 Vgl. Bornkamm, Jesus, S. 127 f.
6 Die Literatur ist unübersehbar. Es sei hier nur auf die Jesusbücher von G. Bornkamm, M. Dibelius (Jesus, 4. Aufl., 1966), Perrin (o. Anm. 2), Eduard Schweizer (Jesus Christus im vielfältigen Zeugnis des Neuen Testaments, 5. Aufl. 1979) und den RGG-Artikel von Conzelmann (o. Anm. 3) hingewiesen.
7 Conzelmann, RGG, Sp. 633.
8 Philipp Vielhauer, Gottesreich und Menschensohn in der Verkündigung Jesu: FS Dehn, 1957, S. 51–79 = Aufsätze zum NT, 1965, S. 55–91; Zitat: S. 87.
9 Bultmann, Theologie, S. 10.
10 Ob dieses Wort als eine sekundäre und späte Bildung angesehen werden muß, ist umstritten.
11 Vielhauer, Gottesreich, S. 89.
12 Bornkamm, Jesus, S. 141.
13 Bornkamm, Jesus, S. 141.
14 Dibelius, Jesus, S. 111.
15 Paul Winter, On the trial of Jesus, 1961. – J. Blinzler, Der Prozeß Jesu, 4. Aufl., 1969. – Jean Imbert, Le procès de Jésus (Que sais-je 1896), 1980.
16 Vgl. o. Anm. 15.
17 Joh. Albert Bengel, Gnomon Novi Testamenti (zu Rm 6,4). Ed. tertia (1773), Nachdruck 1860, S. 556.
18 Conzelmann, RGG, Sp. 648.

4. Kapitel

1 Hans Frhr. von Campenhausen, Der Ablauf der Osterereignisse und das leere Grab, 4. Aufl., 1977, S. 9.

2 von Campenhausen, S. 50 ff.
3 Hans Conzelmann, Art. Auferstehung Christi: RGG, 3. Aufl., Bd. I, Sp. 699.

5. *Kapitel*

1 Vgl. Karl Holl, Der Kirchenbegriff des Paulus in seinem Verhältnis zu dem der Urgemeinde (1921): Ges. Aufsätze II, 1928, S. 44–67. – Anders E. Bammel, ThWtbNT VI, S. 902 ff.
2 Vgl. K. L. Schmidt, ThWtbNT III, S. 502 ff. – W. Schrage, ThWtbNT VII, S. 826 ff. Dazu: W. Schrage, ›Ekklesia‹ und ›Synagoge‹. Zum Ursprung des urchristlichen Kirchenbegriffs: ZThK 60, 1963, S. 178–202.
3 So A. Loisy, Evangelium und Kirche, 1904, S. 112, der oft und gern zitiert wird.
4 Haenchen, Apostelgeschichte, S. 152.
5 Vgl. Herbert Braun, Qumran und das Neue Testament, II, 1966, S. 155 ff.
6 Vgl. Haenchen, Apostelgeschichte, S. 192 ff.
7 Martin Dibelius, Aufsätze zur Apostelgeschichte, hrsg. von H. Greeven, 1951, S. 109.
8 E. Dinkler, RGG 3. Aufl., Bd. VI, Sp. 627.
9 Hans Frhr. von Campenhausen, Taufen auf den Namen Jesu? Vigiliae Christianae 25, 1971, S. 1–16.
10 Vgl. Bultmann, Theologie, S. 136 ff.
11 Vgl. O. Cullmann, Petrus. Jünger-Apostel-Märtyrer, 2. Aufl., 1960.

6. *Kapitel*

1 Wiard Popkes, Christus traditus. Eine Untersuchung zum Begriff der Dahingabe im Neuen Testament, 1967, S. 259.
2 Ferdinand Hahn, Christologische Hoheitstitel. Ihre Geschichte im frühen Christentum, 4. Aufl., 1974, S. 11.
3 Haenchen, Apostelgeschichte, S. 221.
4 Vgl. Haenchen, Apostelgeschichte, S. 227 ff. – Marcel Simon, St. Stephen and the Hellenists in the primitive Church, 1958. – John Kilgallen, The Stephen Speech. A Literary and Redactional Study of Acts 7, 2–53. 1976.
5 Vgl. vor allem M. Simon (o. Anm. 4).
6 Conzelmann, Geschichte, S. 6.

7. *Kapitel*

1 Vgl. Ph. Vielhauer, in: Hennecke-Schneemelcher, II, S. 407ff., vor allem S. 414 ff.
2 Eduard Lohse, Apokalyptik und Christologie: ZNW 62, 1971, S. 48–67; Zitat: S. 57.
3 Vgl. vor allem Vielhauer, Gottesreich. – Anders Colpe, ThWtbNT VIII, S. 433 ff.
4 Bultmann, Theologie, S. 30 ff.

5 Vgl. S. Schulz, Maranatha und Kyrios Jesus: ZNW 53, 1961, S. 125ff.
6 Vgl. Popkes, Christus traditus.
7 Vgl. Paul Volz, Die Eschatologie der jüdischen Gemeinde im neutestamentlichen Zeitalter, 1934, S. 173ff.
8 Vgl. W. Kramer, Christos, Kyrios, Gottessohn. 1963.
9 Vgl. die Arbeiten von S. Schulz und W. Kramer.

8. Kapitel

1 Vgl. Oscar Cullmann, Samarien und die Anfänge der christlichen Mission: Vorträge und Aufsätze, hrsg. von K. Fröhlich, 1966, S. 232–240.
2 Grundlegend: Martin Dibelius, Die Bekehrung des Cornelius (1947): Aufsätze zur Apostelgeschichte, hrsg. von H. Greeven, 1951, S. 96–107. – Vgl. auch Haenchen, Apostelgeschichte, S. 288ff.
3 Dibelius, a.a.O. (Anm. 2), S. 100.
4 Conzelmann, Geschichte, S. 48.
5 Bornkamm, Paulus, S. 68ff.
6 Lüdemann, Paulus, S. 132.
7 Bornkamm, Paulus, S. 34.

9. Kapitel

1 Vgl. dazu Vielhauer, Geschichte, S. 81ff. – Bornkamm, Paulus, S. 245ff.
2 Bornkamm, Paulus, S. 35.
3 Bornkamm, Paulus, S. 40.
4 Conzelmann, Geschichte, S. 64f.
5 Bornkamm, Paulus, S. 77f. – Anders Conzelmann, Geschichte, S. 77f.
6 Vgl. Wolf-Henning Ollrog, Paulus und seine Mitarbeiter. Untersuchungen zur Theorie und Praxis der paulinischen Mission, 1979.
7 Vielhauer, Geschichte, S. 124.
8 Zu den Motiven des Paulus vgl. Bornkamm, Paulus, S. 114.

10. Kapitel

1 Haenchen, Apostelgeschichte, S. 405.
2 Bornkamm, Paulus, S. 55.
3 Conzelmann, Geschichte, S. 69.
4 Haenchen, Apostelgeschichte, S. 413f.

11. Kapitel

1 Die ältere Symbolforschung ist vor allem durch die Namen Hort, Harnack, Kattenbusch, Kunze und Lietzmann zu charakterisieren.

Neuere Literatur: Oscar Cullmann, Die ersten christlichen Glaubensbekenntnisse, 2. Aufl. 1949. – J. N. D. Kelly, Altchristliche Glaubensbekenntnisse. Geschichte und Theologie, 1972 (nach der 3. englischen Auflage von 1972). – K. Wengst, Christologische Formeln und Lieder des Urchristentums. Evgl. Theol. Dissertation Bonn, 1967. – Hans Frhr. von Campenhausen, Das Bekenntnis im Urchristentum: ZNW 63, 1972, S. 210–253.

2 von Campenhausen, Bekenntnis (o. Anm. 1), S. 210.

3 von Campenhausen, Bekenntnis, S. 211.

4 Vgl. die Tabelle der Belege bei von Campenhausen, Bekenntnis, S. 218 f.

5 Grundlegend, wenn auch im einzelnen heute zu korrigieren: W. Bousset, Kyrios Christos, 2. Aufl. 1921. – W. Kramer, Christos, Kyrios, Gottessohn, 1963.

6 Literaturbericht bei R. P. Martin, Carmen Christi. Philippians II 5–11 in recent interpretation and in the setting of Christian worship, 1967. – O. Hofius, Der Christushymnus Phil 2,6–11. Untersuchungen zu Gestalt und Aussage eines urchristlichen Psalms, 1976.

7 Vgl. ThWtbNT VIII, 334 ff. – M. Hengel, Der Sohn Gottes. Die Entstehung der Christologie und die jüdisch-hellenistische Religionsgeschichte, 1975.

8 Literatur bei E. Grässer, Das Problem der Parusieverzögerung in den synoptischen Evangelien und in der Apostelgeschichte, 3. Aufl., 1977.

9 Bornkamm, Paulus, S. 121.

10 Vgl. dagegen Bultmann, Theologie, S. 186 ff.

12. Kapitel

1 So vor allem Hans Lietzmann, Messe und Herrenmahl (1926), 4. Aufl. 1967. Englische Übersetzung: Mass and Lord's Supper. Transl. by D. H. G. Reeve. With Introduction and Further Inquiry by R. D. Richardson, 1979 (neuere Literatur). – Zur Geschichte des urchristlichen Gottesdienstes vgl. Oscar Culmann, Urchristentum und Gottesdienst, 2. Aufl., 1950. – G. Delling, Der Gottesdienst im NT, 1952. – R. Stählin, Die Geschichte des christlichen Gottesdienstes von der Urkirche bis zur Gegenwart: Leiturgia I, S. 1–81.

2 Cullmann, a. a. O. (Anm. 1), S. 32.

3 Vgl. die Darstellung bei Bultmann, Theologie, S. 146 f.

4 Vgl. Vielhauer, Geschichte, S. 40 ff.

5 Vgl. Vielhauer, Geschichte S. 35.

Register

1. Sachen und Namen

Abendmahl siehe Herrenmahl
Abraham 185, 190
Amt siehe Kirchenordnung
Ananias und Saphira 93
Antiochien 127f., 141f., 161
Apokryphen des NT 41
Apollos 131, 148
Apostel 62, 93, 98, 105, 200
Aposteldekret 161ff.
Apostelgeschichte 37f.
Apostelkonvent 50, 156ff.
Aquila und Priscilla 130, 131, 146
Aretas IV. 46, 139
Aristarchus 152
Athen 145
Auferstehung Jesu 74ff.

Barnabas 91f., 104, 141, 157, 159, 161, 162
Beröa 145
Bischof 200

Caesarea 125f.
Chloe 148
Christenname 129
Christologie 114, 185ff.
Christus (Messias) 172
Cornelius 125f.
Crispus 146

Damaskus 107, 126
Diakon 200

Ecclesia 87f., 189
Ephesus 129ff., 143, 146f.
Ethik 201f.

Formgeschichte 29f.

Gaius 152
Galatien 141, 147
Galiläa 83ff.
Gallio 48, 146
Gamaliel 94, 135
Glaubensbekenntnis 167f.
Gottesdienst 191ff.
Gütergemeinschaft 92

Heiland (Erlöser) 171
Herr (Kyrios) 120, 172ff.
Herrenmahl 96, 191, 194f.
Himmelfahrt 89

Itinerar 38, 152

Jakobus (Herrenbruder) 52, 57, 98f., 107, 140, 152, 161, 164
Jerusalem 140, 152f., 163f.
Jesus
  Chronologie 43ff.
  Familie 57
  Taufe 58f.
  Verkündigung 63ff.
  Ethik 66f.
  Passion 68ff.
Johannes der Täufer 58ff.
Johannesevangelium 36
Johannesjünger in Ephesus 131
Joseph (Vater Jesu) 57
Judäa 126

Kirche 62
Kirchenbewußtsein 86ff., 188
Kirchenordnung 96f., 200
Kollekte 150ff., 160
Korinth 141, 143, 145f., 147ff.

Lehrer 200
Liebestätigkeit 202f.
Lukasevangelium 34f.

Mara 120f.
Maranatha 120
Markusevangelium 33f.
Matthäusevangelium 34
Matthias 89
Menschensohn 114ff., 171f.
Messias 118ff.
Milet 152
Missionspredigt 169ff.
Mitarbeiter des Paulus 143f.

Nachfolge Christi 202
Nazareth 56f.

Paränese (ethische Mahnung) 198

Parusieverzögerung 178f.
Paulus
Briefe 38ff.
Chronologie 46ff.
Bekehrung 137ff.
Missionsmethode 142f.
Gefangenschaft 153
Ende 153
Theologie 180ff.
Rechtfertigungsbotschaft 183ff.
Glaube 184f.
Pella 164
Petrus 52, 97, 107, 124, 140, 148, 161
Pfingsten 89
Philippi 141, 143, 144ff.
Philippus 103, 124f.
Präexistenz 176
Predigt 198
Presbyter 200
Prophet 200
Psalmen 197

Reich Gottes 63ff.
Rom 131f.
Samarien 124
Säulen 98f., 163
Saulus 105
Schriftbeweis 112f.
Schriftlesung 192f.
Secundus 152
Sieben 103f.
Sohn Gottes 175f.
Sonntag 193
Sopater 152
Sprachenfrage 15, 100f., 110
Spruchquelle (Q) 27f.
Stephanas 146
Stephanus 103, 105ff.
Stephanuskreis (Hellenisten) 128f.
Summarien 90
Synoptiker 26ff.

Tarsus 135
Taufe 95f., 199f.
Taufverständnis 199
Thessaloniki 141, 143, 145
Thomasevangelium (kopt.) 41
Timotheus 149, 152
Titus 157, 159
Troas 152
Trophimus 152
Tychicus 152

Vaterunser 197
Volk Gottes 190

Weltrichter 170f.
Wortgottesdienst 191f.

Zungenreden 198
Zwölf 61f., 97

2. Stellenregister (Auswahl)

A. Neues Testament

Mt 2,1: 43
2,19: 44
3,13–17: 58
5,21–48: 67
6,10: 65
11,11a: 59
16,18: 62,88
18,17: 62,88
25,31–46: 202
27,62–66: 80
Mk 1,9: 54
1,9–11: 58
1,14f.: 54
2,23–28: 117
6,14–16: 59
9,1–11: 175
10,19: 66
10,39: 47
11,1ff.: 69
11,29f.: 59
14,25: 70
14,53ff.: 71
16,1–8: 78ff.
Lk 2,2: 44
3,1f.: 45
3,21f.: 58
3,23: 44
11,20: 65
24,9ff.: 81
24,13–35: 112
Joh 1,29–34: 58
2,13–17: 69
4,1–42: 124
Apg 1,1–12: 89
1,15–26: 89
2,1–13: 89
2,14–36: 89

2,42–47: 90
4,32–37: 91 f.
5,1–11: 93
5,12–16: 93
5,17–42: 94
6,1–7: 101 ff.
6,8–8,3: 105 f.
7,2–53: 105 f.
7,54–60: 106
8,4: 123
8,5–25: 124
8,26–40: 125
8,36 f.: 168
9,1 ff.: 137
9,23 ff.: 46
10,1–11,28: 125 f.
11,19–26: 127
11,26: 129, 188
11,27 ff.: 47
12,20–23: 47
13,1: 27
13,1 f.: 91
15,1–33: 156 f.
15,35–18,22: 50, 141
16,6 ff.: 129 f., 144
17,16 ff.: 145
17,30 f.: 170
18,1 f.: 47
18,2: 25
18,4 ff.: 146
18,12–17: 48
18,18–23: 130
18,24–28: 131
18,24–19, 40: 146 f.
19,1–7: 131
20,17–35: 152
28,30 f.: 52
Rm 1,1–4: 110 f.
1,3 f.: 83
1,16 f.: 183
4,16–18: 185
5,8: 139
10,9: 82, 139
15,19: 51
15,19 ff.: 142
15,24 ff.: 151
15,25 f.: 87
15,31: 151
16: 143
1. Kor 1,2: 86, 189
1,14 ff.: 146
8,5 f.: 169
11,17 ff.: 194 f.
11,23: 96, 139
11,26: 195
12,3: 168
12,13: 95
14,33: 194
15,1–11: 75 ff.
15,3–5: 61
15,7: 98
15,29: 192
16,20–23: 196
16,22: 120
2. Kor 5,16: 136, 186
5,17–6,2: 181 f.
6,2: 65
8,9: 186
11,14: 149
11,22: 135
11,32 f.: 46
Gal 1,11–2,21: 49
1,14: 136
1,15–17: 138
1,22: 107
2,1–10: 157
2,9: 47, 98
2,10: 150
2,11 ff.: 141, 161 f.
4,4: 186
5,11: 36
Phil 2,5–11: 172 ff.
3,5: 135
3,7 ff: 137
3,20: 171
1. Thess 1,9 f.: 169 f.
2. Tim 4,1: 171
OffbJoh 22,20: 120

B. Außerbiblische Quellen

1. Clemensbrief 5: 52
Didache 10,6: 120
Euseb, Kirchengeschichte III 5,3: 52, 164
III 11: 164

Hegesipp bei Euseb II 23,4–18: 164
III 20: 57, 164
Josephus, Antiquitates XVIII 63: 25
XX 200: 25, 52, 164
Sueton, Vita Claudii 25: 24f.
Tacitus, Annales XV 44: 24